LE BIEN ET LE MAL

ANDRÉ GLUCKSMANN

LE BIEN ET LE MAL

Lettres immorales d'Allemagne et de France

ISBN 2-221-08257-5

Come lady, die to live — this wedding day
Perhaps is but prolonged.

Venez, madame, vous allez mourir pour vivre. Le jour de vos noces n'est peut-être que différé.

SHAKESPEARE

1. Je dédie ce livre à quelques lieux
à Prague, où naquit ma mère
à Czernowitz, où naquit mon père
à Vienne, où ils vécurent leur jeunesse sans se connaître
à Jérusalem, où ils se rencontrèrent, où mes sœurs naquirent
à Berlin, à Hambourg, où ils résistèrent de 1933 à 1937
à Paris, où ils voulurent que je naisse.

2. Je dédie ce livre à Fred K.,
un adolescent, trois fois plus vieux que moi lorsqu'il quitta la Résistance lyonnaise pour soulever le prolétariat autrichien. Cueilli par la Gestapo, torturé, expédié à Auschwitz, échappé, repris par les gamins de la Wehrwolf, enfermé dans une cave, oublié, il meurt en buvant son urine. Aujourd'hui, trois fois plus jeune que moi.

3. Aveu préliminaire...

... HITLER, C'EST MOI.

Lors d'une exposition consacrée à Vienne et à son histoire, les curieux se pressèrent autour de quelques croûtes. La signature d'un prestigieux meurtrier compensait l'absence de talent. Saisis par le mystère d'un crime extraordinaire, flottant sur la biographie d'un raté d'envergure somme toute banale, puissions-nous sourire de notre étonnement et nous tordre de rire avec Charlot. Lequel, dans *Le Dictateur*, reconnaît un frère qui lui vole son image, un concurrent. « Ma moustache était célèbre avant la sienne et je l'ai précédé dans le showbiz, pas vrai ? »

Le problème Hitler ne tient pas dans ce qu'il a voulu et commis, mais rebondit dans l'énigme qu'on l'ait laissé faire. Loin de se contenter d'ausculter son délire, il faut interroger les contemporains qui ouvrent à sa folie les allées du pouvoir. Autant dire nous-mêmes. Que signifie se pencher avec philosophie sur le cas de Hitler ? Cela revient à chuchoter : je suis la possibilité de Hitler ; Hitler, c'est moi. Comme Flaubert déclara : « Mme Bovary, c'est moi. » Comme Soljenitsyne avoue qu'il n'aurait pas écrit *L'Archipel du Goulag* s'il n'avait en lui-même relevé l'empreinte du stalinisme, se remémorant les dérives bolcheviques de sa propre jeunesse. Ainsi Chaplin explique-t-il aux journalistes : « Quand j'écris, mets en scène et joue un film comme celui-là, toutes mes nostalgies refoulées trouvent satisfaction. Au point que je ne parviens plus, entre le dictateur et Charlot, à distinguer quel est le vrai Chaplin. »

Philosopher sur le national-socialisme transmue Hitler en expérience intérieure. L'angélique et délicat barbier juif troque son pantalon trop large et ses souliers de clown contre la tenue et les bottes du cavalier, il échange son melon râpé contre la casquette des *Sturmabteilungen* et sa canne contre la cravache. À l'écran, le vagabond au grand cœur, qui émeut l'univers entier, se partage et renvoie au spectateur la contradiction de son image. L'ange s'est fait démon. Et parfois le démon joue à l'ange. « Fils de pute ! » Charlot apostrophe les photos du Führer souriant aux enfants à blondes tresses, « je vois où tu veux en venir ».

Loin d'être un étranger dans mes pensées, le Führer doit s'avérer intime, et pas du tout l'incarnation d'une défaillance, au sens où Heidegger l'accuse d'avoir, en définitive, trahi l'authentique révolution nationale. Et pas davantage un autre, parfaitement autre — un monstre fou, un système du mal —, avec qui les penseurs entretiendraient un strict rapport d'extériorité, quand bien même ils devraient renoncer à l'essentiel de la culture occidentale coupable d'avoir accouché d'une telle monstruosité.

Faut-il, pour autant, bercer Adolf, le cœur gonflé de tendresse et de mansuétude, comme un prochain trébuchant que seul le hasard aurait jeté sur la mauvaise pente ? Ayant fait la part des tristes circonstances et des temps défavorables, allons-nous renouer les liens, tous semblables donc tous frères ? Pas si simple. Fraternité n'implique pas entente, voyez Abel et Caïn, Étéocle et Polynice. Que Hitler soit fait à mon image ne conduit pas nécessairement à lui prêter une âme d'agneau sous le pelage du loup. Cette version sulpicienne, toute XIXe siècle, du christianisme et de l'humanisme, cet aveuglement quant au mal, entre nous et en nous, cette démonstration infatigable qui conclut de l'existence de nos bons sentiments à l'inexistence des diables, ne sont-ce point précisément ces pseudo-évidences qui rendirent Hitler possible, pour autant que les belles et bonnes âmes ne surent ni le prévoir ni le prévenir ?

L'égalité entre Hitler et moi n'incline pas à l'imaginer meilleur qu'il ne fut, mais pousse plutôt à soupçonner en moi des tares que je préfère passer sous silence. Philosopher sur Hitler ne revient pas à transformer Hitler en philosophe. C'est, en revanche, exiger des philosophes comme du simple citoyen qu'ils prêtent l'oreille à ce qui sonne hitlérien dans les battements de leur cœur. Celui qui conçoit la violence nazie comme une violence intime ne la pense pas moins bestiale ni moins inhumaine quand il découvre que cette bestialité et cette inhumanité l'habitent. Ce moment du retour sur soi, où le plus extérieur se révèle le plus intérieur, est le coup d'envoi d'une méditation qui s'exige véridique.

Il est trop facile d'expédier dans les cordes, après coup, un bourreau vaincu. Lui c'est lui. Moi c'est moi. Pourquoi bénéficia-t-il, sa vie durant, du soutien populaire (lui pour nous) ? Pourquoi fut-il adoré jusqu'au sacrifice (nous pour lui) ? Et admis à l'extérieur des frontières (ô Munich !) et fêté (ô Staline !). Les fanatismes et la paranoïa étant dans l'histoire des constantes, c'est pour le non-nazi, justement, que le nazisme doit devenir problème. Pour les démocraties qui ne surent ni barrer la route ni combattre assez tôt et assez lucidement leur ennemi mortel. Pour les révolutionnaires qui l'imitèrent et qu'il imita. Le mystère de l'ascension et des triomphes de l'histrion sanglant tient dans la très partagée complicité de ses publics.

Comme je suis démocrate, je dois me pincer très fort pour formuler avec sérieux : « Hitler, c'est moi. » Tous les bons esprits démentiront une si masochiste affirmation. Et pourtant... Ne saurai-je reconnaître combien l'irénisme et la *Gemütlichkeit*, la cordialité, l'affabilité, les bons sentiments, ont tressé la corde à laquelle me pendre ? Gretchen-Marguerite ne pense pas à mal ; l'innocence de ses yeux bleus semble garantir un monde impeccable et une humanité conviviale. Erreur de l'optimisme, qui domina le XIXe siècle et le nôtre : les hommes, les peuples, les continents sont destinés à s'entendre et à s'entraider. Erreur du manichéisme, qui persiste sur la même lancée : l'empire du mal, c'est en face, donc, nous demeurons purs et proches de la perfection — si le communiste est un tueur, l'anticommuniste est un ange, et réciproquement.

Je suis démocrate. Euphoriquement ou manichéennement selon les époques, je m'efforce de projeter Satan au loin, toujours à l'extérieur. La démocratie ne se retourne pas, malgré le conseil de Socrate, sur sa contribution propre. Elle veut ignorer, blanche comme une aile de colombe, ses investissements dans les malheurs du monde. Bonne conscience aidant, elle se montre compréhensive avec les tyrans, tantôt tolère, tantôt s'allie, tantôt s'en moque et baisse les bras. Maîtres ès suicides volontaires, les Romains faisaient couler un bain avant d'ouvrir leurs veines. Souvent les démocraties occidentales s'immergent dans une autocomplaisance historico-mondiale, tandis que les dictatures aiguisent les couteaux.

Je suis révolutionnaire. Donc, je récuse toute responsabilité dans la contre-révolution nazie. Tiens donc ! ironise Socrate sur son petit nuage, il se rappelle qu'un des premiers théoriciens du national-bolchevisme, conçu comme réponse au traité de Versailles, fut Karl Radek, porte-parole de Lénine et de la IIIe Internationale. Locataire provisoire de la prison berlinoise de Moabit, il dispensa généreusement ses leçons à des visiteurs triés sur le volet, le gratin de l'état-major ex-impérial, généraux monarchistes et revanchards radicaux conservateurs. Ces dignes représentants noirs d'une « nation prolétaire » fraterniseront, à leur convenance, de Rapallo au pacte Molotov-Ribbentrop, avec les rouges.

Aux récréations, les écoliers disputent à l'infini : c'est toi qui as commencé ! Non, c'est toi ! La querelle dite « des historiens » est tombée dans une absurdité de ce genre. Certes, Hitler prit Staline pour modèle, mais déjà Lénine crut copier Ludendorff, lorsqu'il introduisit le « capitalisme d'État » et l'État totalitaire. En vérité, les historiens et les sociologues, Habermas compris, négligent un tronc commun philosophique, de Fichte à Nietzsche, via Hegel, Marx et Cie. Wagner et Bakounine combattirent, côte à côte, sur les barricades de 1848. Les thèmes de régénérations radicales et rationnelles, religieuses et politiques furent largement pillés par les mythes et les idéologies dont se réclamaient les massacreurs du XXe siècle. Au lieu d'épiloguer pour savoir qui inspire l'autre, du nazi et du bolchevique, mieux vaut inspecter leur horizon spirituel commun. Et découvrir que c'est le nôtre.

Les historiens de gauche et de droite qui conduisent cette querelle n'ont pas suivi le commandement philosophique du « connais-toi toi-même ». Heine le pratiquait et n'hésita pas à mettre en question ses admirations, ses amis, ses proches, Hegel et Marx, et lui-même. Il vit se profiler des monstruosités, dont on ne sait s'il convient de les rabattre sur Hitler ou Staline tellement, dès 1835, Heine prophétise la communauté des dangers qu'ils incarnent.

> « La pensée précède l'action comme l'éclair le tonnerre. Le tonnerre en Allemagne est bien à la vérité allemand aussi : il n'est pas très leste, et vient en roulant un peu lentement ; mais il viendra, et quand vous entendrez un craquement comme jamais craquement ne s'est fait encore entendre dans l'histoire du monde, sachez que le tonnerre allemand aura enfin touché le but. À ce bruit, les aigles tomberont morts du haut des airs, et les lions, dans les déserts les plus reculés de l'Afrique, baisseront la queue et se glisseront dans leurs antres royaux. On exécutera en Allemagne un drame auprès duquel la Révolution française ne sera qu'une innocente idylle ! »

Je suis juif. Le problème ici ne manque pas de piquant, comment dès lors affirmer dans le même souffle je suis Hitler ? Certes, il existe des penseurs juifs antisémites, au nombre desquels je compte Marx, mais il s'agit là d'un antisémitisme culturel, qui, aussi bête et mortifère soit-il, laisse au condamné la possibilité de changer d'état civil et mental. Le racisme biologique, en revanche, exclut toute rédemption. Tu as été, tu es, tu resteras jusqu'à ton éradication. Un juif qui sacrifie à un antisémitisme aussi radical aspire au suicide. Le cas s'est présenté, rare mais instructif. Ainsi Otto Weininger, juif et homosexuel, théorisa « le juif est femme » et se tua pour exorciser le féminin en lui. Cette expérience-limite demeura exception côté juif, mais pas côté nazi, où la pulsion suicidaire domina les derniers moments du IIIe Reich, lorsque les haut-parleurs officiels arrosaient le pays en ruine d'un *Crépuscule des dieux*, au rythme des bombes alliées et des orgues de Staline.

Les juifs européens incarnaient, au début de ce siècle, la libre circulation des biens (Rothschild), des pensées (Einstein), des sentiments (Freud), des arts, des images et des individus. Soit : l'échange sans frontières, la république des idées, la révolution des mœurs, ces traits originels de l'Occident depuis Athènes. Pendant que les nations s'enterraient dans leur folklore et le culte des racines, on massacra, au nom de l'Europe, les « apatrides » juifs, ces premiers Européens modernes. Les libertés européennes suscitent toujours une énorme réaction de panique et de dénégation, pas seulement à l'extérieur (ô Pol Pot, ô Khomeyni...), mais aussi à l'intérieur. Hitler criait Vive l'Occident en le menant à la mort. Il n'est ni le premier ni le dernier. Il est celui qui hurla le plus fort *.

* L'identité dédoublée de l'auteur des lettres qui vont suivre renvoie à cette confidence, parue dans le numéro spécial que le *Spiegel* publia le jour où Hitler eût fêté sa centième année si les petits cochons ne l'avaient mangé en route. Je titrai : « Hitler, c'est moi. »

Lettre I

Miracle sur le Rhin

Trois siècles de batailles abolis en un temps, deux guerres, cinquante ans. Tiendra ? Tiendra pas ? — L'amour de l'amour — Libertinages — Perplexité des sages — Complexité des consommateurs — Le pacte de pensée franco-allemand : sans fleurs ni couronnes ?

De Berlin

Quelques mots firent mouche, secouant la terne bienveillance qui baigne les sempiternelles « rencontres franco-allemandes ». Sitôt prononcés, sitôt perdus. L'indifférence générale qui règle pareilles cérémonies reprit aussi sec le dessus. Jadis (j'entends : avant la Seconde Guerre mondiale) rien de ce qui s'écrivait, se murmurait sur une rive du Rhin ne restait longtemps inaperçu de l'autre. On s'auscultait, s'épiait, se devinait. L'inimitié tissait des liens autrement serrés qu'une réconciliation, partout célébrée, mais si peu pensée. Aujourd'hui, timides vestiges des haines d'antan, de courtes bouffées d'intolérance et d'incompréhension troublent parfois le calme d'un bon voisinage fondé sur l'ignorance.

Ayant renoncé, sens des proportions et crainte du ridicule aidant, à rivaliser pour dominer la planète, Berlin et Paris ne se mangent plus des yeux. L'enjeu suprême a disparu, la ferveur tombe, la curiosité faiblit, l'apathie gagne. New York, fût-ce sur le mode du défi, de l'envie ou du rejet, semble plus proche que l'alter ego d'autrefois. De Manhattan au Kursdam, de la Cinquième Avenue aux Champs-Élysées, il n'y a qu'un pas. Entre l'intelligence française et l'intelligence allemande, si tant est qu'elles subsistent, s'étalent les vacances blanches d'un demi-siècle vécu mentalement à l'écart. Heureux les poissons rouges ! Ils tournent dans leur bocal, sans chercher noise à l'aquarium voisin.

Ne t'étonne pas d'un accueil circonspect et amusé : on t'a goûté comme un fruit exotique. La conférence passa pour vaguement provocatrice et sulfureuse, le public campa sur sa faim et moi en inquiétude. Qu'il te souvienne, une aimable auditrice t'interpella près de la sortie. Elle avait bu tes paroles, suivi tes démonstrations, tremblé à l'évocation des catastrophes passées ou des désastres à venir. Elle enchérissait sur tes indignations pour davantage s'indigner de ta mauvaise volonté. Tu te tenais à la surface des choses, tu escamotais la cause unique et fondamentale de tant d'orages prévisibles, tu hésitais à pointer clairement et franchement, à l'allemande, la racine commune de nos innombrables malheurs. Tu omis de dénoncer le « système » qui les organise, les entretient et les perpétue. Tu négligeais de surcroît d'amorcer la conversion qui éradique le mal. Tu perdais le fil, ignorant le chemin qui permettrait d'en sortir une bonne fois. À ses yeux, tu incarnais l'irresponsabilité que tu dénonces chez autrui.

Ton air interrogateur l'exaspéra, elle crut que tu te moquais. S'apercevant, enfin, que l'évidence de sa solution t'échappait sincèrement, elle précisa dans un sourire que le manque d'amour explique tout, il suffit à chacun de se montrer mieux disposé à l'égard du voisin pour que tarisse la source des drames. Querelles, batailles, hécatombes témoignent, à l'envi, d'un sérieux déficit de douceur humaine et accusent, à l'évidence, un « système » égoïste, affairiste, techniciste, eurocentré, exploiteur et agressif qui bloquerait la libre circulation du lait de la tendresse.

Après ton départ, mes amis de gauche s'avouèrent dépités. Ils étaient prêts à entendre contester leurs plus durables convictions, pour peu qu'une réponse fût apportée à l'unique question qui vrille leurs insomnies : après Marx, qui ? Ils furent à la torture, tu ne leur accordais l'aumône d'aucun nom, ni penseur prestigieux, ni genre sublime, pas même toi. Aucun Moïse pour traverser le désert et ficeler le siècle prochain en terre promise ! Mes amis de droite arboraient une mine pas moins déconfite, car, depuis qu'ils ruminent « au lieu du communisme, quoi ? », un lancinant et traditionnel besoin d'idéal les taraude. Ton constat critique de l'état présent n'a choqué personne, mais on attendait après l'orage une embellie garantie. Chacun remâchait le sentiment d'être privé de « sens », c'est-à-dire de dessert.

Déçu d'avoir déçu, ne monte pas sur tes grands chevaux ! Je te devine pestant contre mes compatriotes inconsolables mais avides de solutions clé en main et de tranquillisants bon marché. Certes ! Mais ton refus des onguents tarabuste, souffre donc qu'il soit tenu chez nous pour une facilité. L'art de briser les préventions, de retirer les œillères, de dessiller constitue une opération salutaire qui, par une tradition française séculaire, passe pour suffire.

Vous possédez un verbe pour honorer pareille chirurgie, « déniaiser », il implique irrésistiblement que le bonheur de la désillusion l'emporte sur la tristesse de piétiner des rêves bleus. Votre pratique ne nous est pas étrangère, Faust l'inflige à Marguerite, avec un brio propre à stupéfier maints libertins professionnels. Reste que, dûment et doctement déniaisée, la belle aux blondes tresses finit condamnée pour infanticide. La pilule est amère. Le culte de la lucidité à tout prix mérite un complément d'élucidation.

Sans vouloir t'importuner, je signale que le quiproquo fut total. S'il t'arrive d'éveiller, tu ne pallies guère l'inquiétude suscitée. Ne t'étonne pas d'accroître, dans la foulée, la clientèle des gourous et des marchands d'élixirs. Tes compatriotes, si enclins au doute et soucieux jusqu'au bout des ongles de ne pas être dupes, ne battent-ils pas les records mondiaux en matière de pharmacopées anesthésiantes ? Tu fus parfait dans le rôle du Français, tu as suscité une douce surprise, un étonnement lassé, des pointes d'incompréhension épidermique et quelques accès de colère vite évaporée. Comme si trois siècles de conflits épiques, suivis de cinquante ans d'ignorance cordiale, accouchaient désormais de malentendus sans conséquence.

Quand la guerre battait tambour, le litige vibrait autour d'enjeux jugés alors incontestables. Chaque camp consentait les plus grands sacrifices pour défendre ou s'approprier la jouissance de l'ensemble. Les « valeurs » que les peuples s'arrachaient sur les champs de bataille — puissance, richesse, sécurité — témoignaient d'une évaluation relativement commune. On ne disputait avec acharnement que de biens évidents, appréciés des uns comme des autres.

Aujourd'hui Rome et l'imperium ont déserté Paris et Berlin. La rencontre de voisins pacifiques semble ne présenter qu'un intérêt touristique et folklorique. Quand, à la tribune, tu évoques le journal télévisé de 20 heures et le paquet de problèmes qu'il jette au visage, la salle n'interroge pas l'actualité, mais toi : pourquoi est-il différent ? Comment soigner, non ce dont il parle, mais sa manière étrange parce que étrangère de parler, d'émouvoir, de réagir ? Jure qu'il n'en va pas de même dans ton pays ! Lorsque nos chefs d'État respectifs se donnent l'accolade, n'êtes-vous pas sensibles à l'aspect pittoresque des héros du jour davantage qu'aux propos pondérés et empesés qu'ils échangent ?

Le sage montre les étoiles, l'imbécile regarde le doigt, dit un vieux proverbe chinois, que les répétitifs « dialogues » germano-français semblent vérifier sans fin. Nous montrons du doigt nos index, les querelles historiques et mondiales de jadis ont viré aux papotages maniérés.

Des formidables rivalités qui embrasèrent par deux fois la planète surnagent quelques brimborions de pensées volatiles, clichés jaunis que l'on caresse ou délaisse avec une égale légèreté. La jeune femme qui propose l'amour comme remède croit, sans y croire, pouvoir te soigner. Tu es un cas pour elle, comme elle s'apprête à le devenir pour toi. Qui sera Méphisto ? Qui Marguerite ? Qui Béatrice ? On joue à guichets fermés une empoignade de personnages de cire. C'est Faust mis en scène par le musée Grévin. Est-ce le prix qu'il convient de payer pour éviter Verdun ? Après la paix des trépassés, celle des trépanés ?

Ce soir-là, pourtant, tu étais parti pour plaire. Brosser le tableau d'une montée, sinon en puissance, du moins en responsabilité de l'Europe, évoquer la Grèce antique pour conclure sur le massacre intolérable des Tchétchènes, voilà qui flatte l'atavique sens historique d'un *Herr Doktor Professor* et les sentiments de madame. Peu à peu, néanmoins, les convictions ordinaires du public firent barrage. J'admire ton imperturbable faculté de rebuter, tranche par tranche, l'unanimité des auditeurs. Tu ne peux défendre la société de consommation sans que des oreilles tintent. Ton apologie, même nuancée, de la démocratie telle qu'elle est, ton refus de te cantonner à ce qu'elle devrait être, glace les poitrines bien intentionnées. Ton éloge de l'information lève de multiples soupçons et ton oubli de condamner en bloc la société du spectacle ne saurait demeurer impuni. Lorsque tu traduis l'injonction grecque *sôzein ta phainomena* « sauver les phénomènes » par le devoir moderne de sauver l'existence, l'apparaître, on suppose que tu t'entêtes tout bêtement à sauver les apparences. Lorsque tu conclus qu'il faut se battre, bec et ongles, à la vie à la mort, pour que le spectacle continue, un Allemand répond : seulement ? Mourir pour si peu ? Il fait partie, lui, d'un peuple de l'Être. Toi, tu donnes l'impression de t'ébrouer complaisamment dans les billevesées du paraître.

Ne demande pas à des étudiants consciencieux de considérer avec sérieux un écran multicolore, où les nouvelles virevoltent arbitraires au gré d'une télécommande. N'exige pas d'un théoricien chevronné qu'il commente les hasards, même sanglants, d'une actualité capricieuse. Tu n'obtiendras qu'un demi-sourire méprisant et sardonique. Quant à nos essayistes revenus de tout, n'espère plus qu'ils s'émeuvent des malheurs indécents et éternels de l'humanité. Tant que le pire n'est pas arrivé, ils goûtent son retard. Le jour où il se présentera, les temps pour pleurer seront, heureusement ou malheureusement, révolus. L'insensibilité des Européens face aux massacres anciens, récents et actuels est inavouée, mais plus évidente encore que tu ne la dénonces. Elle ne relève pas d'une faute d'inattention ponctuelle. Elle monte d'une rumination de longue durée, que les Allemands cultivent avec une rigueur redoublée depuis qu'ils constatent que l'univers la partage.

Une hirondelle, dites-vous, ne fait pas le printemps. Un oiseau qui désapprend de voler n'annonce pas davantage le retour de l'hiver. Un dialogue raté ne tire pas à conséquence définitive, pas plus que cinquante années de tentatives stériles, quelles que fussent les bonnes volontés qui, d'une rive à l'autre, s'acharnaient à l'ouvrage, plutôt cent fois qu'une. Juste une simple constatation : jamais la France et l'Allemagne ne furent économiquement si proches, jamais elles ne furent si culturellement lointaines. Leur vie matérielle tourne à la symbiose. Chacune est la cliente de l'autre. Elles s'expédient produits et touristes, elles permutent projets et prévisions. Elles fusionnent les marchés et construisent la monnaie unique. Mais spirituellement elles ne s'entendent pas. Elles se parlent de moins en moins, sinon dans une langue tierce réduite au sabir.

Un océan d'indifférence noie de timides remous d'amour et d'évanescents remugles de haine. Côté ventre, le dialogue franco-allemand progresse. Côté tête, encéphalogramme plat. Que de brèves rencontres entre intellectuels, cadres et responsables tournent en eau de boudin, cela ne m'étonne guère : parler pour ne rien dire, voyager pour ne rien faire, visiter sans rien voir constituent l'ordinaire des dialogues culturels.

N'empêche, la dérive quasi infaillible des échanges de l'esprit fait tache dans le tableau officiel de l'entente parfaite. Les bonnes volontés seraient-elles vouées, prisonnières d'un destin plus ancien qu'elles, à ne générer qu'inanités sonores ? Convient-il d'en rire ou d'en pleurer ? Je ne sais, mais tout se passe comme si, au centre du dispositif européen — son noyau dur ou son ventre mou ? — tourbillonnait impunément la logique débilitante du dialogue de sourds.

UNE IDYLLE ET QUELQUES NUAGES TRADITIONNELS

Comme l'explique Joseph Rovan : « Bien que l'Allemagne soit depuis plus de vingt ans notre alliée politique et militaire, les Français dans leur grande majorité l'ignorent ou l'imaginent autre qu'elle n'est. Et malgré les nombreux échanges il n'en reste pas moins vrai que l'Allemagne voisine déconcerte, irrite et inquiète beaucoup de Français. »
Et à propos de « la crainte face à l'Allemagne », Alfred Grosser va même plus loin en écrivant dans *Le Monde* en 1977 que « l'antigermanisme [...] tient une grande place dans le fonctionnement de notre vie politique ». Il critique notre « mémoire sélective [*qui*] joue [...] un grand rôle dans les mécanismes de l'antigermanisme », car, si on évoque les crimes alle-

mands, on passe soigneusement sous silence les crimes français. De plus, « la mémoire n'est pas seulement sélective. Elle est falsificatrice. Si la seule Allemagne vraiment présente sur nos écrans de télévision, c'est celle de l'Occupation, c'est que l'évocation de la période de guerre a une vertu majeure : elle permet à tous les Français de s'identifier rétrospectivement aux héroïques résistants et d'éviter ainsi conflits et débats politiques ».
Enfin, André François-Poncet, ministre des Affaires étrangères de 1978 à 1981, a mis l'accent sur les conséquences de cette attitude en disant que « l'amitié franco-allemande est une plante fragile » (*Le Nouvel Observateur*, 1978).

Marie-Agnès Monta-Clément, *L'Image de l'Allemagne dans le roman français de 1945 à nos jours*, Presses universitaires de Nagoya, 1985.

Les pères fondateurs, qui portèrent la Communauté européenne naissante sur de précaires fonts baptismaux, postulèrent, après 1945, que les peuples s'accorderaient plus facilement autour d'objectifs concrets et prosaïques qu'à débattre de questions sublimes et abstraites. Ils pariaient sur une alliance entre d'un côté le sérieux, quelque peu bourgeois mais travailleur, de l'Allemand cher à Thomas Mann, et de l'autre l'astuce latine, qui ne s'en laisse pas conter. L'urgence imposait de reconstruire l'assise industrielle et technique de notre civilisation. L'occasion parut particulièrement favorable, on évacua les fins dernières et, dans la foulée, on mit entre parenthèses l'ensemble des querelles doctrinales et des litiges philosophiques, littéraires et moraux qui avaient passionné et meurtri le Vieux Continent deux millénaires durant.

Désormais, l'intendance commande, le reste suit. On cantonne écrivains et artistes dans une sorte de cage dorée, ils gèrent les plaisirs du dimanche, tandis que les compétents se consacrent aux tâches ingrates, mais rentables, des jours de semaine. On construit avec persévérance, peine et habileté le pool du charbon et de l'acier, qu'on démantèle bientôt avec plus de peine, plus de persévérance et non moins d'habileté. Clopin-clopant, les résultats passent les espérances initiales.

Un demi-siècle après, l'Europe occidentale se contemple plus riche qu'elle ne le fut jamais, foi de P.N.B., statistiques du B.I.T. et de l'O.M.S. à l'appui, sous le regard envieux des démunis de la terre, c'est-à-dire des trois quarts de l'humanité.

Aurions-nous jeté l'ancre dans les eaux tranquilles d'une économie sans esprit ? Ou bien l'esprit de notre neuve puissance nous échappe-t-il encore ? Un menaçant coma mental garantirait-il notre bien-être matériel, comme un indispensable garde-fou, une rançon obligée, un ascétisme à rebours ? Donnant donnant ? L'épanouissement des chairs contre la sclérose des âmes ? Afin de ne pas mourir et tuer par idéologie, doit-on vivre sans idées ? Pour faire taire les imbéciles, nous imposerons-nous un silence universel et béat ?

L'insouciante innocence, ou fausse naïveté, de nos élites m'effraie. Les responsables parlent avec emphase de l'Europe, comme si l'existence de cette entité, pourtant indéfinissable, ne prêtait à quelques doutes. De quoi s'agit-il ? De qui s'agit-il ? La Communauté des six puis des douze passe à quinze pour risquer de se dissoudre à trente-six. L'Europe n'aura peut-être échafaudé qu'une unité circonstancielle et éphémère s'autorisant d'un rideau de fer, aujourd'hui levé. Qui veut jauger sa crédibilité à long terme doit tester la résistance de son centre. Le couple franco-allemand fait condition sine qua non, toujours nécessaire même si pas suffisante. Le secret de l'existence ou de la non-existence de l'Europe passe par l'entente qui noue la France et l'Allemagne réunifiée. Que ce bel attelage se rompe et tout l'édifice se démantèle. Il est temps de scruter le chemin parcouru par deux ennemis héréditaires convertis en voisins pacifiés, à la fois frères et rivaux. Plus frères que rivaux ? Trop rivaux pour rester frères ?

Seule réussite, incontestable à ce jour, la paix règne à l'ouest du Continent. Pendant plus de trois siècles, le Rhin creusa une frontière belliqueuse. Il coule désormais dans la douceur d'une concorde cinquantenaire. Simple entracte camouflant des malentendus insistants, voire d'irréductibles discordes ? L'éclatement de la Yougoslavie et les purifications ethniques qui suivirent rappellent l'étrange vulnérabilité des agrégations politiques. L'entente franco-allemande n'est pas de la même eau, elle engage des opinions libres et démocratiques, qui n'échappent pourtant pas aux méfiances, aux réticences et aux crises. Ce lien, que la France et l'Allemagne ont tressé volontairement, elles peuvent le défaire, fût-ce velléitairement, au gré des volatiles émotions publiques. Partant d'une hostilité atavique, aurait-on construit une paix stable et quasi inébranlable ? Si oui, comment ? Dans quelles limites ? De plus en plus énigmatique, cette concorde des cœurs affichée partout, mise en doute souvent, reste la principale trêve inventée au XXe siècle.

EN PANNE

« Les Français et les Allemands n'ont pas changé et pourtant, entre eux, rien n'est plus comme avant. Réunification de l'Allemagne, éclatement du bloc soviétique, élargissement de l'Union européenne et désengagement américain : l'après-guerre froide charrie son cortège de changements. Ils ne peuvent être assumés que par une Europe plus unie et, pour commencer, par un couple franco-allemand plus assuré. La vérité oblige à dire qu'il n'en est rien.

Bien sûr, la liturgie des rencontres bilatérales n'est pas altérée. Bien sûr, au sommet des deux États, les relations personnelles sont intenses et les deux pays continuent même d'étendre leur coopération. Des deux côtés du Rhin, l'entente mutuelle demeure, selon le mot du chancelier Kohl, "part de notre raison d'État". Bref, la relation franco-allemande va toujours de soi. Mais sait-elle encore où elle va ? Et produit-elle tous les fruits que l'on pourrait en attendre ?

De nombreux signes autorisent à en douter : depuis cinq ans, les ratés du couple se sont multipliés sur fond de crise de la construction européenne, tandis que montait l'incompréhension entre les deux sociétés (hostilité de l'opinion allemande aux essais nucléaires français ; tensions hexagonales autour du lien franc-mark). À l'arrière-plan, une double incertitude. Que fera l'Allemagne de ses nouvelles responsabilités politiques ? Comment la France, dont Kissinger disait qu'elle était la principale victime de la chute du mur de Berlin, répondra-t-elle à

ce que nombre de ses dirigeants ressentent comme une *diminutio capitis*, une modification durable, en sa défaveur, du rapport de forces avec l'Allemagne ?
Ces thèmes, il serait évidemment suicidaire de les traiter à travers les prismes du passé : peur de l'autre, diabolisation réciproque, abus des poncifs. Mais méfions-nous aussi des tabous de l'histoire récente : obsession de prouver que tout va bien, poids des non-dits et confinement dans un cercle étroit du droit de parler des "choses qui fâchent".
La relation franco-allemande aborde des parages où l'excès de précautions sera de nul secours. Deux grandes échéances approchent qu'elle ne traitera pas par l'esquive : l'Union monétaire et la défense commune. De part et d'autre du Rhin, on s'apprête à toucher à un attribut majeur de souveraineté, celui-là même dont chacun des partenaires s'est doté après 1945 pour symboliser sa conception de la puissance : le deutsche mark au-delà du Rhin, l'arme nucléaire en deçà...
Voilà pourquoi la relation franco-allemande entre dans les années tests. Elles l'obligeront, pour le meilleur ou pour le pire, à se redéfinir. »

Dominique Bocquet : *La France et l'Allemagne, un couple en panne d'idées*, Fondation Saint-Simon, Paris, 1996.

Quand experts et politiques méditent — rarement — sur l'essence de l'Europe, ils la supputent en termes petitement économistes. *Quid* de la monnaie unique ? Ils retardent sur l'événement. La disparition du grand adversaire à l'est libère les démocraties de l'urgence d'une union à tout prix. Les intérêts égoïstes, locaux et partisans, toujours concurrents et parfois antagoniques, risquent de prendre le dessus. Hier, on se réjouissait de resserrer la coopération économique. Aujourd'hui, on rêve d'un horizon social et d'une défense militaire. Mais cette nécessaire extension du projet réclame une conversion radicale du regard. Elle suppose une perception partagée des risques et des défis du siècle à venir, une communauté de pensée, voire de philosophie. Les fondateurs firent sciemment l'impasse sur ce « reste » qui justement m'intrigue : les mœurs, les manières de vivre et de mourir, toute cette culture unitaire qui fut le présupposé muet et le refoulé explicite du projet européen.

La chute de l'Empire soviétique et la fin de la guerre froide simultanément libèrent les bonnes volontés et déchaînent les mauvaises. Matamores du kalachnikov, fanatiques de la machette, chevaliers de la haine, fous de Dieu décochent planétairement depuis 1989 de sinistres records de dévastation (Somalie, Liberia), de massacre (Bosnie) et d'extermination (Rwanda et Tchétchénie martyrs). L'Europe démocratique réagit peu et mal. Les téléspectateurs européens ont laissé éliminer d'un coup des milliers de civils — Srebrenica, été 1995 — sous les yeux, voire sous la garde de leurs soldats. Que penser d'une Europe qui accepte la contagion des charniers ? Qu'en est-il de ses valeurs chrétiennes et socialistes, quand elle délaisse les civils, femmes et enfants qui meurent devant sa porte ? Qu'arrive-t-il à sa raison, quand elle permet aux incendiaires d'exercer leurs talents sur son autre moitié ? Comment lui faire crédit d'un relatif bon sens ou d'une simple prudence, alors qu'elle laisse prospérer des mafias politico-militaires postcommunistes dans une région nucléairement surarmée ?

Si l'Europe est paralysée, ce n'est pas faute de moyens, mais de volonté. Si l'Europe entière va mal, sa culture semble, au premier chef, atteinte.

Depuis l'Empire romain, le Continent est dépourvu d'unité politique. Il refuse fièrement de sacrifier ses différences sur l'autel d'un bien commun, régi par une autorité une et indivisible. Il s'attribue cependant le partage d'une même culture, laquelle présente, du coup, l'originalité d'être la seule dans le monde et dans l'histoire à ne pas se réclamer d'une table des valeurs agglomérant l'ensemble de ceux qui la « cultivent ». Déjà, la Grèce antique ne connaissait que des cités diverses et hostiles, aux Constitutions hétérogènes ; chaque petite collectivité projetait une idée tout à elle du bien et du politiquement correct. Les penseurs de l'époque romaine (Varron, Plutarque) recensaient plusieurs centaines de Souverains Biens et autant d'échelles de perfection. Dès l'origine, la culture européenne renonce à amalgamer unidimensionnellement les comportements, elle n'impose pas une conception monolithique du convenable et propose une multiplicité de modèles existentiels. L'Europe a été, est et sera la « patrie des pots de peinture » (Nietzsche).

Face aux sociétés traditionnelles, une telle diversité sonne étrangement hérétique. L'absence de ciment mythologique, de consensus religieux, de fixité idéologique suscite des verdicts antinomiques. Soit qu'on condamne l'aliénation de la diaspora européenne (vitupérée comme *Gesellschaft* par opposition à la *Gemeinschaft** des communautés d'antan soudées et intégrées). Soit qu'en revanche on loue la *Respublica litterarum* occidentale, première société ouverte s'élevant au-dessus des sociétés « closes ». Ce débat, plusieurs fois séculaire (Fichte, Tönnies, Bergson) est aujourd'hui reconduit : on dénonce, de l'extérieur (intégrismes, fondamentalismes) comme de l'intérieur (heideggérisme, extrémismes écologistes et religieux), un règne monstrueux de la technique — ou du capital, de la consommation, du logos, de la maîtrise « faustienne », etc. — supposé eurocentré et eurogénéré. Autocritique en permanence, la culture européenne ne sait plus à quels saints se vouer. L'homme de la rue, en manque de repères, a de plus en plus de peine à distinguer sa gauche de sa droite, le haut du bas, le bien et le mal, le simulé et la réalité.

Je résume. Assourdissant depuis l'implosion de l'Empire soviétique, le silence de l'Europe trouve son épicentre dans les courts-circuits du dialogue entre Français et Allemands. Il tournoie dans le vide creusé par les pères fondateurs des années 50. Lorsque la menace ennemie était tangible, compacte et globale, la question du pourquoi ne s'imposait pas. Ou plutôt elle était résolue avant d'être formulée. Face au Big Brother, chrétiens démocrates et démocrates socialistes s'accordaient sans peine, ils oubliaient leurs différences théométaphysiques. Quant aux minorités radicales, elles inversaient la définition de l'ami et de l'ennemi, sans s'interroger davantage. Chaque parti invoquait une infaillibilité,

* L'opposition Gesellschaft/Gemeinschaft est habituellement rendue par celle de : société/communauté.

jugée assez définitive pour avoir réponse à tout et n'endurer aucune interpellation. Les uns se réclamaient d'un apodictique instinct de classe, les autres d'une (toute neuve, mais catégoriquement insoupçonnable) ferveur libérale, les troisièmes faisaient assaut de bons sentiments et de principes — espérance dont ils proclamaient la sentence sans appel. Implacable, on prenait position contre et pour le grand ennemi. On pouvait aussi enfiler le manteau de la neutralité, en goûtant le plaisir narcissique de renvoyer dos à dos des homoncules très évidemment inférieurs.

Enfin le mur tomba, et s'effrita l'image d'un monde coupé en deux avec les simplicités épistémologiques qu'elle suggère. Quand l'ennemi n'est plus l'ennemi, les amis commencent à devenir douteux, et l'Européen se découvre mentalement désarmé.

SANS CONCEPT !

Qui contemple nos ministres des Affaires Étrangères palabrant des heures durant sur l'importation des fourrures d'Amérique du Nord et des fleurs coupées d'Égypte se prend la tête entre les mains. L'Europe risque de rater ses rendez-vous les plus importants et de tituber sans concept à l'orée du prochain millénaire.

Éditorial de la Frankfurter Allgemeine à l'occasion du quarantième anniversaire de la Communauté européenne (Traité de Rome) Peter Hort, 25 mars 1997.

Qui n'eût cru naguère disposer d'une instance guide ? Les Anglais invoquaient le *common sense*, les Français le « bon sens », les Allemands se vouaient au *Geist*, comme les religieux trouvaient dans la religion et les humanistes dans l'humanisme la boussole censée les orienter. Les rois arguaient de la raison d'État, les républicains de la volonté générale. La foi disputait ses palmes au savoir. L'artiste vitupérait les bien-pensants qui n'en pensaient pas moins. L'homme d'épée méprisait l'homme de plume. Les marquises négligeaient les robins et ceux-là boudaient la cour et les ruelles. Mais nul ne se fût avisé que tant de chaudes disputes compteraient pour du beurre.

Après la Seconde Guerre mondiale, la saine décision est prise. Trêve de parlotes ! L'Europe sera édifiée sur des bases tangibles : l'indice de production, la balance des échanges, le niveau de l'inflation, le taux du crédit, la qualité des investissements et la quantité des marchandises. Rien là qui doive lever une ironie trop facile et passablement hypocrite. Le succès de l'entreprise profite même à ses censeurs et couronne des décennies de bons et loyaux efforts.

Construite à partir d'une omission très volontaire, l'Europe nouvelle bénéficie de la démonétisation des slogans et des clichés qui gouvernaient les hostilités préprogrammées. Mais on procéda à la va-vite, on rejeta en vrac le bon grain du jugement nécessaire et l'ivraie, voire l'ivresse, du préjugé ordurier. En France, vous dites : expédier le bébé avec l'eau du bain. Entre parenthèses, dans l'image équivoque de ce dicton tenace, je flaire une réticence machiste devant les parturientes qui délivrent, en même temps, l'enfant et l'eau du bain. Fin de la parenthèse, la rupture de 1945 était nécessaire. La minute de silence a duré cinquante ans. L'enfant est né. Reste à repenser.

Le jour où, d'un commun accord, les Européens instituèrent les normes de production principes ultimes d'une progressive unification, ils procédèrent, avec le sentiment de se purifier, à une double ablation. D'une part ils liquidaient le modèle du bien commun, leurs cités ne se bâtiraient pas autour d'un phare unique définissant pour tous le Parfait et le Mal, le Vrai et le Faux, le Beau et le Laid. Pas de théologie politique ! Le dieu des uns n'est pas celui des autres. Le ciel et la terre se séparent. Pas d'unité ethnocentrée ! Les racines de chacun relèvent de son invérifiable roman personnel, sang familial et agora, vie privée et vie publique divergent. Pas de gouvernement idéocratique ! Les normes ne sont pas fixées par l'inspiration du penseur ou du poète. Le roi n'est pas philosophe et réciproquement. Cette première ablation exécute les idéologies dominantes du XIXe siècle européen, qui venaient de transformer le XXe en hécatombe.

L'amour de l'Allemand pour le Mark roi suscite dans votre pays des commentaires goguenards. Réciproquement, certains, parmi nous, moquent votre fierté nationale prosaïquement reléguée dans les centrales nucléaires et le train à grande vitesse. En projetant au poste de commande les exigences rationnelles de la production matérielle, en choisissant de bien vivre au lieu de vivre dans le bien, les Européens s'émancipaient des cultes sanglants voués à trois idoles. Derrière eux fumait encore la terreur national-raciste, face à eux grondait une dictature idéocratique, dans leur mémoire rôdaient les terrifiants fantômes du fanatisme religieux : triple figure d'un Bien unique censé régir la cité des hommes envers et contre tout. La conversion prosaïque d'après-guerre répond et n'en finit pas de répondre aux monstres qui hantent notre histoire.

La deuxième ablation s'apprécie d'autant plus difficilement qu'on la confond avec la première, comme si, le Bien commun décapité, les cerveaux s'ankylosaient dans la seule perspective de produire, reproduire, conduire et reconduire la production. La dérive d'une ablation à l'autre est abusive. *The common sense* ou le bon sens ne se définissent pas en fonction de l'existence ou non d'une valeur centrale, universelle et infaillible.

Au contraire. Descartes, Hume et Kant détectent dans la capacité de « jugement » d'un homme quelconque le principe d'une stratégie laïque qui permet d'assumer les divisions et l'éparpillement de la condition humaine. La réflexion devient indépendante de la révélation suprême d'un Être un et indivisible éclairant, tel le Soleil, la moindre de nos actions.

Pour apprendre à juger, il faut pouvoir juger bon ce qu'on apprend et en décider avec justesse. Le jugement du plus humble se précède humblement lui-même. Il est préalable. Toute connaissance particulière en procède, fût-elle sublime, elle doit lui présenter ses lettres de créance, car il tranche des prétentions illusoires. Il est autonome, il tranche en premier et dernier ressort, fût-ce pour s'incliner devant la dignité d'une illumination dont il aura mesuré, en son for intérieur, la hauteur avant d'accepter de s'en laisser éblouir. Peu importe l'attente ou l'absence d'un dieu, les penseurs d'Occident ont, mille fois plutôt qu'une, coupé le lien supposé ombilical entre le Bien et la pensée. Ils ont admis qu'on puisse penser bien (ou juste) avant de penser le Bien. *Gottes Fehl hilft*, « le manque de Dieu aide », la formule d'Hölderlin cristallise l'évidence qui soutient maintes pensées dites rationalistes et d'innombrables nuits mystiques.

Rien n'autorisait une glissade de la première à la seconde ablation. Une collectivité qui se construit sans postuler une idée commune du souverain Bien n'est pas ipso facto tenue de se priver d'une pensée commune.

L'Europe nouvelle naît d'une double coupure. Exotériquement, elle proclame la fin des idéologies, non pas dans les têtes, mais à la tête des États. La réussite s'avère durable et éclatante ; le XIXe siècle, qui rêvait la non-séparation du ciel et de la terre, du privé et du public, de l'homme et du citoyen, n'aura ruiné que la première moitié du XXe. Ésotériquement, elle taille plus profond. Sans l'expliciter, souvent à leur insu, les nouvelles élites soucieuses de résultats concrets tirent un trait sur l'ensemble des recherches et controverses qui bouleversèrent la culture occidentale depuis l'antique Athènes.

Pour ne pas idéologiser, on décida de moins penser. L'opération fut menée rondement, dans la plus grande discrétion. On neutralisa fort aimablement l'ensemble des perturbateurs potentiels ; l'enseignement supérieur, les académies en tout genre, foison d'instituts de recherche congelèrent le décrochement général. Il y eut des lieux pour disputer infiniment et d'autres terrains, à huit mille pieds dessous, pour vivre, agir, décider. Les moines du Moyen Âge, présomptueux, qui estimaient délaisser leur époque, n'en défrichaient pas moins les collines alentour. Contrairement aux apparences, ils furent plus « engagés » dans le cours des choses que nombre de pensionnés des campus actuels.

À QUOI PENSE LA NOUVELLE EUROPE ?

L'Europe commence avec un taureau, et un viol. Europe était une jeune fille asiatique enlevée par un dieu (qui, à cette fin, s'était changé en taureau blanc) et retenue captive dans un nouveau pays qui finit par porter son nom. Europe, prisonnière du désir insatiable de Zeus pour la chair des mortels, est vengée par l'Histoire... Aux tous débuts de l'idée d'Europe, surgit un combat inégal entre les humains et les dieux, et une leçon encourageante : le dieu taureau peut gagner la première escarmouche, mais c'est la jeune fille continent qui triomphe avec le temps.

Je mène, moi aussi, un combat contre un Zeus contemporain, bien que ses foudres eussent jusqu'à présent raté leur cible. Beaucoup d'autres — en Algérie, en Égypte ou en Iran — ont eu moins de chance. Ceux d'entre nous qui se sont engagés dans cette bataille savent depuis longtemps quel en est l'enjeu : il s'agit du droit d'être humains, de leurs pensées, de leurs œuvres d'art, de leur existence, à survivre à ces foudres. Et de l'emporter sur l'étrange autocratie de tel ou tel Olympe en vogue. Il s'agit du droit de porter des jugements moraux, intellectuels et artistiques sans craindre le Jugement dernier...

En huit ans, j'ai fini par comprendre les équivoques qui se nichent au cœur de la nouvelle Europe. J'ai entendu le ministre allemand des Affaires étrangères indiquer, avec un haussement d'épaules, qu'il y a *« une limite »* à ce que l'Union européenne est disposée à faire pour les droits de l'homme. Cette nouvelle Europe ne m'apparaît pas comme une civilisation ; c'est une entreprise somme toute plus cynique. Les dirigeants des pays membres de l'Union européenne n'adhèrent qu'en paroles aux grands idéaux européens : liberté d'expression, droits de l'homme, triomphe de la Raison, droit à la différence d'opinion, importance de la séparation de l'Église et de l'État. Cependant, lorsque ces idéaux se heurtent aux puissantes banalités de *« la réalité »* (le commerce, l'argent, les armes, le pouvoir), c'est la liberté, alors, qui est mise à mal. Lorsqu'il y a, d'un côté, la feta danoise ou le bœuf *hallal* irlandais et, de l'autre, la Convention européenne des droits de l'homme, la liberté d'expression n'a aucune chance de l'emporter. Cela suffit à faire un Européen engagé un eurosceptique.

Salman Rushdie, *Frankfurter Allgemeine* et *Libération,* 14 février 1997.

En s'instituant brutalement « moderne », après 1945, notre communauté crut s'émanciper d'un « classicisme » qu'elle tint à distance, tel le miroir redoutable où elle dévisageait une odyssée trop lourde, douloureuse, tumultueuse et multiséculaire. Les pères de l'Europe travaillaient dans l'économie et la politique, pas dans l'histoire et la philosophie. Leur chirurgie s'avéra d'autant plus efficace et radicale qu'elle fut muette. Pour expliciter leur projet implicite, interrogeons des esprits davantage loquaces qui, bien que contemporains, ne supposèrent pas un instant qu'ils logeaient à la même enseigne. Dans l'Allemagne d'après-guerre, deux écoles de pensée dominent : Adorno et Horkheimer à Franfort, Heidegger et consorts depuis Fribourg et Todtnauberg. Chacune se démarque furieusement de l'autre, et les deux, avec une même rage, des politiques en place. Cinquante années plus tard, profitant du recul favorable aux considérations rétrospectives, seul m'épate, derrière les excommunications réciproques, le formidable consensus qui transcende leurs querelles de chapelle. Les théoriciens rivalisent, mais toujours dans la même direction. C'est à qui prononcera l'excommunication la plus radicale du passé occidental. On généalogise à tour de bras : Ulysse, donc la rationalité technocratique, donc Hitler, suggère l'école de Francfort. L'oubli de l'être, l'occultation des présocratiques, la prise de pouvoir de la métaphysique platonicienne, romaine et chrétienne mènent droit à la catastrophe mondiale, accusent en contrepoint les heideggériens.

Aux dates et aux circonstances près, l'accord est total et l'identification de l'ennemi nourrit d'interminables colloques. Les causes du mal remontent aux calendes grecques ; la culture occidentale les véhicule, les génère et les entretient ; si elle ne rompt pas radicalement avec elle-même, l'unidimensionalité de l'aliénation et la désertification de la planète menacent.

Tout homme politique passe pour « borné » aux yeux du sage qui paraît à son tour abscons et inutile. Mais les uns et les autres ont symphonisé un identique appel au scalpel.

L'Europe posthitlérienne ne prit pas seulement ses distances avec les idéologies où grenouillaient ses fureurs, elle a, sur la lancée, donné congé au projet du citoyen athénien qui proposait de se gouverner par la pensée. On peut, certes, apprécier de vivre comme ses aïeux, en se réglant selon les us et les coutumes. C'est la voie traditionnelle qu'à son corps et son cœur défendant la culture grecque désapprend. On peut, inversement, se soumettre aux connaissances sectorielles, courir après les spécialistes et se plier au dernier cri des sciences et des techniques, telle est la piste où s'engage la démocratie athénienne tout en la jugeant insatisfaisante, sauf à tomber dans la « sophistique ».

Naît alors une idée neuve : au-delà des habitudes ancestrales et des techniques particulières lève une sagesse générale, à laquelle chaque citoyen est tenu d'accéder. Le nom dont on affuble cette boussole varie selon les âges et les personnes, car les rois du jour résistent mal à la tentation d'apposer une étiquette qui vaut titre de propriété, tandis qu'églises, partis et universités en revendiquent la jouissance exclusive. Prudence, jugement, esprit, sens commun, cœur, raison, intuition, tempérance, sentiment, force d'âme, autant d'options concurrentes pour jouer la partition de cette chose-du-monde-la-mieux-partagée.

Les textes classiques n'offrent pas cette aimable sagesse en cadeau stable et définitif. Certains auteurs, comme Aristote dans sa *Métaphysique*, la présument « toujours recherchée » : on n'en jouit pas une fois pour toutes, on la poursuit en commun, affrontant des problèmes, des difficultés, des impasses, des apories sur lesquelles on apprend à s'entendre, fût-ce pour les trouver insurmontables.

Cette quête de savoir, dont le patronyme est « philosophie », a été, dans ses diverses acceptions et ses multiples splendeurs, discrètement mise au rancart. Hitler disparu, personne, en Occident, n'a plus brûlé de livres, mais il existe des renoncements intimes. L'Européen, horrifié par la peste brune dont il se découvrait parent, a poussé l'affolement jusqu'à l'autodafé non plus des écrits, mais de la passion de les lire qui fait leur vie. Lorsque littérature et philosophie deviennent pièces de musée et valeurs d'antiquaire, un requiem s'impose.

Je précise. De quelle sagesse l'Européen s'est-il mutilé ? Partons d'une évidence : on ne campe plus (ou pas) dans l'âge d'or, où les dieux et les hommes partagent le même bonheur en toute sécurité. Dans la cité régie par les « mortels », chacun est vulnérable et exposé. « Les citoyens ne peuvent se soustraire aux maux et aux peines », remarque Platon dans *Les Lois*[1]. L'homme naît nu. L'homme est le plus démuni des animaux de la nature. C'est ainsi que le découvre Prométhée, dans les versions qu'Eschyle, Hésiode et Platon donnent de son mythe. Les hommes, pour faire face, s'associent. Leurs cités s'organisent selon un triple accord. Le premier principe de leur entente préexiste à la conscience qu'ils en prennent : la tradition est aussi « naturelle » que la langue est « maternelle ». Mais cela ne suffit pas. Les dangers prolifèrent, il faut rapidement que les conduites se renouvellent.

Prométhée décide d'introduire le feu, c'est-à-dire les sciences et les techniques. Le don est fabuleux, mais une fois encore il se révèle insuffisant. Les techniques combattent en ordre dispersé. Un troisième principe d'entente place l'ensemble de la cité devant l'ensemble de ses tâches pour en débattre tous ensemble. Protagoras baptise, selon Platon, cette troisième connivence la « science politique ». Elle transcende les savoirs particuliers et les disciplines sectorielles pour ouvrir chaque citoyen à la vue panoramique de la situation. Eschyle, plus mystérieux, parle d'un « savoir qui sauve ».

Je n'aurai pas la fatuité d'attirer ton attention sur l'importance du mot « sauver » dans *Prométhée enchaîné.* Tu y fus sensible avant moi. Mais tout indique que *Prométhée délivré*, cette pièce perdue, qui devait clore la trilogie, célébrait le partage pacificateur du « savoir qui sauve », grâce auquel l'humanité surmonte la menace d'une extermination. Zeus conserve son trône et Prométhée se libère de ses chaînes. Le don du feu qui sauve doit être à son tour sauvé par une pensée qui sauve, nécessaire pour préserver l'ensemble. Est-ce ainsi qu'il faut comprendre ton injonction « sauver les phénomènes » ? Prendre garde à l'apparaître en tant qu'apparaître ? Le débat qui perdura entre la France et l'Allemagne portait sur l'énigmatique notion d'un engagement de la pensée : depuis les Lumières françaises, qui promirent d'éclairer le monde, jusqu'à l'idéalisme allemand, qui prétendit le vivifier. Pas d'étonnement, donc ! Lorsque la controverse s'interrompit, la communication entre les deux pays batifola dans la banalité des conversations digestives.

Une extraordinaire complicité avait noué, trois siècles durant, pour le meilleur et pour le pire, nos deux destins. Quelle illustration plus mémorable et frappante puis-je t'offrir que l'accueil réservé par l'intelligence allemande à la Révolution française ? Derrière les enthousiasmes volatils, les opinions variables, les informations tronquées, les retournements d'humeur et les choix contradictoires se dressent des esprits qu'on ne croise que chez nous — et chez vous. Je pourrais te citer Kant et Goethe, mais je préfère Hegel, qui touche au plus près le noyau de cette intimité.

> « Depuis que le soleil se trouve au firmament et que les planètes tournent autour de lui, on n'avait pas vu l'homme se placer la tête en bas, c'est-à-dire se fonder sur l'idée et construire d'après elle la réalité. Anaxagore avait dit le premier que le *Noûs* gouverne le monde ; mais c'est maintenant seulement que l'homme est parvenu à reconnaître que la pensée doit régir la réalité spirituelle. C'était donc là un superbe lever de soleil. Tous les êtres pensants ont célébré cette époque. Une émotion sublime a régné en ce temps-là, l'enthousiasme de l'esprit a fait frissonner le monde[2]. »

L'admiration sans bornes pour la folle entreprise de « marcher sur la tête » ne saurait se réduire à la simple poussée d'une fièvre jacobine dont Hegel est revenu depuis des décennies. Ce que l'Allemagne célèbre ici est un pacte philosophique avec le destin, le pari de vivre, de mourir et de coexister tel « un roseau pensant ». Elle applaudit le refus d'une obéissance aveugle et la décision radicale de « n'admettre pour valide que ce que l'on conçoit ». En France Mme de Staël, qui abhorre les Jacobins, et Joseph de Maistre, qui vitupère toute révolution, marchent également sur la tête. Ils proposent des normes différentes mais conservent le principe de se gouverner en vertu de principes.

En Allemagne, qu'elle soit révolutionnaire, contre-révolutionnaire ou spectatrice ironique, la pensée opta, à la française, pour la primauté du principe. Quitte à récupérer la mise, revendiquant les droits d'aînesse d'un peuple qui avancerait sur la tête depuis la Réforme de Luther !

Tu le devines, ces querelles de préséance sont indifférentes. Nos deux pays n'ont trouvé de grandeur qu'à reprendre à leur compte le projet grec du *sôphronein* — de se gouverner en pensant. En 1945, nous sommes tombés de haut. De très haut. La chute allemande fut vertigineuse et la honte paralyse encore. Le flambeau du « savoir qui sauve » s'est écrasé à terre, personne ne l'a ressaisi. Peut-on définitivement s'en passer ?

Jumeaux terribles, Allemands et Français semblent avoir résolu, chacun pour son compte, sans se donner le mot, de fermer la fabrique des idéologies, tout en liquidant, pour plus de sécurité, les laboratoires attenants du savoir qui sauve. Ils mirent la clé sous la porte ou la jetèrent aux orties. Que le citoyen un cesse de se raconter des histoires, qu'il demeure sagement à sa place et s'absorbe dans la vie au jour le jour ! Ainsi prospérèrent, bercées par la croissance et une paix gérée par d'autres qu'elles nommaient « guerre froide », deux générations proprement antiphilosophiques.

L'université, les communications de masse et parfois les académies réservaient leurs fauteuils à quelques talents, présumés « philosophes ». Parmi ceux-là, les plus doués ou les moins ignorés prirent un malin plaisir à confirmer la sentence générale, en signant une déclaration de perte et paraphant l'acte de leur propre décès. Ils rivalisèrent de pompes funèbres et célébrèrent à qui mieux mieux l'arrivée à bon port (la « fin » de l'histoire, de l'Occident, de l'économie marchande, de la division du travail, de la différence des sexes, de l'amour, de l'intelligence). Ils couronnèrent la mort (de l'art, de Dieu, de la métaphysique, de l'esprit, de l'espoir, de la lucidité désespérée, de l'ordre et du désordre). Forts d'avoir recueilli les dernières paroles de feue la philosophie, les sages du moment bénéficient sans restriction des ultimes hommages qui lui sont rendus.

J'ai lu, sous la plume d'un de vos brillants esprits, que la chute du mur de Berlin et du communisme soviétique entraînait celle du marxisme et rendait inévitable une remise en cause de l'idéalisme allemand et de son fer de lance hégélien. On s'en doutait depuis des décennies, certains l'avaient écrit[3]. Mais l'effet de cette tardive révélation excède apparemment l'obligation ordinaire du retour à soi et sur soi. Écoute plutôt : avec Hegel, c'est toute la philosophie qu'il faut porter en terre — « il a été le premier des grands derniers penseurs philosophiques, au sens traditionnel du mot philosophie... » Attends ! La débâcle ne s'arrête pas en si bonne compagnie puisque, avec Marx et Hegel, c'est la notion même de liberté qui doit disparaître — « la ruine du marxisme peut entraîner, en effet, la ruine d'une idée d'émancipation [...] telle qu'elle a été élaborée par Hegel ». Avouant sa mélancolie, l'auteur saute à pieds joints d'une idée particulière de libération à l'idée en général : « Nous ne voyons plus un horizon de combat pour l'émancipation[4]. »

Reprenons le raisonnement, car le côté cocasse risque d'échapper : trois cent cinquante millions d'Européens se libèrent de la plus durable dictature du XXe siècle, donc, et ce donc mérite le prix Nobel, le penseur occidental ne sait plus ce que liberté veut dire. Tu, à l'Est, t'émancipes ; par conséquent, je, à l'Ouest, perd tout sens de l'émancipation. Pareille galipette est inéluctable dès lors qu'on confond philosophie et idéologie.

J'ignore, bien évidemment, comment mon prochain assumera les neuves libertés, mais il me semble fou d'en conclure à leur insignifiance. Je ne crois pas qu'il faille réduire la philosophie au catéchisme, à l'almanach des récits édifiants tenant lieu de mythes fondateurs, à l'éventail de doctrines ayant réponse à tout. La philosophie convie, au contraire, en ses moments de rare bonheur, à fixer le regard sur ce qu'on préfère ne pas voir. Je crains qu'en lui signifiant congé on ne perde la capacité de soutenir de grandes querelles. Ci-gît la philosophie. Ci-gît la pensée de la liberté.

Il se pourrait que les annonceurs macabres qui se confirment eux-mêmes témoignent en vérité d'un mouvement qui les dépasse. L'Europe se refermerait-elle sur elle, sur nous et son passé comme une huître sans perle ? Si tel était notre malheur, évoquons ensemble deux peuples disparus, religieux à leurs manières, bonnes et mauvaises, terribles ou dérisoires, effeuillons de délicates fleurs de mémoire, portés par la rêveuse nostalgie d'un il était une fois.

Lettre II

Les secrets de famille

Les grands silences font les bons amis — Picasso et Heidegger — Le dernier mot ne fut jamais dit — Paix définitive et mésentente cordiale.

De Paris

Votre passion d'après-guerre pour une monnaie stable et saine a beau paraître typiquement germanique, elle se laisse traduire, en français, au prix d'un léger effort de mémoire. Notre bon roi Henri IV, voulant sortir ses tumultueux sujets d'un demi-siècle d'étripages religieux, n'invoque aucun idéal supérieur et promet, pour le dimanche, à chaque famille sa volaille. Le mark fort, c'est votre poule au pot. La légende prête au « Vert Galant » le trait provocateur : « Paris vaut bien une messe. » En clair, il signifiait que le risque de nouveaux bains de sang, dans le style de la Saint-Barthélemy, l'inquiétait plus que les exclusives touchant telle et telle manière de conduire l'office du dimanche. L'avènement des Lumières ne date pas de Voltaire, il remonte à Montaigne et au parti des « Politiques », qui hissèrent Henri de Navarre, le prince libertin, sur le trône de France. La laïcité n'a pas attendu la IIIe République, elle s'instaure avec l'Édit de Nantes dès 1598. En cette fin du XXe siècle, le pape Jean-Paul, plutôt qu'un mythique Clovis, aurait dû célébrer le roi protestant qui s'est moins converti au catholicisme qu'il n'a converti l'Église à la tolérance *.

La société de consommation, loin de constituer l'abomination des abominations propre au déferlement de la technique moderne, s'annonce dès Sully : labourage et pâturage

---

* Ainsi le suggérait Barbara Spinelli dans les colonnes de l'*Osservatore Romano*.

sont les deux recours d'une France qui rejette les « folies grammairiennes », comme, enfin, l'Allemagne renie ses idéologies terroristes et massacreuses. Éclairés par vos désastres, vous réinventez nos solutions du XVIe siècle. Bonjour ! La France connut par la suite des retours de mauvaises flammes. Souhaitons contrôler mieux, à l'avenir, les éternelles renaissances d'une bêtise qui rend les Européens si semblables et égaux. Entendons : également vulnérables.

Rien n'est jamais acquis. L'édit de Nantes est révoqué quatre-vingt-sept ans plus tard. Louis XIV relance les persécutions et impose « une seule religion en son royaume ». Réplique de la bergère à son mauvais berger : la Révolution vient solder les comptes d'une si pieuse et si sanglante purification théologico-politique. Nos destins sautent d'un quiproquo à l'autre, tentons de désamorcer le dernier en date, car il risque de remuer les vieilles passions ! Étrangement paradoxales en effet, s'accordant à chanter les principes de la démocratie, l'Allemagne et la France se désintéressent spirituellement l'une de l'autre. Revenues, par la force des choses, à une perception moins présomptueuse de leurs puissances respectives, elles perdent l'enjeu fantasmatique de leur combat : la régie de la planète, et simultanément la méthode philosophique de leur débat : la recherche du savoir qui sauve. La double et bilatérale renonciation enveloppe d'un épais linceul de silence des entrelacs d'ambitions défuntes, de démissions futures et d'apathies présentes.

Je t'accorde le diagnostic, mais je discute ton calendrier. L'étourdissant mutisme qui gèle les mentalités court déjà à travers la Seconde Guerre mondiale, il s'amorce avant de sévir. Le détail chronologique a son importance, car tu sembles sous-entendre que seule une décision en quelque sorte « extérieure » — celle d'une Europe optant pour un nouveau départ — seule a suspendu le dialogue. À mes yeux, la responsabilité est principalement nôtre ; la négation du dialogue procède de la nature du dialogue lui-même. On se cause. On se cause si difficilement que dans l'angoisse de déplaire on finit par se taire. La grande scène de la séparation se joue vers 1937. Soixante ans plus tard, les petits enfants du divorce en portent encore les stigmates.

Hitler réarme à toute allure et remilitarise la Rhénanie. Mussolini envahit l'Éthiopie. L'Italie fasciste et l'Allemagne nazie dorlotent les putschistes franquistes. La République espagnole est renversée au nom du Christ-Roi. La paix de Versailles vole en éclats. L'éternel retour de la guerre hante les deux principaux adversaires de la Première Mondiale. Ils se dévisagent en chiens de faïence. Le silence croît, mais il n'a pas la même qualité d'un côté et de l'autre.

Paris, dont l'attention est captée par les affaires intérieures, ressasse les joies, les peurs et les déceptions suscitées par le Front populaire. Politiques et intellectuels s'inquiètent, s'agitent et à l'occasion se mobilisent, lorsque la terreur ou la guerre rugissent dans les contrées voisines. La brutalité des évènements ne les laisse pas insensibles, mais elle ne leur paraît guère exiger une refonte de leurs manières de penser. Les réfugiés antifascistes renforcent les convictions laïques et républicaines de beaucoup, tandis que l'extrême droite balance entre son conservatisme et son nationalisme, et opte pour Hitler plutôt que le Front populaire.

Rien ici ne bouscule les partages ordinaires, la France continuait à déchiffrer l'histoire mondiale à travers une grille nationale. Le malentendu à répétition qui grève les relations entre l'intelligence française et l'allemande déclencha néanmoins des retours sur soi rares mais suggestifs.

La fonction magistrale qu'exercent chez vous les philosophes et les penseurs universitaires échoit le plus souvent chez nous aux historiens. Les plus importants d'entre eux étaient regroupés alors dans la prestigieuse école des Annales. Ils se livrèrent à un début d'examen de conscience dont ne subsistent que quelques bribes écrites. La guerre interrompit le travail. La paix qui suivit le fit paraître inutile, à tort. De cette remise en cause, laissée en friche, car peut-être trop torturante, un souvenir de mot d'ordre subsiste : « désapprendre de l'Allemagne ». Henri Pirenne avait lancé la formule après 14-18. Elle épinglait la dureté d'une Allemagne mobilisée dont l'historien belge avait apprécié les charmes équivoques au cours d'une douloureuse captivité.

L'école des Annales, qui, autour de 1940, reprend le slogan, est née, à l'inverse, dans les années 20, d'une volonté rigoureusement antichauvine. Lucien Febvre, l'un des deux piliers de l'école, avait décidé très jeune de ne jamais suivre ses maîtres sur le sentier de la guerre intellectuelle. Marc Bloch, son alter ego, se reproche franchement, dans son *Étrange Défaite* (1940), avoir tordu la barre et versé de Charybde en Scylla, du bellicisme au pacifisme. « Désapprendre » implique autocritique, « car un tel désapprentissage achève et retourne contre soi-même un apprentissage initial. Autrement dit, dans cette situation extrême, Febvre et les Annales avouent très franchement avoir été fascinés par l'Allemagne, son histoire et ses historiens, mais ils annoncent en même temps que dorénavant ils “désapprendront[1]”. »

Ces intellectuels de pointe n'entendent nullement chevaucher les Rossinante de la « guerre de Descartes contre Kant ». La situation est bien trop inédite pour retourner aux ornières d'autrefois. Lucie Varga, Autrichienne d'origine juive et hongroise, secrétaire de Lucien Febvre depuis 1934, écrit : « Tout près de nous un monde a pris fin. Un monde nouveau surgit avec des phénomènes inconnus jusqu'alors. [...] Les anciennes clefs tournent mal dans les nouvelles serrures. » Il n'y aura pas de nouvelles clefs. Quand les chars du général Patton auront brisé le verrou hitlérien, les maîtres survivants retournent à l'étude de la « longue durée », des économies-monde et de l'évolution pluriséculaire des mentalités. Ils délaissent dédaigneusement le « monde nouveau », celui de l'esprit totalitaire qui les a surpris. Ils butent sur des questions que leurs restrictions mentales et leurs principes épistémologiques ne permettent pas de traiter. Cependant leurs oscillations avaient inauguré une stratégie française spécifique, qui saisit l'Allemagne dans les pincettes d'une double retenue. Ni trop d'amour, sous peine d'aveuglement et de démission. Ni haine xénophobe, par peur de crétinisme.

Publiée en 1942 dans Paris occupé, une nouvelle célèbre exhale la saveur originale d'une intime hésitation. Bien qu'ayant heurté de nombreux résistants, *Le Silence de la mer*[2] symbolisa bientôt le combat d'une France antinazie mais préservée des exaltations et de l'outrance « antiboche ». Il y eut des francs-tireurs qui tombèrent sous les pelotons d'exécution de la Wehrmacht en criant : « Vive le peuple allemand ! » Il y en eut d'autres qui sous les mêmes balles ne contrôlaient pas leur fureur. Mais la tonalité fondamentale n'était pas manichéenne. L'effondrement de l'empire nazi ne fit point paraître, en France, une durable et générale soif de vengeance. Aucun inextinguible ressentiment, comme au sortir des guerres précédentes. Vu le temps imparti à la cicatrisation des plaies ouvertes, la réconciliation de peuple à peuple s'accomplit brève et sans douleurs. La Résistance avait semé la graine, pour autant qu'elle combattait les haines racistes et ne se réclamait guère, Vercors en témoigne, des haines nationales.

Pétain, la collaboration active ou passive d'une partie non négligeable de la population n'expliquent pas seuls qu'après coup la volonté de faire payer l'ennemi fit peu recette. Au contraire, la tentation d'une surenchère brutale fut familière aux résistants de la vingt-cinquième heure, trafiquants reconvertis, miliciens repentis, « balances » ou simples citoyens désireux de faire leurs preuves avec retard. La tonte honteuse des femmes accusées de mauvaises fréquentations indique combien les dérives étaient possibles. Elles ne durèrent guère.

UNE DISCUSSION EN HIVER 1943, À PARIS

« Beaucoup de gens reprochent à Vercors son Allemand trop sympathique.
— Tant pis. Ils comprendront plus tard.
— Mais, dites-moi, pourquoi l'achevé d'imprimer porte-t-il : *publié sous l'occupation nazie* ? Pourquoi *nazie* et pas *allemande* ? Cette distinction inquiète.
— Ah, c'est que je veux croire encore que l'âme allemande, celle de la vieille Allemagne kantienne et humaniste, ne s'est pas engouffrée tout entière dans le maelstrom nazi ; qu'elle résiste sourdement et que nous la retrouverons vivante. Alors, ce que je veux marquer, c'est que nous faisons encore la différence, que nous la ferons tant que ce sera possible. Que nous ne menons pas une guerre de puissance à puissance, encore

moins de peuple à peuple, mais une guerre de l'esprit contre les crimes de l'oppression.
— Je me demande si vous avez raison. La “bonne Allemagne”, ça n'existe plus. De toute façon, bonne ou mauvaise, c'est elle qu'il faut abattre, pour commencer.
— Bien entendu. Mais supposez que je reçoive un manuscrit, disons, de Thomas Mann, ou de Bertolt Brecht, bref d'un exilé allemand ? Je veux pouvoir user de la même formule ; or, *occupation allemande*, ne serait-ce pas à leur égard un peu gênant, un peu cruel ?
— Ce n'est pas notre faute. Mais passons... »
Vercors, *La Bataille du silence*, Presses de la cité, 1967, p. 262.

De même Camus :

« Lorsque l'auteur de ces lettres dit “vous”, il ne veut pas dire “vous autres Allemands”, mais “vous autres nazis”. Quand il dit “nous”, cela ne signifie pas toujours “nous autres Français”, mais “nous autres, Européens libres”. Ce sont deux attitudes que j'oppose, non deux nations. »
Albert Camus, *Lettres à un ami allemand*, Gallimard, 1948, p. 14.

De même Gary :

« Il y a longtemps que toute trace de haine pour les Allemands m'a quitté. Et si le nazisme n'était pas une monstruosité inhumaine ? S'il était humain ? S'il était un aveu, une vérité cachée, refoulée, camouflée, niée, tapie au fond de nous-mêmes, mais qui finit toujours par resurgir ? Les Allemands, bien sûr, oui, les Allemands... c'est leur tour, dans l'histoire, et voilà tout. On verra bien, après la guerre, une fois l'Allemagne vaincue et le nazisme enfui ou enfoui, si d'autres peuples, en Europe, en Asie, en Afrique, en Amérique, ne viendront pas prendre la relève. »
Romain Gary, *Les Cerfs-Volants*, Gallimard, 1980, p. 326.

Héroïne muette du *Silence de la mer*, murée face au vainqueur, mais présente dans son apparente absence, la nièce du narrateur se défend contre son amour et contre sa haine. Werner von Ebrennac, musicien, officier occupant, soliloque sur la passion qui, en bout de course, va le conduire en « enfer », volontaire pour le front russe, selon le rituel d'un incendie suicidaire. Il s'enfonce dans le mutisme de la jeune fille, rompu seulement par un premier et dernier mot : « adieu ». Le narrateur, troisième personnage, garde sa distance ; il ne bénéficie pas des confidences de sa nièce ; il évite soigneusement de réduire l'étranger aux familiarités de la caricature ; il compose, comme de l'extérieur, la chronique d'une bataille où s'affrontent un silence originel, français, et un silence final, allemand. Il les mesure l'un à l'autre sans les identifier, et l'extrême honnêteté — Nietzsche dirait *Redlichkeit* — de la prise de vue se vérifie dans la description des manœuvres spirituelles de l'« ennemi ».

Von Ebrennac évolue. Au début, la confiance l'emporte, la patience et l'amour sont censés cicatriser les blessures et réconcilier l'occupé et l'occupant. Plus tard, détrompé, percevant la feinte bienveillance des vainqueurs, l'officier musicien désespère, sans cesser pour autant de s'identifier aux « siens ». Il ne franchit pas l'invisible frontière. Il ne reviendra pas dans sa patrie les armes à la main sous uniforme américain, comme Marlène Dietrich ou le fils de Thomas Mann. Vercors n'entend pas exalter de réconfortantes exceptions. Il explore, se gardant d'édifier, de prêcher ou de consoler. Dégrisé, von Ebrennac précède les désirs d'une armée qu'il refuse de lâcher, mais qu'il condamne à mort en exécutant la sentence sur lui.

Bien vu ! L'aventure amoureuse mise entre parenthèses, une fois dissipée l'évocation discrète de Tristan et Iseut, l'itinéraire de l'officier recoupe, assez précisément, la chute autoprogrammée d'une génération prisonnière de l'« esprit authentiquement national-socialiste », que Heidegger distingue d'un hitlérisme trop vulgaire à son gré. L'étoile montante, déjà incontestée, de la jeune philosophie européenne élève au concept, dès 1937, les sentiments des jeunes gens qui investirent Chartres en voitures blindées et découvrirent la cathédrale dans le viseur de leurs mitrailleuses.

Pour célébrer le tricentenaire de la publication du *Discours de la méthode* (1637), un congrès Descartes fut convoqué en grande pompe. Paris fixait rendez-vous à toutes les éminences intellectuelles de la planète. La Ville lumière arborait la bannière de l'humanisme contre la barbarie et des

Lumières contre l'obscurantisme. Une réponse en quelque sorte aux Olympiades de Berlin. Heidegger proposa aux autorités du Reich de diriger la contre-offensive à la tête de la délégation allemande. Il n'obtint pas carte blanche et s'abstint de participer. Au congrès, quelques penseurs en uniforme nazi choquèrent, sans provoquer de tempête. La grande explication fut remise à plus tard. Les uns fourbirent leurs armes. Les autres cultivèrent leur insouciance. Le temps des mots était passé. Est-il jamais revenu ? Le programme anti-Descartes de Heidegger fut publié presque aussitôt et passa inaperçu. On ne le commenta ni avant, ni pendant, ni après la guerre. Les élèves du penseur font mine de l'ignorer. Ses adversaires refusent de l'entendre. Un voile pudique escamote ainsi le dernier manifeste où l'Allemagne affronte une certaine idée de la France à visage philosophique découvert. Depuis, calme plat. La chose dite est devenue chose tue. Peut-être demeure-t-elle chose pensée, fût-ce à voix inaudible ?

Le titre anodin — *Chemins d'explication*[3] — introduit une déclaration de guerre peu amène mais hautement philosophique. Ce n'est ni une opération de propagande ponctuelle ni un ordre de mobilisation spécifiquement hitlérien. L'« explication », *Aussprache*, est un affrontement, *Auseinandersetzung*, un « s'expliquer avec ». L'argumentation survole avec superbe la politique au jour le jour. Publié dans une période où le Führer cherche à gagner du temps et à rassurer la France, le texte ne froisse personne. Pas de fausse note guerrière, pas de faute de goût revancharde. Rien qu'une explication philosophique de part en part, sans coquetterie académique ni coquinerie tactique. Elle prétend viser au plus près ce qui oppose les deux peuples « constructeurs d'histoire ». « La compréhension authentique ne produit pas cette quiétude qui ne tardera pas à dégénérer en indifférence également partagée, mais elle est en soi l'inquiétude de la remise en question réciproque. »

La polémique, qui se veut ultime et qui sera de facto la dernière, reprend à son compte une image de la France commune, sauf rarissimes exceptions, à l'*Aufklärung** et à

---

* De *aufklären* : expliquer, éclairer. Les « Lumières » allemandes furent baptisées Aufklärung.

l'idéalisme allemand. Leibniz, le précurseur, dénonçait avec justesse en Louis XIV une arrogance où, depuis Lessing et Herder, l'Allemagne se plaît à détecter l'« esprit français » dominateur sans vergogne et calculateur sans morale. Ces traits de comportement passent pour impliquer plus que de simples différences psychologiques dues à la diversité des caractères nationaux. L'Italien est un séducteur-né, l'Espagnol passe pour glorieux et matamore, l'Anglais est tenu pour flegmatique et ironique, tutti quanti. *Va bene.* Rien à voir : dans l'« esprit de conquête » du voisin français se manifeste un choix originel d'une tout autre ampleur : « C'est au penseur français Descartes que l'on doit d'avoir jeté les bases décisives du fondement et du modèle d'un savoir mathématique au sens principiel du terme. » Je précise : il ne s'agit pas d'un simple goût pour les mathématiques, que les Allemands partagent au point de s'y trouver meilleurs. Le projet cartésien vise la mathématisation de la nature et constitue le coup d'envoi de la domination scientifique et technique de la planète. Telle est l'interprétation (douteuse à mes yeux) de Descartes que propose la pensée postcartésienne allemande. Cette « essence métaphysique de la technique » trouve son apothéose dans la modernité du XXe siècle, selon Heidegger. Pour faire face, il brandit un projet censé radicalement étranger à l'universelle mathématisation : « Pour la première fois dans l'histoire de l'Occident, grâce aux écrivains et aux penseurs de l'époque de l'idéalisme allemand, un savoir métaphysique de l'essence de l'histoire a été inauguré. » Aux Français, l'exploitation effrénée et dévastatrice de la nature. Aux Allemands, la méditation recueillie de l'essence de l'histoire. Heidegger invente peu. Il brode sur une différence théorisée par Hegel un siècle plus tôt.

Creusant la coupure cartésienne entre la pensée *(res cogitans)* et la chose *(res extensa)*, entre le sujet et l'objet, le scepticisme des Lumières françaises s'accomplit dans l'aliénation universelle, où la morale s'échange contre l'or, où le lien social, jadis religion, se dissipe en fanatisme libertin et en libertinage fanatique, où la conscience savante accouche de son cogito suprême : « L'esprit est un os[4]. » Seules les Lumières allemandes réaniment un univers exsangue et désolé, en opposant à la mort la vie, et à la nature mathématiquement réifiée l'histoire spirituellement élevée à la conscience d'elle-même. Ainsi pensent les maîtres allemands. Lorsque, en 1937, Heidegger appelle nos deux peuples à assumer leur « plus lourd devoir » et à soutenir la grande confrontation dont l'enjeu est « le menaçant déracinement de l'Occident », la cause est entendue d'avance, l'esprit français, maître abusif et propriétaire de la nature, est l'instigateur et le propagateur dudit déracinement.

Von Ebrennac peut tranquillement ignorer Heidegger, il hérite d'une semblable tradition. Son enthousiasme premier est de la même eau. S'il pénètre botté, casqué, blindé en douce France, c'est pour faire œuvre pie, pour « balayer vos grands bourgeois cruels[5] », pour hisser ce vieux pays, alter ego de la nouvelle Allemagne, à la hauteur requise par « l'instant historique dans lequel est entré l'Occident[6] ». Revenu de ses idylliques illusions, il continue à faire corps et demeure délétèrement enfermé dans l'intériorité allemande, que le philosophe, parallèlement, présente comme une exemplaire « autocompréhension sûre d'elle-même[7] ».

L'itinéraire imaginaire que l'écrivain français assigne à son personnage correspond à l'évolution du philosophe, qui, malgré des réticences avouées et une inquiétude croissante, s'identifie jusqu'au bout, et même après, au périple germanique « authentiquement national-socialiste ». Lorsque la France, supposée technicienne et matérialiste, se retrouve, en 1940, très matérialistement et techniquement défaite par la si spirituelle Allemagne, Heidegger ne conclut pas à l'inadéquation de ses schémas de départ. Au contraire. Plus cartésienne que la patrie de Descartes, retournant contre sa voisine les armes que celle-là avait inventées, l'Allemagne victorieuse, seule désormais à la hauteur, devait assumer les deux rôles à la fois. Elle dominerait la nature et sauverait l'esprit. Au dialogue franco-allemand succède le dialogue avec soi d'une patrie métaphysique appelée, dans une solitude désormais sans appel, à trancher vif le destin du monde.

De cette France que conteste le modèle allemand, il ne sera plus question dans l'œuvre du philosophe. Après la guerre, il se borne à célébrer l'accueil favorable que les penseurs français réservent à ses écrits. Sa dénonciation apocalyptique de la dévastation technique ne cesse pas, elle déplace simplement le foyer de la peste moderne. Le souffle glacial du pragmatisme américain prend le relais du cynisme mortifère de l'ennemi héréditaire d'antan ! Coup de chapeau à l'illusionniste !

Le défi lancé par Heidegger, à l'occasion du congrès Descartes, ne sera pas relevé. Bientôt les arguments de la parole cèdent devant la force des choses. Trois siècles de combats spirituels glissent aux oubliettes. En cette douce année 1937, Paris ne voit rien venir et s'enorgueillit de sa posture prestigieuse. Les badauds se précipitent par millions à l'Exposition universelle. Les intellectuels encensent le père supposé d'un rationalisme garant de l'avenir. Peu soupçonnent l'heure décisive. Peu devinent que le déplaisant penseur germanique invoque à juste titre « l'instant historial dans lequel est entré l'Occident ». Un peintre pourtant s'installe sur la même longueur d'onde, bien que d'humeur opposée. Il s'appelle Picasso. Il peint *Guernica.*

Je ne sais si l'immense toile te plaît. Elle n'est pas faite pour ça. Je comprends aisément qu'elle embarrasse. J'ai longtemps hésité devant cette incongruité incomparablement supérieure à une affiche, mais si étrangère aux séductions du bel art. Le statut ambigu de l'œuvre, qui mime la propagande, m'a gêné très longtemps. Puis j'ai compris que ce sentiment d'envoûtante étrangeté et mon inconfort même étaient irradiés par la peinture.

À cette époque peu enclin aux positions partisanes, encore apolitique, mais résolument antifranquiste, Picasso avait accepté, non sans hésitation, de décorer le modeste pavillon dévolu à la République espagnole. 26 avril 1937, la légion Condor bombarde la capitale historique du Pays basque. L'enjeu n'est pas militaire, mais psychologique. Les victimes sont civiles, c'est jour de marché. Bouleversé, révulsé, le peintre esquisse un gigantesque panneau de 3,49 mètres sur 7,76 mètres. Au centre, il place un poing fermé. Sa présence écrasante rappelle, sans fioritures ni déguisement, le signe de ralliement des antifascistes européens. Dans l'œuvre achevée, l'emblème disparaît. Il ne laisse d'autre trace que celle de son absence. Initialement conçu comme une proclamation politique, le tableau s'affiche comme non-affiche. Il se veut engagé, mais ne précise pas à quoi il appelle, ni ne signale qui il appelle. Il questionne en se dispensant de répondre. Il disperse les repères et dissémine les points de vue, sans cligner de l'œil vers une issue réparatrice. Il provoque un persistant malaise. Il désoriente le spectateur, qui ne sait où se placer pour voir et donner de la tête.

Amateur subtil, tu vas découvrir peu à peu l'astuce qui savamment instille l'histoire de la peinture dans cette extravagante toile historique. Derrière l'événement et l'émotion, Picasso prolonge, évoquant sciemment Vélasquez et les *Ménines*, un long combat du peintre avec ses modèles et lui-même. Picasso n'évacue pas l'actualité, mais il s'émancipe de l'anecdote, la bataille s'avère datée et intemporelle, située et universelle. L'histoire personnelle est à son tour convoquée. Le minotaure et le taureau remémorent des pans entiers de son expérience picturale. Picasso se bat avec ses proches et ses amours. Il zèbre d'une lumière impitoyable la bestialité découverte en lui, tapie au fond des relations humaines. La frontière habituelle qui sépare vie privée et salut public saute[8].

Une affiche, de propagande ou de publicité, se laisse placidement regarder ; elle dit qui est qui ; elle sert de panneau de signalisation ; elle sépare le bien du mal, les amis des ennemis. *Guernica* regarde ceux qui tentent de regarder et les flagelle de son connais-toi toi-même. Un officier allemand, visitant l'atelier au cours des années noires, interroge devant la grande toile : C'est vous qui avez fait cela ? — Non, répond le peintre, c'est vous. L'œuvre réfléchit l'assassin, de plus, elle capte son témoin. Elle fait déferler sur lui ce qui n'est pas (encore ?) arrivé à lui. Et s'il n'a pas commis le crime, il se découvre l'avoir laissé commettre.

Le cri de Picasso n'ébranla guère les murailles de l'incompréhension et du contentement de soi. La mode était à l'enthousiasme et au gigantisme. On admirait les pavillons mégalomaniaques qui se faisaient face, les pâtisseries géantes et sinistres des soviétiques et des nazis, le palais de la Découverte, les hymnes techniques de Fernand Léger, de Le Corbusier et d'Arthur Honneger. La critique allemande parla du « rêve d'un fou » caractéristique de l'art dégénéré. Les militants de l'Espagne républicaine eux-mêmes restèrent abasourdis. Les réticences bien-pensantes des salons antifascistes new-yorkais suscitèrent, en octobre 1939, une prophétique mise au point : « Il n'est pas sage de tuer les porteurs de mauvaises nouvelles ; les faits horribles demeurent, et ce sont eux, non leur messager, qui méritent notre répulsion. [...] Les procédés picassiens d'abstraction accomplissent ce transfert de la réalité vers le champ de la contemplation. Cette œuvre est le jugement dernier de notre temps, une condamnation définitive des agissements de l'homme excluant toute promesse d'un paradis. »

Le destin de l'Europe bascule. Le peintre se fait voyant. Picasso et Heidegger entament la grande « explication ». Tous deux annoncent la disparition de ce qu'on nomme un monde, ou peut-être le monde. Tous deux interrogent un savoir qui sauve, mais empruntent des routes très opposées. « En un rectangle noir et blanc, telle que nous apparaît l'antique tragédie, Picasso nous envoie notre lettre de deuil : tout ce que nous aimons va mourir, écrit Michel Leiris. Et c'est pourquoi il était nécessaire que tout ce que nous aimons se résumât, comme l'effusion des grands adieux, en quelque chose d'inoubliablement beau[9]. »

Heidegger interroge : qui sauver de qui ? Il distingue deux camps, il choisit le sien, il sépare l'ami de l'ennemi, et cet acte tranchant dessine, pour lui comme pour son ami Carl Schmitt, l'horizon ultime de tout engagement politique. Picasso choisit aussi nettement son camp, mais d'une manière étrangement plus philosophique que le philosophe. Il ne demande pas qui ou quoi sauver, mais de quoi. Il ne montre pas le bon et le méchant, il fait surgir derrière les adversaires : l'adversité. Dans la collision qui s'annonce, le penseur croit que chaque camp, fermé sur son « autocompréhension », devra imposer, à l'ancienne, son ancienne décision. Qui la domination de la nature. Qui le réveil du sens historique.

Le peintre, en revanche, isole une vérité nouvelle. *Guernica* change la donne. L'appel aux armes en chantant la gloire de son parti paraît soudain désuet. Comme dans la tragédie grecque, la menace est trop radicale, elle surplombe également et aveugle diversement l'ensemble des combattants. Baptisant *Ceci n'est pas une pipe* sa nature morte qui en représente une, Magritte rappelle combien l'objet peint n'importe que par l'acte qui le peint. Lacérée par une violence transrégionale qui ne respecte rien, ni l'individualité, ni la barrière des espèces, ni les limites de l'intimité, la toile de Picasso annonce : je ne suis plus un tableau et je donne à voir la disparition du voir.

En 1945, on comprend et l'on découvre : *Guernica* porte en germe l'omniviolence d'Auschwitz. La toile délaisse l'esthétisme propagandiste et la peinture des batailles, elle crie l'inhumanité totalitaire à l'état naissant. Lorsque, dans la fièvre de la libération, Sartre pose à nouveau la question de l'« engagement », l'évidence de *Guernica* est devenue commune. « Satan, a dit un jour Maritain, est pur. » Pur c'est-à-dire sans mélange et sans rémission. « Nous avons à connaître cette horrible, cette irréductible pureté », poursuit Sartre, en évoquant les camps de la mort. Les ruptures de la génération existentialiste sont motivées par l'intuition d'un abîme que les aïeuls ignoraient. « Pour le réalisme politique comme pour l'idéalisme philosophique, le Mal, ça n'était pas sérieux. On nous a enseigné à le prendre au sérieux. Ce n'est ni notre faute, ni notre mérite si nous avons vécu en un temps où la torture était fait quotidien[10]. »

Sartre, qui trouvait dans l'athéisme l'alpha et l'oméga de sa pensée, cite curieusement, sans apparent problème, Jacques Maritain, son aîné, fils de saint Thomas et de Notre-Mère l'Église. L'irréductibilité de l'expérience du mal constitue en effet le socle sur lequel s'édifient les diverses chapelles existentialistes, chrétiennes ou non, qui animent la France d'après-guerre. Parfois, elles s'autorisent quelques tours de passe-passe pour ménager une aire de repos facile, quelque portion de firmament, immaculé et non irradié. Camus exalte une civilisation méditerranéenne qu'il suppose, par essence et à jamais, préservée de la barbarie ambiante. Sartre longtemps cultive l'idéal marxiste censé ne pas désespérer la classe ouvrière. Mille et une versions d'un nouvel angélisme esthétique, religieux ou politique relocalisèrent l'expérience encore chaude du mal. Son existence cuisante pour un moment admise est rapidement circonscrite. Comme s'il s'agissait d'un feu de forêt, les foyers d'incendie sont promis à une extinction prompte.

Dans *La Peste*, Camus propose le modèle princeps de cette résurgence d'optimisme. Le fléau est enfermé dans Oran. Rien à voir avec l'étiologie grecque et hippocratique, qui décrit une menace sans frontières, une contagion essaimant à tous vents. Le diable moderne est-il évoqué qu'on le renvoie illico dans sa niche. Il ne faut pas être grand clerc pour déchiffrer, dans la ville pestiférée, le symbole de l'Allemagne nazie. Camus inverse simplement le schéma Heidegger-Schmitt : le positif devient négatif et réciproquement. La plate logique ami-ennemi reste inchangée. À peine effleurée, l'intuition *Guernica* s'efface de l'horizon intellectuel.

Picasso gagne la guerre. À la longue, Heidegger gagne la paix. On s'accorde à condamner ses prises de position concrètes, on fustige son nazisme de longue durée, on en soupçonne la permanence, on moque le soutien critique qu'il ne cessa d'accorder à Hitler. Mais si le contenu, le « quoi » de son engagement est vertement anathémisé, sa manière, le « comment », redevient discrètement celle de tout le monde. Les choix divers et contradictoires qui enflamment, par bouffées sporadiques, les Européens, obéissent à la logique binaire d'un affrontement de camp à camp, où chacun caresse l'espérance de cristalliser la monstruosité du monde en un adversaire dont il règle, une fois pour toutes, le compte. À la mort de Hitler, on a célébré ainsi le triomphe définitif sur la barbarie. L'empire communiste trépassé, on proclame avec pompe la fin de l'histoire. Entendez celle des crève-cœur et des charniers massifs. L'Européen ne saurait-il s'élancer dans la lutte sans la supposer finale ? Ne parvient-il à combattre une nuisance sans la postuler absolument éradicable ? Ne peut-il se mobiliser sans jouer le tout pour le tout, en arborant cette « autocompréhension sûre d'elle-même » dont Heidegger dotait l'Allemagne de 1937 ?

La pensée heideggérienne, en particulier son interprétation de Hegel, fut très rapidement diffusée en France. Dans les années trente, Alexandre Kojève s'en était proclamé le héraut flamboyant. Ses cours à l'École pratique des hautes études furent suivis, dans la passion et la fièvre, par une génération qui, très vite, devint hégémonique. Parmi ses auditeurs attentifs et ses lecteurs passionnés, on comptait la fine fleur de l'intelligence parisienne : Raymond Queneau, Georges Bataille, Jacques Lacan et Jean-Paul Sartre, Simone de Beauvoir, Raymond Aron, Maurice Merleau-Ponty, etc. Kojève, adulateur fervent de Staline (avant de passer éminence grise de la construction européenne), n'emprunte pas à Heidegger ses options politiques, mais un style : le « décisionnisme ». On croit couramment que le vague esprit « existentialiste » qui régna un temps sur la scène parisienne se résume au subjectivisme et au culte de l'individu. Quant à moi, j'y décèle plutôt l'émergence d'une souveraineté très particulière. La conscience individuelle, ou le *Dasein*, ou le Parti, ou la Classe, ou la Nation, ou la Communauté des fidèles, ou l'Humanité prise en bloc sont reconnus comme « souverains » si, et seulement si, l'une de ces instances est ultime, c'est-à-dire appelée à trancher en dernier recours du bien et du mal. Souviens-toi. Carl Schmitt affirme l'universalité du schéma ami-ennemi. Puisque la vie politique se résume à l'entre-choc de centres de décision radicalement indépendants, le choix autonome de l'un paraît arbitraire aux autres. Il est fondamentalement incontrôlable, inéluctablement imprévisible, donc hostile. Monades sans portes ni fenêtres, les souverainetés — individus ou collectifs — ne s'engagent jamais que dans leur propre monde. Elles se heurtent à celui du voisin plutôt qu'elles ne le rencontrent.

Les relations qu'entretiennent de telles unités souveraines ne mènent pas obligatoirement à la lutte à mort. À forces égales, elles se neutralisent, sur le modèle de l'équilibre européen du XVIIIe et du XIXe siècle, que la nostalgie de Schmitt idéalise. On peut également concevoir la coexistence d'une multiplicité d'entités qui se limitent et s'aliènent réciproquement, en demeurant extérieures les unes aux autres ; c'est la logique de la « sérialité », selon Sartre, où chacun s'immobilise sous le regard impénétrable d'un voisin qui lui échappe. Quelles qu'en soient les figures conjoncturelles, le « dialogue » entre souverainetés n'échappe jamais à l'alternative qui grève l'OPA heideggérienne sur les relations franco-allemandes : ou bien chacun exerce sa souveraineté dans la sphère qui lui est propre, et l'on coexiste sans se comprendre ; ou bien une souveraineté vaincue se rallie aux valeurs de l'autre, qui l'absorbe. Ou bien la sérialité, ou bien la fusion, réitéra Sartre.

L'expérience du « Mal pur » ouvrait une tout autre perspective. Elle confronte des centres de décision autonomes à la menace d'une ruine commune. À chacun ses goûts, à chacun ses couleurs et l'originalité de sa table des valeurs, qu'importe l'incompatibilité de ces raisons de vivre s'il demeure possible, et parfois nécessaire, de s'entendre pour éviter la mort. Celle qu'on risque d'asséner à l'autre ou de subir en commun. Picasso ne peint pas de slogan. Il ne déploie pas de drapeau. Il ne disserte pas, poing levé, sur les idéaux rivaux. Il donne à voir : « Tout ce que nous aimons va mourir. » Le « tout » de ce « nous » est — Picasso le peint — disparate. Chacun aime avec, malgré et contre chacun. Seule l'effusion des grands adieux transfigure l'éparpillement de l'existence en un ensemble à défendre ensemble. L'engagement auquel convie le peintre ne porte pas sur les choses, mais sur leur possibilité d'apparaître. Son monde ne devient sauvable et à sauver qu'au regard de son imminente disparition. Paradoxe : la mort pré-unit ceux que la vie sépare.

À l'inverse, pour Carl Schmitt, comme pour Heidegger dans *L'Être et le temps*, la mort demeure soumise à l'autorité du souverain. Il décide d'elle et de toute chose. Bodin, dont Schmitt se réclame en le gauchisant, voit les choses tout autrement : le monarque décide sans limites *dans* l'extrême urgence, nécessité faisant loi, comme un dictateur romain. Mais il ne décide pas seul *de* l'extrême urgence. Il n'est pas absolu, au sens Schmitt du terme. Les corps intermédiaires du royaume « conseillent » ; ils participent peu ou prou à l'évaluation des dangers. Le décisionnisme contemporain confond à tort décision de... et décision dans... La décision qui instaure l'état d'urgence prête à délibération collective. La décision seconde qui résulte de cette urgence peut s'imposer, solitaire comme l'acte circonstancié d'un maître « après Dieu ». Le souverain de l'Europe « classique », celui du parti des Politiques, dont Bodin est le théoricien reconnu, fait face à des dangers communs — famine, guerre, peste. Leur évaluation ne relève pas de son arbitraire. Nul ne postule le monarque maître absolu du bien et du mal. La collectivité n'a pas encore la naïveté de supposer que ce qui est mort et ce qui est vie se laisse définir hors d'elle, sans elle, par la volonté dictatoriale d'un arbitraire terrestre.

J'espère que tu me pardonnes mes intempestives excursions historiques. Je ne veux ni t'assassiner de citations ni te noyer dans les références, je tente simplement de faire parler nos silences, en auscultant la délicatesse de leurs différences. Pour la commodité d'une entrée en matière, j'ai baptisé française ou allemande deux manières antagoniques de clore trois siècles de dialogue et de malentendus. Ai-je réussi à te faire pressentir que ce ne sont pas deux caractères nationaux qui s'opposent — évitons de pareils clichés — mais deux conceptions de la souveraineté ? Le débat n'est pas moins franco-français que franco-allemand ; il n'a pas attendu non plus les horreurs du totalitarisme pour agiter le tout-Paris pensant.

Prenons Péguy à témoin. Le 22 janvier 1905, ouvriers et petites gens de Saint-Pétersbourg arrivent en cortège devant le Palais d'hiver, sous la houlette du pope Gapone. Ils présentent, avec tous les respects dus à la monarchie, une humble pétition : « On ne reconnaît pas en nous des hommes. On nous traite comme des esclaves. » Le tsar Nicolas II donne à la troupe l'ordre d'ouvrir le feu. Fasciné par l'insurrection naissante, Péguy recommande la lecture d'Eschyle, plutôt que d'espérer une révolution française. Ses amis dreyfusards déchiffrent, comme Jaurès : classe contre classe, lutte pour le pouvoir. Péguy rétorque : les sans-pouvoir contre le potentat, lutte pour la dignité. Peu importe que la grille de lecture socialiste soit d'origine jacobine ou marxiste, les étiquettes valsent plus vite que le mode de pensée qu'elles font circuler. La souveraineté ne se partage pas, affirme la pensée dominante.

Lorsqu'un peuple, ou une classe, ou un individu, se proclame souverain, il entreprend de fixer librement sa table des valeurs, son bien et son mal, le visage que prend pour lui l'Être et le Non-Être suprêmes jusqu'alors baptisés Dieu et Diable. Deux souverainetés ne sauraient en conséquence se satisfaire du même trône. Une lutte pour le pouvoir évince l'une ou l'autre, elle doit être poursuivie jusqu'au bout. Ainsi pensent les révolutionnaires et les contre-révolutionnaires.

La tragédie grecque confère à la révolte de Pétersbourg une grandeur et une dignité d'un ordre bien différent. « Dans toute l'attitude, dans tout le geste, dans toute l'opération de cet immense peuple, ou plutôt de ces immenses peuples, tout homme qui regardera aux réalités des événements politiques et sociaux verra une immense, une infinie supplication, une infinie opération suppliante, et non point une opération révolutionnaire. » Tout homme ? Seul Péguy osa un tel regard. Il faut attendre presque un siècle pour que saute aux yeux la « lente opération » de dissidence démocratique qui ronge puis ruine les fascismes noirs, au Portugal, en Espagne..., rouges dans l'hémisphère socialiste. L'insurrection des suppliants échappe à l'alternative d'être puissant, riche et armé ou impuissant et esclave. « Dans Homère, dans les tragiques, le suppliant n'est point un candidat ; il n'est point demandeur ; il n'est point un homme qui s'abaisse, qui s'humilie, même chrétiennement ; à peine ai-je besoin de dire qu'il n'est point un moderne qui s'aplatit [...] c'est lui le suppliant, l'homme plié aux pieds de l'autre, qui domine la supplication[11]. »

Rappelle-toi, nous avons buté sur l'énigme d'un divorce sans mot, où le silence de la force, dont von Ebrennac, peut-être heideggérien, ne peut se dépêtrer, croise la force d'un silence, l'inébranlable résistance du refus où campe la jeune fille. Lointaine sœur d'Antigone, elle est l'incarnation d'une souveraineté plus ancienne et moins courante que le phantasme d'omnipotence dont s'entêtent tant de tonitruants engagements mortifères.

À l'heure où les purificateurs ethniques et autres fondamentalismes religieux s'arrachent l'héritage des révolutions national-socialistes et racistes, je me demande si notre pauvre siècle n'a rien inventé d'autre que la concurrence impitoyable des souverainetés absolues et absolument massacreuses.

Une fois encore, je relis Péguy. Une fois encore, je découvre dans l'infatigable soulèvement des damnés de la terre une exigence plus grave que la simple volonté de prendre, chacun son tour, le pouvoir. « Dans le dialogue du suppliant et du supplié, qui fait toute la supplication antique, c'est le suppliant quel qu'il soit, qui que ce soit, que ce soit le mendiant errant le long des routes, que ce soit la veuve misérable, que ce soit le proscrit, l'exterminé, le citoyen chassé de la cité, coupable ou non coupable, l'enfant chassé de la famille, coupable ou non coupable, ceci dans l'ordre politique et dans l'ordre de la paix ou dans l'ordre de la guerre, le prisonnier, le vaincu, le vieillard impotent, que ce soit l'orphelin ou au contraire le contre-orphelin, le vieillard dépouillé de sa descendance, toujours c'est le suppliant qui en réalité tient le dessus, qui tient le haut du dialogue, le haut de la situation. » Œdipe est misérable quand il est roi. Œdipe est grand quand il repart aveugle. Ses obéissants sujets reculent épouvantés devant ses yeux crevés. Il s'en moque. Il terrifie, il le sait, non par ses blessures sanglantes, mais parce qu'il s'est porté témoin transparent d'une horreur plus grande, égale pour tous. Il a épousé sa mère. Il est le père de ses sœurs et le frère de ses fils. Il ne l'admet pas plus que quiconque et crie : personne ne doit se croire à l'abri d'un semblable destin. La supplication antique proclame l'égalité fondamentale des hommes, non point dans la vie qui flatte les uns, afflige les autres et multiplie les tête-à-queue, mais devant le malheur et dans la mort.

Pendant les années rouges, j'ai visité, en clandestin, quelques amis à Prague. Bardés de diplômes souvent et démunis de tout, sauf d'inspiration, ils officiaient, sous la poigne du communisme, comme laveurs de carreaux, chauffagistes dans les caves des immeubles du Parti. Certains logeaient là, écrivaient, composaient au piano. D'autres, comme Havel, alternaient les séjours en prison et les jeux de cache-cache avec le K.G.B. local. J'admirais le soin jaloux qu'ils prodiguaient à la défense et à l'illustration de leurs différences. Cette infime minorité, mille à deux mille personnes à tout casser, défiait ouvertement les autorités. Néanmoins, leur petit cercle s'irisait de toutes les couleurs de l'opinion, des multiples nuances philosophiques et d'une infinie variété de professions de foi. Ils se dressaient contre un dogme et une ligne unique ; leur luxe était de n'en avoir aucune ; leur fierté de ne ressembler en rien au Parti uniforme qu'ils bravaient.

Ces âmes libres ne s'accordaient ni sur le royaume des fins, ni sur l'exercice idéal du pouvoir ; ils cultivaient des conceptions fort divergentes touchant la vie de la famille, la procréation ou la perfection politique. Même le communisme, leur adversaire commun, suscitait force disputes quant à sa nature, son origine et son avenir. Ils paraissaient ne s'entendre sur rien. Je les interrogeais. Ils répondaient par ce qu'ils baptisaient, non sans mystère, « la solidarité des ébranlés ».

Rien à voir avec les prétentions d'une souveraineté absolue, qui décide de tout, envers et contre tout. La querelle touche au plus profond. Heidegger, ses ascendants, ses descendants et ses collatéraux ont le mérite de l'avoir entrevue, le démérite de l'avoir mal tranchée. La querelle n'affronte pas une France une et indivisible à une Allemagne compacte et insécable, elle continue d'opposer chaque Européen à lui-même, jusqu'à ce qu'il consente à s'avouer cinq vérités premières.

Proposition 1 : l'incapacité propre à la culture européenne de se fixer un idéal unitaire, inébranlable et décisif, n'est pas faiblesse mais force.

Proposition 2 : si l'Europe s'est accordée sur un minimum de normes susceptibles de régler conduites et pensées, ce n'est pas en communiant sous l'égide d'un souverain Bien, mais en se mobilisant contre les fléaux communs. Elle s'unifie dissuasivement contre des enfers par des conduites d'évitement et non persuasivement en indiquant le paradis.

Proposition 3 : la culture européenne s'avère unique et irremplaçable si, et seulement si, elle s'évertue à regarder le mal, les maux, en face. L'oiseau de Minerve ne se lève qu'à la nuit tombée, parce que, n'en déplaise à Hegel, la chouette incarne la possibilité d'une sagesse, moins rétrospective que prévoyante, qui non seulement voit dans le noir, mais voit le noir.

Proposition 4 : la culture européenne partage avec toutes les autres le goût du bonheur, la soif de tranquillité, le respect des ordres et des autorités quels qu'ils soient, donc la volonté de s'autoaveugler. En elle, comme autour d'elle, les bonnes nouvelles, mêmes fallacieuses, sont toujours mieux reçues que les mauvaises, mêmes vraies. L'exception de la culture européenne est aussi bien une exception dans la culture européenne : la vigilance face au mal est peu recherchée, minoritaire et méprisée, mais pas moins nécessaire et décisive.

Proposition 5 : au début de *L'Iliade*, Agamemnon, chef des chefs, condamne le devin Calchas : « Prophète de malheur ! » À la fin du XXe siècle, un humble prophète de malheur, armé de sa seule plume, l'auteur de *L'Archipel du Goulag*, a gagné (toute victoire est provisoire) contre le plus durable totalitarisme européen. S'il y avait une preuve de l'existence d'une culture européenne, ce serait la preuve par Picasso et par Soljenitsyne, par la chute du franquisme et celle du mur de Berlin.

Lettre III

Qui perd gagne

Le mystère du deuil impossible — Que le crime paie — Que pour réussir il ne suffit pas d'un poids sur la conscience, il faut la conscience de ce poids — Les nouveaux Allemands sont nés paupières coupées.

De Berlin

Ouf ! J'ai frôlé la syncope. Ta lettre me fit craindre un instant la relance d'un tonitruant match gallo-germanique. Je me voyais avant-centre prêt à la contre-offensive, ou goal pour bloquer des penalties privés de tendresse. À mon grand soulagement tu finis par franco-franciser la querelle. À mon tour de marquer des buts contre mon propre camp. Les peuples n'apaisent-ils pas leur agressivité en la retournant contre eux-mêmes ? Malgré la fièvre des stades et l'ivresse, voire l'ivrognerie, des supporters, le sport désamorce les passions belliqueuses dès qu'une rencontre Bayern-Dortmund ou Bastia-P.S.G. allume, à quelques degrés d'excitation près, un délire de même qualité que les France-Angleterre ou Italie-Allemagne de Coupe du monde. La paix sur le Rhin se consolide lorsqu'un villageois de Souabe et un *Privatdozent* de Hambourg, un *Wessi* ou un *Ossi*, une ménagère de Franconie et une comtesse prussienne découvrent qu'ils s'abominent autant les uns les autres qu'ils exécraient jadis, en chœur, le cochon de Français. Ne nous ressemblons pas pour mieux nous rassembler, aiguisons nos inimitiés indigènes, elles émoussent les extérieures. La concorde entre démocraties est directement proportionnelle à la discorde intestine que chacune est capable de soutenir.

France et Allemagne se paient aujourd'hui le luxe de diverger, elles prennent spirituellement leurs distances et finissent par s'ignorer. J'en conclus qu'elles seront bientôt identiques. César soulignait le trait individualiste et frondeur du Gaulois. Montaigne se réclame d'un prochain « ondoyant et divers ». Ici, nous nous sommes tant moqués de votre maladie de distinguer qu'il paraît impudique d'en relever sur nous les premiers stigmates. Mais tiens-toi bien, je crois que nous devenons délicatement... français.

Un matin de mai 1945, la sentence tomba, nette, tranchante comme le couteau d'une guillotine. Le plus grand crime de l'histoire venait d'être commis, l'Allemagne l'avait perpétré. Pourquoi, comment, dans quelle mesure était-elle responsable ? Le procès, jamais clos, rebondit à chaque génération. L'absence d'un point final aux interrogations peut seule témoigner des profondeurs de l'abîme entrouvert. C'était une grande première. Nous bénéficiâmes d'un traitement de faveur. Jamais auparavant, et probablement jamais depuis, un peuple ne s'est ainsi trouvé en bloc confronté avec l'horreur qu'il venait d'accomplir. Visites organisées des charniers pour l'ensemble des citadins voisins des camps de mort. Photos, témoignages, tribunaux internationaux. Séances de cinéma obligatoires pour obtenir une carte d'alimentation. Sur les écrans défilaient sans fin Bergen-Belsen, Buchenwald, Auschwitz... Personne n'eut la permission d'ignorer. Impossible de se tenir hors du coup. Une nouvelle Allemagne naissait les yeux exorbités, les paupières coupées. Souviens-toi, seuls les livres d'histoire informent les Français sur la dévastation du Palatinat par Turenne. Rappelle-toi, un soldat incendiaire ne dispose pas de vue panoramique sur les glorieux faits d'armes de ses compagnons. Songe qu'en Russie soixante-dix ans de terreur et de goulag n'ont été soldés par aucun procès ; aujourd'hui les petits-enfants des victimes se mêlent à ceux des bourreaux pour fleurir d'anonymes tombes ; des millions et des millions d'humains assassinés hantent les no man's times. Le Japon conserva son empereur[1]. L'Italie fasciste bascula dans la démocratie et glorifia sa résistance. L'Espagne perpétua son franquisme pendant des décennies. Seule l'Allemagne dut affronter l'excavation de son abomination. Et elle s'en trouva bien.

Je l'avoue, j'ai longtemps hésité avant de confesser que le crime peut payer. J'ajoutai, in petto, plus le forfait est gros et plus il rapporte. Les dividendes de la dévastation allemande furent cueillis dans les fleurs du « miracle économique ». Ils furent réinvestis dans une prodigieuse croissance, qui nous a projetés troisième puissance industrielle du monde. Ils sont, derechef, monnayés dans le miracle politique d'une réunification universellement admise. Soljenitsyne conseille à ses chers Russes de nous imiter, de dépouiller le communisme, de reconnaître, *urbi et orbi*, la défaite comme leur et l'échec comme absolu.

L'histoire enseigne par la négative. Ses leçons portent quand elles s'avèrent cruelles. À la condition de savoir repérer dans leur impitoyable dureté un effet de nos barbaries et bêtises propres. En 1918, l'Allemagne fut une première fois battue. Militairement seulement. Elle rêva revanche contre un destin funeste, qui lui parut ourdi de l'extérieur. En 1945, elle s'effondra deux fois. Stratégiquement et spirituellement. Telle fut, à son insu, sa chance. Tel est, à la limite de l'avouable, l'effet Auschwitz. Pour nous, en définitive, bénéfique. Honteusement bénéfique.

En plein soleil, la vue et l'odeur des fosses communes, l'horreur d'en assumer la paternité devant l'univers interdisent toute identification rétrospective avec le régime hitlérien, pourtant plébiscité jusqu'à la dernière salve. Même les militants fanatiques ont le souffle coupé. Ernst von Salomon, qui avait chanté les francs-tireurs d'après 1918, relève très clairement la différence décisive qu'introduisent d'emblée les premières informations officielles sur la solution finale. Au temps de sa splendeur, Himmler, chef de la SS, prévint ses escadrons à tête de mort : le travail sublime qu'ils accomplissaient devait rester secret, car, pour convaincue qu'elle parût, la majorité confrontée à l'extermination n'oserait en ratifier la radicalité. Nuit et brouillard protègent les bouchers, mais avant tout leurs complices actifs ou passifs. Une lumière glacée fouille l'abattoir et coupe l'histoire de l'Allemagne en deux : rien ne sera comme avant.

L'INNOVATION CAPITALE DU PROCÈS DE NUREMBERG

La première tentative jamais faite pour affirmer la responsabilité d'une nation dans sa conduite internationale, en des domaines où sévit le concept de la souveraineté étatique. La condamnation des chefs de l'Allemagne nazie est la première atteinte sérieuse à ce dogme. Telle est la grande innovation, l'innovation capitale du procès de Nuremberg.

Le Monde, 3 octobre 1946.

C'est à chaud, et avec une acuité rare, que le philosophe Karl Jaspers analyse la situation et s'interroge. À quelles conditions l'inhumanité partagée des Allemands peut-elle être qualifiée de « crime[2] » ? L'ancien code — « une habitude de pensée traditionnelle conservée en Allemagne plus longtemps qu'ailleurs » — n'autorise pas une telle dénomination. Le respect dû aux autorités inhibe : « Des hommes auxquels un peuple a obéi, et parmi eux on citait autrefois le Kaiser Guillaume II, aujourd'hui on cite le Führer, passent pour sacro-saints. » Prolongeant la remise en cause, elle-même traditionnelle, du « caractère autoritaire » de notre éducation (Heinrich Mann, Theodor Adorno), Jaspers dévoile l'enjeu des enjeux, l'idée qu'on se fait de la « souveraineté politique ».

Il fallut briser avec l'ancienne conception, celle que ta lettre épingle chez von Ebrennac et ses coadjuteurs Heidegger et Carl Schmitt. Tant qu'on admet que le souverain s'auto-institue absolument, ni les exécutants ni les chefs ne sauraient être accusés. Les uns obéissent à la loi, les autres l'instaurent. Nul ne l'enfreint. Non coupable ! Penser le crime en tant que crime implique une refonte de la souveraineté : « Aujourd'hui l'auréole entourant les chefs d'État a disparu. Ils sont des hommes et sont responsables de leurs actes. Depuis que les peuples européens ont fait des procès à leurs monarques et les ont décapités, c'est le devoir des peuples de tenir ceux qui sont à leur tête sous contrôle. »

La réforme intellectuelle ainsi exigée des Allemands ne relève-t-elle pas de la pure et simple contradiction ? Il faut qu'ils assument rétrospectivement une responsabilité dont ils n'avaient pas idée. Ils doivent se régler rétroactivement sur les axiomes et les idéaux d'une démocratie à la guillotine facile dénoncée par tant de leurs ancêtres glorieux et peu suspects, Goethe en tête.

Avec les tapis de bombes et les vagues successives des tanks qui la proclament, une étrange Révolution s'installe sur un champ de ruines. Pareil import-export des grands principes, accompli à la pointe des baïonnettes et sous le feu des mitrailleuses, place l'Allemand dans une situation intenable. Exigé simultanément révolutionné et révolutionnaire, juge et pénitent, il sera d'ancien régime puisque responsable, et en s'avouant punissable il devient citoyen rédimé d'une nouvelle société. Croulant sous les paquets d'antinomies, mentalement désarmée, une génération entière se réfugia dans un mutisme tantôt ému, tantôt prudent. En plein désarroi, elle n'enregistra peut-être qu'une seule, mais décisive vérité : la route du passé est coupée.

UN SOLDAT ALLEMAND, FILS DE PASTEUR, ÉCRIT À SON PÈRE
JUSTE AVANT QUE LA SIXIÈME ARMÉE
NE CAPITULE À STALINGRAD :

« ... Dès lors que maman me fut enlevée, tu m'as toujours élevé avec la présence de Dieu devant les yeux et devant mon âme. C'est pourquoi je regrette deux fois ces paroles, puisqu'elles sont les dernières et qu'après elles je ne pourrai en prononcer d'autres pour me repentir...

J'ai cherché Dieu dans chaque trou d'obus, dans chaque maison détruite, à chaque coin de rue, auprès de chaque camarade, quand j'étais blotti dans un entonnoir, et je l'ai cherché même dans le ciel...

Non, père, Dieu n'existe pas !... Ou alors, s'il y a un Dieu, il existe pour vous, dans les missels et les cantiques, dans les sermons remplis de dévotion des curés et des pasteurs ; il existe peut-être dans le tintement des cloches et dans les vapeurs d'encens, mais il n'existe pas à Stalingrad !... »

Lettres de Stalingrad, traduction de Charles Billy. Buchet-Chastel, 1957, lettre 17, pages 67 et 68.

Encore fallait-il pour capter l'impitoyable leçon ne pas s'être noyé corps et biens dans un curriculum vitae désormais insupportable. Autrement dit, bien qu'électeur enthousiaste, soldat obéissant, exécuteur complaisant, ou plus communément barbare par non-résistance à la barbarie ambiante, il fallait ne pas avoir été purement et simplement nazi. L'Allemand était condamné à se dédoubler, criminel pris, de près ou de loin, sur le fait, mais aussi bien justicier et détective. Antihitlérien de toujours, antistalinien de la première heure, peu suspect d'innocenter les coupables avec légèreté, Manès Sperber a très tôt décrit le paradoxe de la situation : « Ayant eu affaire avec des Allemands après la fin de cette dernière guerre, j'ai constaté, comme tous ceux qui se sont rendus en Allemagne à l'époque, que pratiquement on ne rencontrait pas de "nazis". Tous ceux qu'on rencontrait vous déclaraient n'avoir jamais été "nazis" et, après avoir parlé à un certain nombre de représentants de cette attitude, j'ai conclu qu'en effet ces hommes ne mentaient pas complètement. Même ceux qui avaient été de vrais nazis en 1930, en 1933, en 1938, en 1942, en 1944, même eux avaient gardé au fond d'eux-mêmes une réserve mentale très importante, qui était le refuge de leur âme pour ainsi dire. C'est pourquoi j'ose dire que lorsque les Russes et les communistes polonais affirmeront un jour : "Au début, oui, peut-être... mais après nous n'étions plus communistes", ce ne sera pas un complet mensonge[3]. »

Et l'Allemand s'accepta double. Lui, qui tirait gloire de son caractère entier, hésite désormais à se montrer simple parce que vertueux, naïf parce que angélique. Certes, il interprète parfois à son avantage l'ambivalence qu'il se découvre. Pascal, à l'occasion, lui convient, « la grandeur de l'homme est grande en ce qu'il se connaît misérable », un « pur » nazi, lui, ne connaîtrait pas la honte, donc je suis fier d'être honteux. Revers de cette médaille : la suspicion gagne entre moi et moi, un personnage irréductiblement scindé ne laisse pas de paraître, à soi comme aux autres, duplice. Jadis, le Latin en général, le Français en particulier, jouissait d'une réputation inégalée en matière de double jeu et de tartuferie. Les Anglo-Saxons se voyaient, également, par instants, taxés d'hypocrisie. Ainsi le « cant » victorien suscita l'acrimonie des salons berlinois. On se gaussait. Hamlet et sa conscience déchirée furent taxés de morbidité par Hegel et Carl Schmitt. Après 1945, force resta aux cœurs schizés, et l'âme allemande n'eut d'autre issue que de retrouver en elle-même la pathologie qu'elle avait si doctement anathémisée chez les autres.

On ne porte pas impunément le poids du plus grand crime de l'histoire du monde. Il ne suffit pas de réviser ses valeurs politiques, il faut répudier les accommodements ordinaires, les compromis intimes qui permettent de se supporter l'un l'autre. Famille, éducation, murs et mobilier, rien ne demeure en place. Les transformations furent pieusement commémorées comme autant de retours à la raison et d'accession à la modernité. On se plut à fêter l'instauration morale et providentielle de la *Sozialmarktwirtschaft*, une société de consommation à visage humain. Certains vitupérèrent l'américanisation accélérée, l'utilitarisme à courte vue, l'égoïsme unidimensionnel. Apologètes et critiques omirent l'essentiel et manquèrent la raison d'une escapade aussi effrénée. Les Allemands plongèrent à corps perdu et âme que veux-tu dans l'expansion pour l'expansion, ils espéraient dépasser leur passé, sans recours et sans retour. Les autres Européens prirent la roue, imitation et entraînement aidant. N'en déplaise aux économistes, enfermés dans leur économisme, l'esprit qui gouverna l'extraordinaire rétablissement industriel et financier de l'Ouest européen est né, au printemps 1945, de la révélation de l'impensable.

Une conscience ne se raccommode pas comme une chaussette trouée avait, à juste titre, déclaré notre maître penseur favori. Malgré le pudibond silence qui l'inaugure, notre renversement des valeurs tourne au mouvement sans fin et rebondit tous les vingt ans. Les enfants attaquèrent la génération schizo des parents et lui reprochèrent le devoir non accompli. Un livre fétiche condensa cette remise en cause ; il fut traduit sous le titre *Le Deuil impossible*. Ses auteurs s'inquiétaient de la légèreté avec laquelle était reléguée aux oubliettes la mémoire du crime des crimes. Moins on en parle, mieux ça vaut, semblait susurrer l'opinion des aînés. En cette époque, le mutisme de rigueur touchant les hontes de guerre et son pendant, l'activité fiévreuse de la production au jour le jour, structurèrent une seule et même opération mentale. C'était comme l'aval et l'amont d'une stratégie de blanchiment. L'« incapacité du deuil » sévissait.

DE LA DIFFICULTÉ DE PENSER L'IMPENSABLE :
CINQUANTE MILLIONS DE MORTS,
COMMENT ÇA VIENT ?

« La première chose que nous avons faite, nous autres Américains, une fois que notre zone en Allemagne et notre secteur à Berlin furent organisés, c'est de dispenser à ces têtes brûlées de jeunes nazis une bonne et salutaire leçon de démocratie et, en particulier, d'histoire. Les Allemands se gaussent aujourd'hui encore de nos cours abrégés de démocratie à l'usage des Jeunesses hitlériennes. À en croire les indications de nos experts découragés, les résultats des efforts éducatifs poursuivis depuis deux ans par le gouvernement militaire seraient des plus maigres. Les choses sont rendues d'autant plus difficiles que l'enseignement de l'histoire a été totalement abandonné ces dernières années dans la plupart des écoles berlinoises. La raison en est que tout enseignement de l'histoire, dans quelque secteur que ce soit, doit avoir reçu la bénédiction des différents hauts commandements alliés. Or les divergences d'opinion de ces derniers au sujet de l'histoire, entre autres de la période dont ils furent les protagonistes, sont entre-temps elles-même entrées dans l'histoire. L'impasse dans cette question a été atteinte dans les circonstances qui suivent : 1. L'année dernière, les Russes publient leur version dans une brochure qui défendait évidemment une conception matérialiste de l'histoire ; 2. Là-dessus, les Américains récusent le projet et soumettent aux Russes, début mai, leur propre brochure illustrant un concept historique plus libéral ; 3. Or, à ce moment-là, à en croire la rumeur qui circulait à ce sujet dans le corps professoral allemand, les Russes, impatients, avaient déjà publié plusieurs éditions de leur brochure initiale, et les professeurs d'histoire en activité dans leur secteur enseignaient déjà sur la base de ce manuel. De leur côté, les Français ont préparé une attrayante histoire des mouvements révolutionnaires au XIXe siècle, illustrée de reproductions de tableaux de Delacroix et autres. Cependant, l'ouvrage est jugé chauvin par les trois autres Alliés. Les Britanniques ont préparé une pesante histoire mondiale en deux volumes dont le premier s'achève au milieu du XVIe siècle par la découverte du principe du pendule. Au bout du compte, les Américains ont publié un précis des dates marquantes de l'histoire mondiale qui débute en Grèce, en 500 av. J.-C. et s'achève en 1939, consacrant sa leçon finale à la découverte de la fission nucléaire par deux savants allemands ayant fui le régime nazi. Les trois représentants occidentaux de la *Kommandantura* berlinoise le savent-ils seulement ? Ce sont aujourd'hui cinq cours parallèles d'histoire qui sont donnés à l'université de Berlin... »

Janet Flanner, Berlin, 12 juillet 1947, citée dans : Hans Magnus Enzensberger, *L'Europe en ruines*, Actes Sud, 1995, p. 312.

D'ordinaire, le travail du deuil s'achève par un retour à la normale. Lorsque la perte du défunt est intérieurement assumée, le survivant rétablit le *statu quo ante*. En revanche, l'inaccomplissement de ce « travail » perpétue les troubles et ouvre sur une pathologie. En accusant la République fédérale d'incapacité en matière de deuil, les jeunes âmes en colère des années soixante pointaient le ver dans le fruit et la maladie muette qui grève la santé florissante d'un pays en pleine croissance.

Le sévère diagnostic véhiculait cependant des ambiguïtés embarrassantes. Quelle était la faute originelle ? N'avoir pas entamé le travail du deuil pour s'être vautré, tête baissée, dans l'activisme économique ? Ou bien ne pas avoir su clore un deuil de vingt ans, en faisant la part des choses et le bilan des responsabilités ? Dans le premier cas, l'Allemagne se drape dans une pseudonormalité trop vite reconquise et trop présomptueusement affichée. Dans le second cas, le grief est inversé, et c'est l'inaptitude à expédier le deuil et à redevenir normale qui est portée à charge.

Étrangement, les contestataires de la nouvelle Allemagne partagent avec les pères fondateurs l'impérieuse nostalgie de la normalité. Ni les uns ni les autres ne s'interrogent sur le sens étrange que prend leur désir. Être « normal », pour chaque Allemand d'après crime, c'est être comme n'importe qui, comme les « autres ». Autrement dit s'émanciper tout nouveau, tout beau.

Que serait, en effet, ce fameux deuil, dont les critiques prescrivent la réussite, sous peine d'excommunication ? Imaginons la chose accomplie : nous aurions « incorporé », comme disent les psy, le bon moi du mort ; notre vie devient sa survie ; quant à la défroque du défunt, elle est portée en terre avec tout ce qui méritait en lui de disparaître. Un jugement dernier partage le vivant du mort, le bon moi et le mauvais.

L'ultime verdict coupe le cadavre en deux et réunifie ceux qui le pleurent. Touchant Auschwitz, l'opération paraît un tantinet scabreuse. De quel droit un Allemand irait-il trier ce qui est vivant et ce qui est mort dans les charniers qu'il a produits ou laissé proliférer ? L'incapacité de s'en sortir, le refus du deuil achevé, son éternel inachèvement sont, je le crois fermement, le seul hommage respectueux et honnête à notre portée. Par quel étrange manque de tact A. et E. Mitscherlich ont-ils pu supposer qu'une uniforme conduite rituelle vaut pour une famille éplorée qui enterre l'un des siens et un peuple qui remémore un autre peuple, celui de ses victimes ? Paradoxe blasphémateur : dans l'exigence de faire son deuil du nazisme s'incruste la négation de sa très extrême monstruosité. Grands dieux ! Comment ont-ils pu négliger que la pensée du deuil travaille malaisément de la même manière dans le caveau familial, sur la tombe du soldat inconnu et dans les parages de l'*anus mundi* ?

Notre très remarquable « incapacité du deuil » démontre très positivement combien la mémoire des années de cruauté commande en permanence nos comportements. Cette fixation n'est pas une tare ni un défaut. Enfant, j'étais fasciné par une carafe trônant sur la table familiale aux heures des repas. Un impératif la décorait en lettres d'or : « Boire pour oublier, mais ne pas oublier de boire. » De boucle en boucle la formule me ligotait, comme pour m'inoculer le goût d'une philosophie qui jongle dans les cercles vicieux, quand elle ne s'endort pas vicieusement dans les vertiges d'une vertu qui tourne en rond. L'Allemagne, à la manière de mon pot à boire, semble proposer : pensons pour oublier (c'est le travail du deuil), mais n'oublions pas d'oublier (d'où l'incapacité d'en finir). Le trauma se répète. Impossible de se débarrasser de l'embarras d'avoir à s'en débarrasser. Le choc, proprement et insoutenablement perceptif, de 1945 s'éloigne. Le silence se dissipe. La parole reprend ses droits pour tâtonner à l'aveugle. Mais la hantise demeure.

Au grand étonnement de ses aînés, dans les années quatre-vingt-dix, une troisième génération se brûle derechef à la flamme du souvenir. Elle se pose à son tour en justicière, tire les marrons du feu pour son propre compte, et conteste les accommodements qui permirent à ses aïeux de supporter l'insupportable. Je ne vais pas dissimuler que nous avons en quelque sorte rentabilisé notre mauvaise conscience. Il n'est pas de petits bénéfices et nul n'omet d'aller tailler dans le malaise général les arguments spéciaux et spécieux de ses querelles particulières. Le style fait l'Allemand. La moindre dissension escalade. Vos noms d'oiseaux glissent vite chez nous à la référence historique. Fasciste ! tombe comme épithète très usée. Celui qui lance à la face de son ennemi de l'heure un sobriquet du genre « Hitler » ne fait pas assaut d'originalité. Il peut bénéficier d'un succès de scandale ; on s'empresse d'expliquer à l'impétrant qu'il risque de « banaliser » une horreur. L'admonestation n'étant pas moins banale que l'intempérance qui l'a suscitée, la capacité de répéter à l'infini, sans lasser, un tel échange de banalités surprend. La plupart des conflits présents bondissent en arrière sur la scène primitive du national-socialisme. La gauche n'a pas rechigné à faire sortir le nazisme du chapeau capitaliste. La droite s'est plu à dévoiler en Hitler le fils de Staline, même si les dates ne font pas foi.

J'ai visité les pavillons consacrés par les autorités communistes aux quinze pays européens dont les ressortissants périrent à Auschwitz. Un pavillon était dévolu à la RDA ! La conclusion coulait de source : les victimes étaient à l'Est, donc les bourreaux à l'Ouest. Ladite, ô combien démocratique ! République a été créée des années après le génocide, mais l'objection ne sembla pas effleurer les gentils organisateurs sacrifiant, *as usual*, la chronologie à l'idéologie. Les Allemands bien nés, citoyens du monde socialiste, étaient déclarés purs et innocents. Et ça passait ! Plus le mensonge est gros... Bref, les écarts de langage et les accès de crétinisme, aussi communs chez nous qu'ailleurs, témoignent combien le plus gros crime de l'histoire demeure, même à contretemps et hors sujet, notre horizon indépassable. Étrange alchimie ! Hier le silence, aujourd'hui une récurrente banalisation auraient pu favoriser un oubli définitif. Depuis cinquante ans, ils ravivent plutôt la mémoire. Force reste au souvenir.

L'actualité aide. Les informations télévisées battent le rappel. Les récents incendies de foyers d'immigrés n'étaient pas sans évoquer les splendeurs d'une nuit de cristal. Le massacre millionnaire accompli par les Khmers rouges, le génocide subi par les Tutsis réanimèrent des images que tout Allemand, bon gré, mal gré, couve depuis sa tendre enfance. Joschka Fischer et Jürgen Habermas, apprenant l'extermination en trois jours de dix mille Bosniaques sous protection de l'O.N.U., à Srebrenica, surmontèrent leur antiaméricanisme viscéral et ravalèrent un pacifisme rituel pour exiger une intervention militaire qui, par la bombe et le M-16, mette hors d'état de nuire les purificateurs ethniques. En guise d'explication, pour convaincre leurs amis désapprobateurs, un mot passa sur leurs lèvres : Auschwitz ! Pour bloquer une lente escalade vers l'abomination, l'appel aux G.I. devenait évident.

La porte de la honte suprême enfoncée, les renâcleurs turent leurs objections. La discussion s'arrêta pile. Jaspers, un instant phophétique, l'avait conclue dès 1945 : « Le destin de l'Allemagne pourrait servir d'expérience à tous. Puisse cette expérience être comprise ! Nous ne sommes pas une race pire que les autres. Partout les hommes ont des qualités semblables. Partout il y a des minorités d'hommes violents, criminels, vitalement actifs, qui, lorsque l'occasion s'en présente, s'emparent du pouvoir et donnent libre cours à leur brutalité. »

J'aime ce pays, que j'ai tant de peine à clairement délimiter comme mien. Aussi est-ce avec une ironie mêlée de tendresse que je t'invite à découvrir, dans cette fameuse incapacité d'enterrer le passé, le secret du bonheur. Oui ! ne compatissez pas, lointains spectateurs ! La torture d'avoir à remémorer répétitivement ce qui, nulle part, ne devait être vu, jamais vécu, voilà la clef d'un « miracle allemand » qui épate comme une expiation à l'envers. Les pincements de cœur imprévus, un remords qui bégaie, de vagues et persistantes difficultés à contempler l'image que renvoient les manuels scolaires, des yeux étrangers et parfois mon miroir, tel est le « poids du péché » qui charge l'un des plateaux de la balance. Sur l'autre, les splendeurs de la consommation, l'estime des honnêtes gens et l'admiration envieuse des affamés. Donnant, donnant ? Le marché, que, par notre intermédiaire, l'histoire passe avec elle-même, aucun conte de fées n'osa l'imaginer. L'Esprit voguait au-dessus des eaux et proféra : vous avez commis le plus grand crime du monde, donc vous jouirez de la plus grande prospérité, de la meilleure protection sociale, de la sécurité dans les rues et aux frontières, jamais vous ne connaîtrez un niveau de vie si élevé et jamais ne conduirez autant de Mercedes. L'Esprit soudain se gratta le crâne et, de peur qu'on ne le prît à la blague, ajouta : l'échange se fera, mais à une condition : reconnais ton crime ! Tous les trésors du XXe siècle pour un soupir de contrition. Peut-on prêcher morale plus édifiante ?

Tu trouves mon apologue par trop fantasque... Reprends tes esprits en épluchant les économistes, les sociologues et les experts patentés. Ils avancent une explication plus prosaïque de notre « miracle ». C'est tout bête : le citoyen de la République fédérale serait soudain devenu le fayot de leurs cours d'économie et premier de la classe en sociologie ; il s'est mis à calculer les risques en fonction des recettes ; il recense rationnellement les bénéfices et les pertes ; il ne confond plus les fins et les moyens ; il raisonne sa conduite et ne poursuit que les biens qu'il peut produire... L'Allemand n'existe plus, l'Homo economicus a pris sa place. Chanson !

Reviens à moi, après de telles lectures. En matière de contes à rêver les yeux ouverts, je suis dépassé. Nos bons professeurs omettent de décrire la baguette magique qui transmua d'un coup d'un seul une population entière en élèves modèles. Le soldat perdu, le buveur de bière, la veuve éplorée et la veuve joyeuse, le bureaucrate décervelé se remirent au travail, c'est un fait. Qu'un calcul les habitât, qui leur faisait prévoir la juste rémunération de leurs efforts une fois les ruines relevées et l'inédite cogestion patronat-syndicat instaurée, voilà une hypothèse qui mérite l'Oscar du comique. Dans les décombres, ni la ménagère ni l'expert ne se conduisirent en futurs, mais conscients d'eux-mêmes, citoyens du pays de cocagne qui est le nôtre aujourd'hui. Aujourd'hui seulement.

Réduire l'émergence du nouvel Allemand à celle de l'Homo sapiens qu'il est censé être devenu un demi-siècle plus tard revient à mettre la charrue devant les bœufs. Évite les accès de futurologie rétrospective qui grèvent tant d'analyses pseudoscientifiques.

La réussite actuelle du « modèle allemand » suscite des adulateurs par trop naïfs. Ils épaississent le mystère de nos syndicats, « puissants et raisonnables », qui savent si bien pousser les négociations jusqu'au point de rupture, mais sans sauter les plombs. Mystérieuse aussi, notre belle jeunesse, ce million d'adolescents qui investit Berlin, par une belle journée de printemps, aux accents de la *Technomusik*, tout sourire et amour. La solidité de nos comptes, l'efficacité de nos exportateurs, nos banquiers, nos épargnants, mystère encore. Qui dit mieux ? La tentation est grande d'expliquer tautologiquement ces brillants résultats par eux-mêmes et la réussite de nos corporations par leur volonté, prudente, rationnelle, pondérée, éclairée, etc., de réussir. On manque ainsi le *fiat lux* initial. On ignore la foudre, le tonnerre, l'incendie et la honte.

Lorsque, dans l'immédiate après-guerre, le mouvement ouvrier sème les germes de sa nouvelle sagesse, il ne lit pas dans le marc de café et les boules de cristal. Profondément marxiste encore, il ne parie guère sur les fruits d'une expansion continue que nul n'ose lui garantir. Il pense toujours en termes de lutte des classes, mais il invente une manière nouvelle de conduire ladite. L'ouverture, bien connue, du *Mani-*

feste communiste évoque l'affrontement de l'homme libre et de l'esclave, du patricien et du plébéien et résume, à grands traits, « une lutte ininterrompue tantôt secrète, tantôt ouverte et qui finissait toujours soit par une transformation révolutionnaire de toute la société, soit par la ruine commune des classes en lutte ». Cette deuxième possibilité, « la ruine commune », c'était l'impensé de Marx et des marxismes multiples qui n'avaient d'yeux que pour la victoire — révolutionnaire ou réformiste, selon les goûts — d'un camp sur l'autre. Les classes en lutte devaient viser un triomphe sans reste, comme Napoléon méditant ses batailles d'anihilation et les nations européennes courant à la der des der. Grande première : la social-démocratie allemande, instruite par l'expérience récente et cuisante, prit au sérieux l'autre terme de l'alternative, la ruine. Elle publia que, sous couleur de lutte finale, la montée aux extrêmes risquait de finir en apocalypse générale.

Le doigté, la roublardise, la prudence, mais également l'infinie méfiance et l'infatigable combativité dont font preuve les partenaires sociaux n'est pas simple affaire de bons sentiments. La technique des négociations salariales demeure incomprise tant qu'on ignore combien les frères ennemis restent, plus ou moins consciemment, hantés par la menace d'une débâcle commune. Quand les signes d'une crise monétaire, économique ou sociale affleurent, les souvenirs pleuvent, Weimar c'est hier et le N.S.D.A.P. peut-être demain. Éventuellement rhétoriques et hypocrites, ces rappels à l'ordre ratent rarement leur effet, même si les acteurs ne sont pas dupes. Sous la rhétorique maladroite des discours, l'auditeur perçoit depuis toujours, c'est-à-dire depuis 1945, l'alarme d'un affrontement sans limites.

Relisez, messieurs les experts, *Le Tambour*[5], de Günter Grass. Vous y trouverez l'« esprit » de notre « économie concertée ». Que Grass me pardonne, son livre chante notre consensus demi-séculaire. Il en canonise le principe vivant, à son insu, avec la même innocence que le réformateur calviniste libéra (selon Max Weber) les eaux glacées du calcul capitaliste. Qu'il soit métallo chez VW, cadre supérieur ou décorateur chic, chacun abrite en son for intérieur un Oskar, ce petit homme qui refuse de grandir, qui ressuscite son enfance d'un roulement de tambour, qui pulvérise le monde adulte, ancien, de son cri pur et vitricide.

Avec Oskar, le tambour, l'Allemand nouveau s'érige sonneur d'alarme, bat le rappel des catastrophes passées pour exorciser les futures. Il électrise de nombreuses limites : une fois celles-là franchies, le monde vole en éclats. La fameuse voix de la conscience, censée parler à tous, ne laisse pas de modifier ses attendus et ses codicilles en fonction des lieux et du temps. Entre le Rhin et l'Oder, elle glisse « faites attention à prêter attention ». Ici, les disputes ne sont pas moins, mais autrement, fiévreuses. Chacun pousse son avantage et fonce comme partout, sauf que nul parmi nous n'est censé ignorer qu'il est possible de sauter, l'un sur l'autre, l'un tout contre l'autre, l'un avec l'autre, dans le vide.

Ne vous y trompez pas, l'équilibre ainsi promulgué reste inconfortable et instable. Nous avons beau deviner qu'il existe quelque part un seuil utilme, nous ignorons jusqu'où avancer. Quel avantage reste à cueillir au bord du gouffre, avant que le désavantage nous y entraîne ? Le consensus social, si prisé, est fondé sur la nécessité d'éviter qu'il ne se brise ; il n'est jamais hors de danger, il ne dure que parce qu'il conjure une incertitude intrinsèque ; sa fragilité fait sa force, mais sa force tient à sa fragilité et se nourrit du souci de préserver l'éphémère. Notre union née du désastre se maintient contre lui, donc en lui. Elle en produit et reproduit la désastreuse potentialité, à l'instant où elle la surmonte. Nous négocions nos accords, nos compromis et nos compromissions en l'horizon de leurs échecs possibles. Le passé vaccine. Le passé angoisse. Tandis que votre logique française compte deux, notre expérience est insécable : le passé vaccine par des rappels d'angoisse.

Je suis comme toi, taillé dans l'étoffe commune des rêves. Parfois, une envie de table rase me prend à la gorge et le désir de tout gommer pour tout recommencer m'étreint brutalement. Mais il me faudrait de surcroît effacer le souvenir d'avoir effacé et chasser le pressentiment que le nouveau commencement ne recommencerait pas. Qui ne voudrait naître de la dernière pluie, tout beau, tout neuf ? Le prix d'une cure de rajeunissement intégral effraie toutefois, pour longtemps je l'espère, nombre d'Allemands : libre à eux d'oublier les neiges d'antan, de ne plus penser au sang qui les lie, à la condition seule de ne plus penser du tout.

Lettre IV

Trois générations ont mal à la tête

Modèle d'économie sage, Q.G. de la contestation mondiale, bulle de bonheur psy — L'Allemagne est première partout — Elle se demande pourquoi.

De Berlin

La nuit porte conseil. Je corrige mon courrier d'hier à la hâte, de peur que tu ne te méprennes. L'expérience allemande est moins rose que la face épanouie des leaders bons vivants, moins sereine que ne le laisserait croire la pondération des prolétaires qui n'ont à perdre que leurs chaînes, et leurs pavillons, et leur vie de famille, sans mentionner la caisse retraite, l'assurance chômage et le plaisir des voyages. Puisque nous sommes rendus à la sagesse et à la civilisation, le bon Dieu généreux nous a récompensés. Néanmoins, je ne peux garantir qu'un tel miracle fleurisse éternel... Parfois, quelques bouffées d'inquiétude sans voix ternissent l'image idyllique que nous renvoyons. Qui veut percer le mystère doit prêter l'oreille à un type d'individu qu'on affuble chez toi du sobriquet d'intellectuel.

Avec son étymologie latine et son parfum parisien, un caractère aussi équivoque demeura, ici, longtemps *persona non grata*. L'*Aufklärung* du XVIIIe, qui décréta notre patrie province pédagogique, chantait la rencontre du poétique et du pensé dans l'intériorité sublime d'une conscience d'exception. Le *Geist* allemand, consommé d'âme, de sensibilité intelligente, de génie intuitif relevé d'un soupçon d'équivoque ivresse, bouillonnait dans le bain-marie de sa profondeur démoniaque. Cet Esprit majuscule démonétisa les beaux, mais petits, esprits français, repoussés dans le « trait » du même nom et les jeux de mots pas toujours glorieux. Votre plaisanterie, notre *Witz*, hésitait entre légèreté viennoise et grossièreté bavaroise, volait jusqu'à Berlin quitte à s'alourdir, trop souvent. Lorsque l'intellectuel proprement dit fit son entrée dans le siècle, nous le dépréciâmes d'office pour le reléguer illico dans la niche des âmes de second choix. Il ne faisait pas bon s'en réclamer. Pour les fils de Goethe et de Schopenhauer, il incarnait le reniement.

Quand le peuple des penseurs et des poètes se découvrit celui des tueurs et des bourreaux, l'humeur tourna. Désormais, l'intellectuel allemand jouit du statut, problématique, en usage ailleurs. Il fait mine de penser à haute voix, à la place de tout le monde. Il se trompe comme chacun. Il s'étouffe dans l'encens et trébuche sous les quolibets. Il nous reste, cependant, une réticence atavique ; elle risque de déconsidérer d'office un personnage qui non seulement publie ses idées, mais affiche qu'il en change, se couronnant ainsi lui-même d'un bonnet d'âne. Certes, Kant et Goethe jugeaient du cours du monde, émettant quelques avis sur l'actualité ; ils modifiaient même leurs opinions, car l'entêtement passait à leurs yeux pour un manque de finesse et d'à-propos. Le docte commentateur dispute, aujourd'hui encore, de leurs engagements successifs. Hegel a-t-il fini réactionnaire ? Ou franc-maçon ? Ou contestataire sous cape ? Difficile de percer le masque, le grand universitaire gardait ses humeurs par-devers soi, se posait en sage, survolait son siècle et s'octroyait un certain air d'éternité.

Un peu kitsch, je l'avoue, cette image révolue du philosophe originel, qui fait don du langage à son peuple, en lui dédiant et son livre (ô Homère !) et le commentaire critique de ce livre (ô Platon !). Heidegger, encore très Biedermeier, se plaît à narrer la légende d'un Héraclite, penseur suprême, que ses admirateurs découvrent, à genoux, tisonnant sa cheminée : « Là aussi sont les dieux », rétorque-t-il aux fidèles médusés. Pauvre de lui ! C'est à proximité d'autres cheminées nourries de chairs humaines que notre *Denker* n° 1 griffonna autour de 1942 la charmante anecdote. Sans insister. Il n'évoquera pas : « Là aussi sont... » Qui va là ? Les dieux encore ? Les démons toujours ? Heidegger semble ignorer où il se trouve. Voilà pourquoi mieux vaut parfois troquer le bandeau définitif qui aveugle les sages pour le bonnet à clochettes promis aux intellos.

Il faudra du temps pour nous consoler d'avoir délaissé le piédestal dévolu au poète penseur. Pas un de mes collègues, logiciens, moralisateurs, laïcs, religieux, sceptiques ou psy n'ignore les pincements d'une âme prise au dépourvu lorsque l'aura se dissipe. Nous avons seulement feint d'en prendre notre parti. Au fond de tout intellectuel allemand, un *Geist* d'antan médite son retour en grâce. Les hebdomadaires, en France, interrogent répétitivement : « À quoi servent les intellectuels ? » et les concernés de glisser en chœur : « À rien, moi excepté. » La question ne tire pas à conséquence, la farce des réponses vous agrée. La palme couronne la plus drôle. La concurrence des beaux esprits n'est pas pour inquiéter des aficionados qui apprécient, en connaisseurs, la subtilité des coups de pied en traître. Quand de grandes rivalités oublient de défrayer la chronique, vous en simulez d'ignorées, saisis par l'angoisse d'une entropie, hantés par la menace d'un coma de l'esprit. Chez nous, le mouvement brownien des opinions et des états d'âme indispose. Hegel déjà fustigeait les salons à la française, qui entretiennent, disait-il, le « règne animal de l'esprit ». Cette sorte de marché libre, donc incontrôlé, des idées paraît à nos yeux une jungle. La circulation sans rivages des images évoque irrésistiblement les débordements d'un tout à l'égout mental. Un « intellectuel » allemand a peur de déchoir, il vise plus haut que ne l'exige un titre aussi piteux.

Ne t'y trompe pas. Il n'y a pas de tour d'ivoire. Intellectuels malgré nous, mais intellectuels quand même, nous ne nous passons pas du public. Sans lui, nous manquerions de cœurs à éduquer et de cervelles à remplir. Ne me dis surtout pas qu'il en va de même en France : Hugo guide en pointant l'étoile, Zola descend dans l'arène, Sartre monte sur un tonneau... Cela n'a rien à voir. Vous vous débrouillez toujours pour confondre une messe de couronnement et un requiem. Le sacre de Voltaire ? Même l'heureux élu, vieux, édenté, paraît trop sardonique pour tomber dans le panneau. Vous rendez à vos célébrités l'hommage pompeux d'un enterrement de première classe ayant fonction d'épiphanie. Mais, discrètement, votre admiration attend qu'ils deviennent assez froids pour que l'apothéose les ensevelisse à jamais.

Quel plaisir de lire la description vacharde des funérailles monstres du grand Hugo par Daudet (Léon) le petit. Je psalmodie, pour rire, les injures que Breton fait pleuvoir, en cathédrales de crachats, sur le cortège d'Anatole France. Je marche parmi les éplorés en masse qui conduisent Sartre au cimetière du Montparnasse et je compte sur les doigts, pieds compris, les lecteurs de sa *Critique de la raison dialectique.* Quand vos célébrités se taisent par la force des choses, vous décrétez à l'unanimité, pour solde de tout compte, qu'il eût fallu les écouter et vous en remettez sur la rhétorique des fleurs posthumes. Le culte rétrospectif vous abrite des vivants libres propos. Comble de précaution, vous réépluchez le dossier des décédés. La grande Révolution poussa la finesse jusqu'à régler la valse des augustes cadavres ; elle expulsa du Panthéon quelques morts auxquels la patrie avait voué sa reconnaissance éternelle, mais qui n'avaient plus cours. Notre culte, au contraire, s'adresse à des vivants, même lorsqu'ils passent pour morts et enterrés. Goethe fut adulé quasi adolescent, ô Werther !, mis sur orbite olympienne adulte, embaumé plus que vif tout au long du XIXe siècle. Et s'il mourut — qui sait ? —, ce ne peut être qu'à la bataille de Stalingrad, ou dans quelque toundra neigeuse et désolée.

Quand l'éternité s'en est allée, comment satisfaire la demande d'un supplément d'âme — *Geist* ? Nous nous sommes épuisés à quêter la réponse, quitte à relancer la demande si elle semblait décroître. À quoi servez-vous ? La question, ici, ne passe pas pour une coquetterie de journaliste. On la pose aux autres et à soi. Elle gouverne en sous-main l'alpha et l'oméga des travaux intellectuels. Chacun entend « servir » au mieux et le mieux. Donc se servir des services des autres plutôt que de les déconsidérer. Le style particulier de nos confrontations théoriques l'atteste : il n'est de chapelle qui ne sache plus savamment que les concurrentes les raisons qu'elles devraient aligner pour se subordonner à elle. L'« herméneutique » de Gadamer est science d'elle-même et des autres, elle propose ses passe-partout à la « sociologie critique » et à la « communauté communicationnelle » de Habermas, lequel, peu enclin à se soumettre, renvoie le compliment, tout en hérméneutisant la « pragmatique transcendantale » de K.O. Apel, qui se rebiffe...

Des écoles plus anciennes, ou pas encore en piste, méditent le sésame qui, en toute connaissance, en toute pompe et en tout honneur, les élèvera aux sommets. Nos idées sont censées ouvrir toutes les portes, sinon toutes, du moins la porte des portes. Nos héros de la pensée se drapent en délicats saint Pierre pour s'entr'expédier, en douce, à coups de trousseaux de clefs. La prétention au talisman tout terrain explique la floraison permanente des traités de méthodologie savants et des doctrines doctrinantes qui se targuent de forcer les serrures, en particulier celles des disciplines voisines et des méthodes rivales.

Le désastre a coupé la route du ciel. L'intellectuel entre sur scène quand le prêtre en sort. Ces deux personnages sont si temporellement décalés que leurs duels postiches divertissent les badauds. Le poète penseur s'opposait, lui, en due concurrence au prédicateur de la chaire. Tous deux se disputaient une idée transcendante de la sainteté, dont le souci leur était commun. Goethe projette un Prométhée à son image, un Titan par trop moderne dont l'unique moteur est la haine de « tous les dieux ». Le poète penseur par excellence posait à l'antiprêtre, donc en archiprêtre. L'intellectuel, quoi qu'il en ait, se sait postprêtre ; il ne vise plus une sainteté hors saison ; il en guigne l'ersatz ou la transfiguration : un cœur équilibré, de bonnes joues, un Q.I. honorable, une âme saine dans un corps sain.

Le déluge ayant tout emporté, y compris la tutelle des Célestes, que reste-t-il ? La Grande Santé, voyons ! L'intellectuel sait que son public sait. L'un comme l'autre sont nés de la débâcle. Loin de nier cette douloureuse origine, nous extrayons d'elle notre légitimité. L'intellectuel se fait gloire d'en maîtriser les effets, d'en éponger les traces et, s'il y parvient, d'en suturer les plaies. Il partage la difficulté initiale de la société qui l'entoure, mais prétend imposer sa pharmacie miracle : il tire un trait. Quelle serait, en effet, la santé maximale promise à une Allemagne remise de ses aventures meurtrières, sinon l'assurance enfin acquise que le drame est et restera derrière elle ? Il a eu lieu, autrefois. Il ne nous concerne plus. Il ne nous a peut-être jamais concernés. De toute façon, c'est lui ou nous, si nous pas lui, si lui pas nous.

Je te l'ai signalé, l'Allemand du rang a vécu cinquante années de bonheur, relatif *of course*, sans couper et même à condition de ne pas rompre le cordon ombilical qui le relie à la faillite de 1945. Les ordonnances intellectuelles programment un bonheur plus « sain », en optant pour une thérapeutique immunologique rigoureusement inverse. Elle exige de se libérer impérativement du passé, en interrompant l'obsédante rumination qui le réactive. Les principaux courants d'idées qui marquèrent notre demi-siècle, aussi chaotiques et entremêlés qu'ils te paraissent, manifestent les diverses stratégies mentales inventées pour maintenir à distance maximale l'évènement fondateur qui horrifie encore et toujours.

UN PASSÉ QUI NE PASSE PAS

« Arrogants ou soumis, contraints ou insouciants, perplexes ou excessifs, nous balançons entre les extrêmes. Nous refoulons l'époque nationale-socialiste ou nous en faisons des produits, nous la rendons bénigne ou diabolique, selon notre génération, selon l'occasion, selon la personne qui nous fait face. La seule chose que nous n'aimions guère nous rappeler, c'est ce qu'a réellement été cette période : des années contradictoires, problématiques, exerçant parfois une fascination honteuse... Même le jugement contradictoire que l'on a porté sur la manière dont nous « assumons notre passé » montre à quel point il nous est difficile de le faire. Mais l'art et les sciences permettent d'espérer que l'effort permanent pour nous confronter au nazisme ne restera pas totalement infructueux à long terme. La littérature allemande de l'après-guerre, mais aussi le cinéma, le théâtre et les arts figuratifs ont plus travaillé sur l'époque nazie que sur tout autre sujet. La recherche en histoire contemporaine n'est pas en reste sur ce plan. Car, quel que soit le désir d'oublier, cette discipline doit aussi beaucoup à la volonté bien réelle de se souvenir. »

Peter Reichel, La Fascination du nazisme, Odile Jacob, 1997, p. 12.

Avons-nous vraiment commis le plus grand crime de tous les temps ? Pour guérir cette angoisse, plusieurs thérapies furent tentées. Elles poursuivent le même but, en finir !, par trois voies distinctes. Ou bien on discute le sujet : nous qui ? Je n'y suis pour rien... Ou bien on récuse le verbe : commis ? L'acte a-t-il vraiment eu lieu ? Ou bien on nie la chose : crime peut-être, mais pourquoi le plus grand ? Nous avons expérimenté les trois méthodes, quelquefois distinguées, parfois entrelacées. Une première génération s'est acharnée sur le sujet — « nous ». Une deuxième sur l'acte. Une troisième s'embarrasse à réévaluer la chose. Les thèses se chevauchent et les bons auteurs, à l'occasion, se prêtent main-forte, pour procéder à l'excision d'une hantise qu'ils supposent morbide. Je te l'ai montré, l'Allemagne d'après-guerre avait trouvé son bonheur dans l'expérience pratique d'un deuil interminable. À présent, je circule dans l'univers théorique et, là, serre les fesses et boucle ta ceinture de sécurité, tu dois prévoir un brutal tête-à-queue : le deuil est inutile, la grande santé mentale le clôt. Ainsi persiste le quiproquo entre l'intellectuel et le public. Tous deux portent le deuil. Mais le premier l'expédie hors jeu et le second le prolonge pour son bien. Et chacun de se croire incompris, alors que la différence tient peu à l'image qu'ils se renvoient et plus aux modes contraires selon lesquels ils perçoivent notre scène primitive.

Souviens-toi, seule la loi du vainqueur anglo-saxon avait contraint de dévisager la Gorgone et de nous mirer dans la folie crapuleuse. Mais à peine la République fédérale fut-elle décrétée, la dénazification passa sous autorité allemande et fut relayée par son contraire : le pardon. *Pardonierung* fut à l'ordre du jour. Dans le commerce, dans l'industrie et l'administration, les plans de carrière ne s'encombraient guère du passé nazi des nouveaux cadres. L'ère Adenauer engrangea les bénéfices politiques et sociaux d'une mansuétude universelle, encouragée par tous les partis, de la droite à la gauche, SPD compris.

Sur le terrain intellectuel, les résultats de cette stratégie de blanchiment d'actes sales paraissent moins éblouissants. « Au milieu des années cinquante dominait dans l'opinion publique l'idée que la responsabilité pour les horreurs du IIIe Reich incombait seulement à Hitler et à sa petite clique de grands criminels de guerre. Quant aux Allemands dans leur ensemble, ils jouirent du statut de citoyens "abusés", voire de pures victimes et de simples sacrifiés », explique Norbert Frei[1]. Devenus démocrates s'il en est, nous nous plaisions à condamner sans réticence le plus grand crime du monde. Mais l'hypothèse que « nous » en fussions responsables n'effleurait plus personne. Du moins en apparence.

Je n'y suis pour rien. J'ai obéi aux ordres. J'ai fait comme j'ai pu, répétait chaque ancien combattant. Mes opinions, ma religion, ma philosophie, ma morale étaient étrangères à cette aventure, réitéraient, de la base au sommet, de la droite à la gauche tous les porte-parole d'une société en recomposition. La preuve crevait les yeux : si Hitler avait été kantien, ou chrétien, ou dialecticien, ou adenauerien, ou social-démocrate, ou adventiste, ou moine, ou bouddhiste, ou père de famille..., il n'eût pas été Hitler. La droite parlementaire, la gauche réformiste, les confessions établies et les opinions traditionnelles s'estimaient lavées de tout soupçon. Aucune complicité ne devait leur être imputée, aucun examen de conscience exigé. Il était tout simplement regrettable que le Führer n'eût point songé à prendre avis auprès d'autorités morales et intellectuelles dont l'infaillibilité autoproclamée se vérifiait par la faillite de qui s'était passé d'elles. Hitler s'était trompé de mentor. Tout philosophe émérite qu'il fût, Heidegger illustra la médiocrité moyenne de sa génération. Il se tint coi pendant trente ans pour, dans une ultime interview, condescendre à l'aveu : il était tombé dans « une grosse bêtise ». Pas un crime, une « bêtise », une bavure, dont, cela va de soi, la responsabilité incombe au Chef. Lequel a négligé de suivre les conseils d'un penseur, de très bonne volonté, puisqu'il resta membre du Parti... jusqu'au bout.

Ce n'est pas l'Allemagne, ce n'est pas « nous », c'est le Führer, devint le leitmotiv implicite des multiples thèses analysant le « cas Hitler », pour renchérir sur l'exception. À grand renfort de psychologie, de sociologie, d'herméneutique des profondeurs, d'ésotérisme et d'astrologie, on répéta sur tous les tons que Hitler était un fou, un refoulé sexuel, un peintre désespéré, une fausse conscience, un petit-bourgeois, un bâtard, un marginal enragé, un homo qui s'ignorait, un mystique halluciné et un lâche dissimulé. Et même un juif, vu les fréquentations de sa mère ! Bref, il n'était pas comme tout le monde, tout le monde n'était donc pas comme lui. Le plus grand crime avait été commis en vérité, mais aucun « nous » n'en porterait la charge.

Le théologien crut loisible de retourner à sa théologie, le réformiste à ses réformes, le conservateur à ses conserves. Des événements funestes avaient défrayé la chronique au pays des maîtres penseurs et des poètes, les héritiers des grands esprits d'antan consentaient à s'en affliger d'autant plus volontiers que le deuil qu'ils portaient était d'abord le leur. Hitler, exception entre les exceptions, n'avait-il pas indûment porté préjudice à la réputation de la patrie de la culture ? Une fois l'usurpateur mort et démasqué, il fallait restaurer le *statu quo ante*. La génération qui avait tout vécu et tout vu s'employa à simuler que rien ne s'était passé : les nécessités de l'heure imposaient de casser les montres et de ne jamais demander l'heure. On poétisa. On académisa. On publia. On théorisa. Comme avant. *Words ! Words ! Words !*

L'Intelligence allemande entre alors en schizophrénie. Ce qu'elle avait vécu comptait pour zéro, ce qu'elle comptait n'avait pas de vie. Puisqu'il fallut tailler, on coupa au plus profond. Sous prétexte d'expulser l'hitlérisme comme un corps étranger, on s'évertua à inciser les souvenirs : de 1933 à 1945 s'étalent douze années blanches. Un père n'ennuie pas son fils en ressassant d'hypothétiques faits d'armes ; une mère ne tire pas de sourire à sa fille en évoquant sa blonde adolescence. Tout passe à la trappe : premiers baisers, coups de foudre, cérémonies de mariage, les sentiments mêlés de la jeune épousée dont l'homme part, plus ou moins fiérot, pour le front. Faute d'oser raconter leur jeunesse en uniforme et leurs ébats à la Hitlerjugend, les parents se retrouvent nus, plus nouveau-nés que leurs enfants.

Même les courageux se sont tus. J'ai connu un double réel de von Ebrennac. Pilote de la Luftwaffe, il démissionne en 1940 pour ne pas bombarder les villes polonaises. Envoyé, fantassin de deuxième classe, sur le front russe, il traverse plusieurs hivers terribles, aussi sauf et aussi sain qu'une pareille saleté l'autorise. De retour au foyer, il ne dit rien, à personne. Son fils, mon ami, atteignait ses trente ans, lorsqu'il apprit par hasard l'exemplaire refus dont son père ne tirait aucune gloire. La loi du silence pesait sur toute la société allemande, cette Omerta valait pour les braves, comme pour les lâches et les coupables. Elle muselait les confidences familiales autant que les allocutions officielles. Elle bouche encore l'horizon de la République allemande : les déserteurs de la Wehrmacht, loin d'être des héros, sont à ce jour des parias.

Les intellectuels de l'époque n'échappaient guère à pareille stratégie de contrôle du passé. Ils en codifiaient les procédures. Ils s'autoproclamaient spécialistes de la démarcation. On leur doit des tics bien de chez nous, par lesquels des collègues se font reconnaître de leur pairs. Par exemple, l'exclusion de l'« émotionnel », censé perturber le sérieux des débats guindés et savants, comme s'il convenait d'incriminer le trop-plein émotif dont débordaient les activistes nazis et pas, justement, leur absence d'émotion devant l'inhumanité des actes perpétrés. L'« émotionalité » est-elle par essence nationale-socialiste ? Le citoyen se trouve sommé de cadenasser toute forme de spontanéité susceptible de perturber la censure des souvenirs. Des qualités, apparemment inverses — rationalité, spéculation, théorie —, sont pareillement placées sous haute surveillance. Comme si, pour demeurer sage, le bon Allemand devait s'abstenir de porter les yeux plus loin que le bout de son nez. Les considérations un peu générales, les interrogations globales n'échappent pas à la suspicion. S'élever à une vue d'ensemble, penser en panoramique, tout cela pourrait verser dans quelque malencontreux « holisme », prémice hypothétique du totalitarisme.

Avide de se dégager au plus vite du passé, l'Intelligence allemande s'est, à son insu, engagée dans une activité absorbante et infinie, en véritable Pénélope. Ni l'optimisme des spécialistes ès mutismes d'alors, ni les sévérités des critiques d'aujourd'hui ne rendent justice à l'ironique grandeur de l'entreprise. Soucieuse de se laver de tout soupçon, l'Allemagne se soupçonna elle-même. En fêtant le départ des commissions de contrôle alliées, elle devint sa propre commission de contrôle et se lança dans la traque non pas des anciens responsables nazis, mais du témoignage intérieur de leur popularité révolue. J'espère que le côté marché de dupes de l'opération ne t'échappe pas. Nous crûmes très malin de reprendre à notre compte les procédures de dénazification pour les exténuer rapidement et réduire le crime aux agissements d'un petit gang hitlérien.

Nous nous sommes désolidarisés du passé. Nous n'avons plus voulu en entendre parler, condamnés à surveiller toute parole. D'où la prééminence du style qu'affiche si souvent le *Professor Doktor* posthitlérien : l'université avait pris ses distances, elle n'eut de cesse que les portes de la mémoire demeurassent closes, elle monta la garde et s'interdit tout écart. L'inspiration du poète était anathémisée comme « émotionalité » et celle du penseur comme dangereuse lubie théorique. « On sait où ça mène. » L'argument massue fut asséné aux moindres élans qui, faute d'être classés, étiquetés et maîtrisés, prenaient figure de monstruosités incontrôlables. Dans le grand public, une pareille exigence de sur-surveillance produisit la génération qu'un best-seller épingla comme sceptique. Dans l'élite, cette culture de la méfiance qui se méfie d'elle-même ne fut pas sans engendrer une certaine stérilité : on ne mobilise pas impunément contre ses souvenirs.

En apparence, il suffisait de sauter par-dessus les années noires pour renouer avec les croyances réconfortantes et ressusciter les convictions de toujours. Bien que très consensuellement pratiqué, ce tourisme d'antiquaire fit chou blanc. Nous restâmes coincés en l'air, en attente d'une piste d'atterrissage. Si le passé récent était interdit, le passé de ce passé ne pouvait tenir lieu de terre ferme. La mode du retour aux anciennes valeurs avait beau battre son plein, une paralysie muette bloquait la réintégration dans la niche du fonctionnaire respectueux, de l'humanisme éternel ou de quelque aimable religion. Les idéaux d'antan n'avaient peut-être aucun rapport avec un hitlérisme qu'on supposait météorite, tombé de nulle part.

Cependant, une lancinante question taraudait les candidats aux rétro-voyages : pourquoi tant de culture n'avait pas empêché ça ? Les honnêtes moralités de jadis ne pâtissaient officiellement d'aucune parenté avec les monstruosités récentes, mais à quoi avaient-elles servi ? Je connais l'expression française : on efface tout et on recommence ! L'Allemagne, quant à elle, s'acharnait à tout effacer pour s'émanciper d'un quelconque recommencement. D'où, pour innocents qu'ils parussent, les verts paradis de ses amours enfantines ne lui permirent pas de jeter l'ancre. Une fois déjà, ils n'avaient pas résisté au déluge.

Seule la pierre est innocente, avait formulé Hegel. Péguy réitéra : mains blanches, pas de mains. Pour éviter sa propre histoire, une génération se trouva hors histoire, sans bagages ni mémoire. Ses enfants haussèrent les épaules. Ils n'allaient pas, une deuxième fois, réduire l'hitlérisme à quelque paranoïa individuelle. La vague fasciste, qui faillit submerger l'Occident éclairé, passait difficilement, à leurs yeux, pour un simple accident de parcours dans l'essor de notre civilisation. Ils entendaient secouer les inhibitions parentales, jurant de scruter les tenants et les aboutissants de l'ignoble odyssée. Ils retrouvèrent des oreilles pour entendre, des yeux pour voir et une cervelle capable de réfléchir l'horreur sans reculer devant elle. Finie la sacro-sainte omerta ! Ils porteraient à la parole le crime des crimes !

Assez d'attribuer la responsabilité du drame à l'action d'un dément ou à une crise d'hystérie générale ! Foin d'une psychiatrie à bon marché ! Dans les coulisses du plus grand crime siège un sujet qui l'a perpétré, un acteur collectif qui rassemble exécuteurs actifs et complices passifs, un « nous » qui hante l'histoire et dont il faut restituer la généalogie. Il a sévi dans un passé encore proche. Ne germait-il pas dans des temps plus lointains ? Ne menace-t-il pas de ses métastases un futur encore ouvert ? Le fascisme n'éclate pas par magie, ne disparaît pas dans l'instant, il prend son temps. Il prend tout le temps. L'autocritique de l'Allemagne doit porter sur la longue durée et pas seulement sur l'épouvante de douze ans.

Tu connais aussi bien que moi les différentes fables relatant l'incubation séculaire, voire millénaire, du virus hitlérien. Les idéologues au pouvoir à l'Est stigmatisaient le capitalisme, source de tous les maux. À son stade suprême, il produit l'impérialisme, dont l'expression finale est le nazisme. Lui-même promis au retour éternel tant qu'on n'arrache pas sa racine : la civilisation marchande. L'Ouest, plus inventif que les camarades, disposait d'un clavier différencié d'interprétations, pas moins définitives, mais multiples. Les uns incriminaient le « subjectivisme » moderne qui, depuis Machiavel et Hobbes, ne reconnaît plus un monde ordonné par les lois de la nature ou la grâce de Dieu, et accorde les pleins pouvoirs à l'arbitraire d'un État maître absolu. Leo Strauss fit florès aux États-Unis en brodant sur ces thèmes bien de chez nous. D'autres remontaient plus haut dans le temps, Horkheimer et Adorno poussèrent jusqu'à Homère, ils repéraient en Ulysse le prototype de l'aventurier sans foi ni loi, dont la rouerie calculatrice amorçait la rationalité bourgeoise, la conquête violente du monde, le saccage des civilisations traditionnelles, l'aliénation universelle, la tromperie, le sang, la domination, la terreur. Ulysse, donc Hitler. Pauvre Homère.

L'Occident est pourri dès l'origine, résume abruptement une génération qui lut avec enthousiasme la *Dialectique de la raison*. Concurrents distanciés de l'école de Francfort, les heideggériens compliquaient une semblable étiologie historique en multipliant les prétendues erreurs d'aiguillage. Faut-il incriminer le modernisme cartésien qui inaugure la mathématisation de la nature et la dévastation technique de la planète ? Faut-il montrer du doigt la confiscation par la foi chrétienne de la sagesse antique ? Faut-il inculper la prise en main latine de la philosophie grecque ? On finira par accuser l'oubli des présocratiques par les sophistes et Platon... Voilà les vrais coupables ! Ces datations concurrentes, moins exclusives que complémentaires, conspirent à faire remonter aux premières aurores le déclin proprement occidental qui trouve un sombre couronnement dans l'Europe des années 1933 à 1945.

La source du mal ne serait plus une folie particulière, extérieure à la civilisation et à la raison, mais une fureur qui les hante de l'intérieur. Pour l'école de Francfort, comme pour Heidegger et successeurs, le fascisme ne tombe pas du ciel. Il est porté par une histoire multiséculaire, la nôtre, dont il accomplit la promesse. La deuxième génération posthitlérienne rejette l'autisme de son aînée. Elle relaie volontiers sa schizophrénie désolée par un manichéisme militant. Elle part en guerre contre le berceau historique de la déferlante maléfique c'est-à-dire contre son propre berceau. Elle prend pour drapeau des textes déjà datés reverbérant l'effroi sacré, qui transit celui qui découvre les charniers.

« L'idée qu'après cette guerre la vie pourrait continuer “normalement” ou même qu'il pourrait y avoir une “reconstruction” de la civilisation *(Kultur)* — comme si la reconstruction de la civilisation n'en était pas déjà en elle-même la négation — est une idée stupide. Des millions de juifs ont été massacrés, et on voudrait que ce ne soit qu'un intermède et non pas la catastrophe en soi. Qu'est-ce que cette civilisation attend de plus[2] ? »

Manichéisme pratique et manichéisme théorique communient dans un seul et même rejet du passé. Les activistes militants sont en permanence tentés par le terrorisme, car ils vivent la société qui les entoure et la culture qui les baigne comme un fascisme masqué. Hier il s'étalait, avant-hier il se préparait, aujourd'hui il perdure caché. Vous ! juges qui aquittez les policiers responsables de la mort d'un jeune, vous apparaissez dignes héritiers des SS, vous êtes les cochons organisateurs de l'extermination, accuse Gudrun Esslin avant de s'engouffrer dans la Rote Fraktion Armee. Le radicalisme théorique exclut les nuances et les compromis qu'il voit inévitablement tourner à la compromission, « toute la culture traditionnelle est aujourd'hui sans valeurs ». Entendez, c'est de la merde.

« Écrire un poème après Auschwitz est barbare », profère Adorno[3]. Prises à la lettre, les imprécations de l'homme de culture se contredisent. Le penseur, embarrassé, tente ensuite de les atténuer, mais leur tranchant premier s'avère plus authentique, efficace et durable, que les fioritures édulcorantes dont il les habille après coup.

Telle quelle, la condamnation que la culture porte sur elle-même barbote duplice. Elle alimente une révolte universelle conjointe à un suicide volontaire. À ce titre, elle cristallise l'impulsion qui anime vingt années d'oppositions aux guerres coloniales et de fièvres sur les campus, mais elle annonce aussi la fin sans gloire de ce mouvement planétaire qui, retourné contre lui-même, s'autodissout. L'effigie, brandie à travers l'Allemagne, de Holger Meins, efflanqué, décharné, fut hautement symbolique. Il poursuivit sa grève de la faim jusqu'à la grève de la vie. À travers lui, comme dans la mise en scène du suicide collectif des autres chefs de la RAF, Fraction armée rouge, plus vulgairement connue comme bande à Baader, la sentence d'Adorno prend corps, le temps que les corps s'effacent dans la sentence : je, la culture, me transforme en cadavre. Après Auschwitz, est-il moins barbare de continuer à vivre que d'écrire un poème ?

Les cibles d'une révolte résolument castratrice commencent à *L'Iliade* et commandent le tête-à-queue d'une génération dont les fruits ne tinrent pas, à sa naïve surprise, la promesse des fleurs. Il importe peu que son activisme l'incline pour l'essentiel à gauche. Elle prend désormais ses quartiers d'hiver dans des refuges extrapolitiques, où Heidegger fait bon ménage avec l'écologie et le bouddhisme zen. Du début à la fin, le dispositif mental demeure inchangé, qui prescrit la contestation une et indivisible de la civilisation occidentale, pas moins compacte et indivisible.

D'une génération à l'autre, les places ont permuté, sans que la symétrie qui les ordonne ait varié. Première époque, entre 1945 et 1955, Hitler est l'exception ; « nous » sommes la nouvelle normalité. Deuxième époque, culminant entre 1965 et 1975, la société « normale », ce « nous » officiel, passe pour le centre corrupteur, où le fascisme naît et se reproduit. Les marginaux hallucinent un autre « nous » rédempteur, ils naviguent dans l'exception. Les poètes volontairement maudits, les jeunes messies hors service ont pour arme le cri et pour seule victoire la défaite, qui dénonce un monde « où l'action n'est pas la sœur du rêve » (Baudelaire, repris par Stefan George et commenté par Adorno).

Ils n'ignorent pas que les critiques fulminées par Hegel contre la belle âme leur conviennent comme un gant. Ils en alimentent leurs invectives. Ils repèrent avec finesse le délire de présomption et le terrorisme de la vertu dans l'œil du voisin. Ils y déchiffrent même un *tu quoque* qui les mine. Rien, en eux, ne respire la candeur supposée au romantique. Ce sont des hégéliens, leur malheur est d'en savoir plus long que le maître. Ils se reconnaissent condamnés par un cours du monde qu'ils maintiennent condamnable. Hegel ignorait les splendeurs de la Seconde Guerre mondiale. Il espérait se réconcilier avec la raison de l'histoire. Pas eux.

Il n'empêche. À leur façon et à leurs dépens, ils réussirent le deuil. Ils s'y appliquèrent avec tant d'énergie qu'ils bousculèrent à leur tour, sans ménagement, la vérité des faits. Ils ne prétendirent pas avec la génération des parents que « nous » n'étions pas la source du forfait. Au contraire : ce « nous » existe et ils s'en séparent, coupant leur bon grain de l'ivraie des aînés. La négation hallucinée par cette deuxième génération porte sur l'acte, qui devient trop énorme pour rester à portée d'un quelconque nous.

Comme Nietzsche l'annonçait touchant la mort de Dieu : cet acte est « trop grand pour nous ». Trop grande aussi l'intronisation de Hitler. Trop grande pour les Allemands, qui se sentent obligés de lui trouver une origine mythique. Les choix originels — raison, domination, technique, etc. — auraient été décidés par la Grèce d'Ulysse, selon Horkheimer et Adorno, par la Grèce de Platon, à en croire Heidegger. Les Allemands concrets étaient préprogrammés et manipulés. S'ils ont ouvert, dans l'euphorie, le passage au candidat dictateur visiblement inquiétant, ils ont été agis plus qu'ils n'agissaient. Les dés étaient jetés d'avance et pipés depuis toujours. La main invisible qui gouvernait le jeu et travaillait dans les coulisses de l'histoire reçut des noms divers, au gré des essayistes et des théoriciens, mais son existence n'était jamais remise en doute.

C'est la faute au Capital ! dit l'un. Au système de domination rationnelle des choses et des hommes, réajustent les autres. La faute à la société unidimensionnelle ! La faute au destin logocentrique. La faute à tant de choix fondamentaux qui firent bifurquer l'histoire de l'Occident, profèrent d'autres augures.

Puisque l'essentiel se joue en d'autres temps et sur une autre scène, dans l'historial *(Geschichte)* et pas dans l'historique *(Historie)*, dit Heidegger, l'Allemagne pré- et posthitlérienne, l'Allemagne hitlérienne même ne firent que de la figuration. Nous ne tirons pas les fils des marionnettes que nous sommes.

Étrange affaire ! Par des chemins politiquement et existentiellement opposés, deux générations tombent sur une identique conclusion : Non ! nous n'avons rien fait ! La première nie le « nous », la seconde le « faire ». Par deux fois, un enchaînement fatal dépossède le collègue, le voisin, les aînés, les citoyens d'hier et de naguère. Un procès sans sujet agissait derrière leur dos. D'une façon ou d'une autre, ils s'exemptent de toute responsabilité. Ainsi s'explique l'absolue légèreté du très sérieux contestataire : Hitler, ce n'est pas lui, ce n'est pas nous, c'est l'infrastructure, c'est le ou les systèmes, c'est le destin. Nul n'a à se (ou nous) charger d'un passé encombrant, ni à s'inquiéter d'un futur qui appartient à une histoire qui échappe.

Merveilleuse prestidigitation théorique, qui, en un tour de passe-passe rapide et impalpable, nous restitue aussi innocents que le bébé qui vient de naître. Nos responsabilités sont d'autant mieux escamotées qu'un monceau de livres, d'études, d'archives commentées et d'analyses savantes camoufle la simplicité évangélique des blanchisseurs. On s'astreint, avec une objectivité souvent méritoire, à examiner les circonstances qui favorisèrent l'éclosion du fascisme. Sont pris en compte les effets de la crise, les structures économiques et sociales, l'autoritarisme du système éducatif, la situation géopolitique et stratégique à court, moyen et long terme, l'évolution des mœurs et la démographie, le désarroi mental suscité par le vide des valeurs, etc. Autant d'approches nécessaires et utiles, qui ne dérapent que si, et seulement si, elles quittent le plancher des faits pour s'élever au doux plaisir des constructions imaginaires. C'est alors qu'on dévoile les diaboliques machines qui donnent naissance au pouvoir totalitaire, comme une cafetière verse le café chaud. Chaque chercheur tire du chapeau à système le lapin qu'il préfère.

La concurrence des explications ultimes est rude. On appelle à l'aide un ingénieur principal, ce chef d'école procède au baptême philosophique de la machine des machines qui les coiffe toutes, règle la dynamique de chacune et coordonne le travail commun. Le système pédagogique produit l'autorité, la structure sociale génère la hiérarchie, les rapports de production instaurent la domination, le marché libre des biens et des idées porte l'universelle aliénation, la grande industrie engendre les grandes guerres... J'abrège, tu connais les rengaines, que la France fredonne à son tour, quitte à envier notre inimitable aptitude aux synthèses macroscopiques. Vois avec quel retard vous en êtes venus à timidement pointer dans la « métaphysique occidentale » l'« eurocentrisme », le « logocentrisme », la déviation première, dont se déduit la déréliction finale ! En matière de machinerie bouc émissaire, Heidegger et Adorno, si proches quoi qu'ils en aient, ont fièrement planétarisé l'héritage des prophétismes imprécateurs. Que Marx, Schopenhauer et Nietzsche couronnent d'aussi fidèles enfants du sérail ! L'accueil chaleureux réservé à nos théoriciens coule de source : la part prodigieuse qu'ils délèguent aux machinations du destin dédouane.

En accusant les macro-appareils sociaux ou idéologiques, on s'excuse à bon compte, on plaide une irresponsabilité qu'aucun examen équitable des faits n'étaye. Autour des années quatre-vingt, le ton change. L'emphase révoltée cède devant la volonté moralisatrice de la troisième génération. Nous, et non une mécanique surhumaine, sommes responsables du mal, avaient déjà chuchoté, crié, analysé nos écrivains, Thomas Mann, Stefan Zweig, Heinrich Böll en tête. Vous êtes responsables, réitérait notre plus grand poète depuis Stefan George, Paul Celan, qui résidait incognito à Paris. On pouvait, sous le IIIe Reich, ne pas obtempérer. Mille formes de résistance, discrètes et quotidiennes, héroïques et exceptionnelles sont exhumées désormais en moult mémoires. L'image du citoyen qui n'a pas le choix ne tient pas la route, bien que deux générations l'ait agréée.

À mille lieues des exceptionnels héros de la Rose blanche, il arriva qu'un trafiquant louche, un tantinet entremetteur, eut, au cœur de l'abattoir, la capacité mentale, morale et pratique de sauver plusieurs centaines de juifs, nous rappelle le film de Spielberg. *La Liste de Schindler* fit salles combles en Allemagne, mais l'élite théorique et militante l'accueillit avec des mines embarrassées et des vapeurs de cuistre. Schindler n'est pas un cas unique... Les spectateurs s'interrogeaient sur le cas — encore moins unique — de ceux qui n'eurent ni l'idée, ni l'initiative, ni l'intention d'agir, peu ou prou, comme cet individu si peu recommandable et tellement vulgaire.

Bonne nouvelle ! La troisième génération semble capable de professer, d'une traite et sans baratin, que les Allemands, « nous », ont perpétré le plus grand crime du monde. Des expositions démontrent, avec force documents, que les responsabilités débordaient largement le cercle d'une petite clique. L'armée avait participé aux rafles, aux enfermements, aux meurtres de civils ; le tout bien davantage qu'il n'avait été reconnu jusqu'alors. Lorsqu'un chercheur américain étend la notion d'« exécuteurs » et met en relief la participation directe ou indirecte d'une grande partie du peuple, des foules de jeunes Allemands l'écoutent et l'ovationnent. La page serait-elle tournée ? Oui, mais un peu vite. Non, car la hâte mise à la tourner inquiète.

D'une responsabilité très générale, qu'il étaye avec exactitude, après et avec d'autres, Goldhagen conclut allègrement à la culpabilité collective. Il confond, ce faisant, deux notions distinctes et distinguées, en son temps, par Jaspers. « Pour des crimes, seuls des individus peuvent être châtiés, soit qu'ils aient agi seuls, soit qu'ils aient eu plusieurs complices... Par contre, il est dénué de sens d'inculper d'un crime un peuple entier. Un criminel, c'est toujours un individu[5] », remarquait-il en approuvant et en commentant à chaud le jugement de Nuremberg. Jaspers prenait soin d'ajouter qu'outre cette culpabilité criminelle il existait une responsabilité d'un tout autre ordre. Il la nomme, avec son imprécision conceptuelle habituelle, soit « coresponsabilité », soit « culpabilité morale » : « Un peuple est responsable de la politique de son gouvernement. »

Goldhagen s'interdit de distinguer, parce qu'il reconstruit de toutes pièces, derrière les douze années terribles, un sujet formidable qui les a méditées pendant un millénaire.

L'Allemagne est, en tant qu'ensemble, coupable ; en elle, un criminel collectif-né aiguise ses couteaux et astique ses slogans, depuis le fond des âges. Son peuple est atteint, dès l'origine, d'antisémitisme exterminateur. Peu importe que pas un seul écrivain allemand, juif ou goy, ne se soit aperçu, avant 1930, d'une telle spécificité extraordinaire et quasi éternelle. Peu chaut au chercheur et à ses admirateurs que l'argumentation demeure strictement rétrospective, dans le style : puisqu'ils l'ont fait, c'est qu'ils l'ont voulu, et depuis toujours ! Inutile, partant de cet axiome, d'aller s'inquiéter des autres nations et de leur antisémitisme de longue durée. L'auteur n'en a cure : *post hoc, ergo propter hoc*, si ailleurs le crime n'a pas eu lieu, c'est qu'il ne pouvait plaire qu'en Allemagne. Sacrifiant aux mêmes principes de méthode, un penseur en 1900 eût déduit, avec une analogue assurance, que la France, qui persécutait Dreyfus, était depuis Philippe le Bel un coupable collectif tout trouvé.

Transmuer une responsabilité effectivement générale en culpabilité directement criminelle permet une fois encore de couper les ponts. L'Allemagne diabolisée reste enfermée dans l'exception, son fameux *Sonderweg* — développement spécifique. Elle devient incomparable. Les autres habitants du monde peuvent de l'extérieur condamner et punir, mais sa maladie, trop congénitale pour être contagieuse, ne les concerne pas. Du coup, la tragédie allemande n'enseigne rien, à personne. Pas même aux Allemands d'aujourd'hui, forcément distanciés de ce monstre historique, une Germanie compacte et fermée qui couvait son forfait des siècles durant, qui l'a pondu et qui en est morte. Le conférencier américain félicite son public, qui l'applaudit. Chacun communie dans l'idée que le vieux monde est derrière lui, renvoyé dans les poubelles de l'histoire. Eux c'est eux, nous c'est nous. Ils étaient responsables, donc coupables. Nous ne sommes pas coupables (les dates font foi), nous ne serons pas responsables. Nous avons enseveli le crime des crimes dans un sarcophage de béton, circonscrit dans l'espace, localisé dans le temps, il n'intéresse plus que les archivistes. Et tous de se congratuler. Troisième fin de deuil ?

1. Goldhagen découvre le secret de son impromptue popularité : « Et si mon livre a connu un tel succès en Allemagne malgré les critiques épouvantables, c'est justement parce que les Allemands sont différents. Ils disent maintenant : des choses affreuses se sont déroulées dans notre pays, ce n'était pas nous. [...] »
2. Goldhagen découvre que ce qui a eu lieu a encore lieu ailleurs : « Il n'est pas si difficile de tuer les gens si on veut les tuer. Prenez les chiffres estimés du génocide au Rwanda : huit cent mille Tutsi tués en six semaines. Une tuerie beaucoup plus intense que l'Holocauste, exécutée à coups de machettes. »
Question omise par le journaliste : existerait-il un « éliminationisme » anti-tutsi qui, depuis un millénaire, définirait le *Sonderweg* du Rwanda ?

Interview dans *Libération*, le 30 janvier 1997.

Le nouveau type d'exorcisme pointe dans les années quatre-vingt quand il parut inconcevable d'expliquer l'accession et le maintien de Hitler au pouvoir en taisant la participation morale, politique et massive de la population. Pour beaucoup, *Le Principe Responsabilité*, de Hans Jonas, devint le livre fétiche[6]. Tous responsables ! énonçait-il, hier de Hitler, aujourd'hui du désastre écologique, demain de la survie de l'humanité et de la conservation de la planète. En fait, ce principe abrite une amphibologie sournoise. Il glisse habilement entre deux acceptions de la notion de responsabilité : d'une part nous sommes responsables du mal, nous serions même le peuple nazi selon Goldhagen, d'autre part nous voilà responsables du bien, nous sommes les sauveurs potentiels de la planète. Logiquement les deux notions divergent : un malfaiteur doit assumer son forfait et il paraît douteux qu'il soit habité par l'esprit saint d'un frère prêcheur. Il faut une logique très spéciale pour affirmer : c'est parce que nous sommes les pires que nous sommes les meilleurs. Elle peut atténuer cet oxymore en faisant jouer le temps : nous avons été les pires, nous serons les meilleurs. En introduisant la distinction puissance/acte : nous sommes (avons été) capables du pire, donc nous sommes (serons) capables du meilleur.

Miracle des miracles, le crime transporte son châtiment et sa rédemption, voyez Dostoïevski, Raskolnikov... ou la lance d'Achille qui guérit la plaie qu'elle a taillée. Les histoires grecques doivent être comprises avec l'ironie qui les baigne. Dieu soit loué, la médecine hippocratique ne se bornait pas à suturer les blessures en versant sur les chairs à vif une poussière de rouille, tombât-elle d'une arme prestigieuse. En revanche, sans ironie aucune, l'Allemagne adopte « l'heuristique* de la peur » recommandée par Jonas. Le scénario est identique et le sérieux se livre en prime : le mal réverbère contre lui-même et sécrète son remède.

Les surréalistes crurent inventer l'écriture automatique, l'Allemagne fin de siècle officie dans le deuil automatique. Elle constate, enfin européenne ! que la présence du mal est première et certaine, « la reconnaissance du malheur nous est infiniment plus facile que celle du bonheur[7] ».

Elle conclut illico que les maux sont les miroirs négatifs d'une perfection dont ils nous révèlent porteurs et promoteurs. Une sainte simplicité convertit les âmes comme on retourne un gant : à l'extérieur l'implacable pression du Mal, à l'intérieur l'empreinte en creux du Bien. L'heuristique de la peur se décline selon la logique d'un catastrophisme radical.

Premier temps : imaginons le pire. Toutes les horreurs réelles que le siècle a essuyées et produites sont 1. mises sur le même plan, Auschwitz = Hiroshima, 2. relativisées en bloc, comme de simples prémices, fragiles pousses d'une terreur à venir plus grande encore. Soit Auschwitz = Hiroshima = bien-pire-demain, genre : couche d'ozone crevée ou fin nucléaire du monde.

Deuxième temps : la catastrophe la plus catastrophique possible révèle notre bien le plus précieux, « seule la prévision de la déformation de l'homme nous fournit le concept de l'homme qui permet de nous en prémunir. Nous savons seulement ce qui est en jeu dès lors que nous savons que cela est en jeu[8]. »

---

* Du grec *heuriskein*, trouver : l'humanité se recherche et se révèle à la lumière du crime suprême, trop épouvantable pour être accompli !

Troisième temps : de la peur d'un risque toujours supérieur surgit, tout armé telle Pallas Athéné du crâne de Zeus, le nouvel impératif catégorique : que l'humanité soit ! « Il faut qu'il y ait de l'Être, de la vie, une humanité. » Oh ! la belle trouvaille, qui risque de finir lettre morte : l'humanité se bat avec elle-même, la vie se dévore et l'Être s'accompagne, comme de son ombre, d'une morne moitié de non-être. Voilà un impératif difficile à monnayer, sauf à sermonner : « L'humanité n'a pas droit au suicide », « L'existence de l'homme ne doit pas être mise en jeu », etc. Que de bons sentiments, de tout temps affichés, bien rarement observés ! Pour forcer la réalité rétive et donner chair à d'aussi vaporeux commandements, l'« heuristique de la peur » sombre dans un conservatisme absolu. Son oui à l'Être ordonne : préserve ce qui est, sauve ta peau !

Nous avons changé, je te l'ai dit. Au radicalisme de la révolte — tout ce qui chancelle doit être abattu ! — succède un radicalisme de foire à la ferraille — tout ce qui vit mérite de survivre. Nous réglons en catimini, *once more*, le compte du plus grand crime : il n'a pas encore eu lieu ! Le scoop est balancé avec une pointe de fierté macabre : on peut imaginer mieux que les crimes hitlériens. Notre responsabilité, hissée sur les cimes où se joue le destin, porte sur ce qui a été, ce qui est, ce qui sera ; nous ne sommes plus des Allemands coincés sur une parcelle de terre et fixés sur des lambeaux de souvenirs, l'univers est notre unique souci. La catastrophe que je me remémore sera dérisoire au regard de celle qui vient. Le réel se dilue dans le possible. Nous enterrons le factuel sous la fiction. La mémoire se noie dans l'abîme du futur. Fermez le ban : nous n'avons pas commis le plus grand crime du monde, les enfants des bourreaux et des victimes d'hier sont responsables devant l'avenir, car le pire est à venir.

Jonas, ici, cristallise les pensées de M. Tout-le-Monde, il nous fait le coup du *memento mori*. N'a-t-on pas cru longtemps que l'extrême proximité de la mort introduit à la vision de l'immortalité ? Les dernières paroles des défunts sont recueillies, célébrées, discutées et scrutées comme les empreintes d'une connaissance d'outre-tombe, supérieure à celles des vivants. Au XVIIIe siècle, on épiloguait sans fin sur l'ultime confession attribuée à Voltaire. Le mécréant aurait abjuré ses erreurs et renié sa dévastatrice ironie. Le miracle eut lieu tandis qu'il rendait l'âme. Une lumière céleste le transfigura, elle métamorphosait le prophète du diable en apôtre de Dieu. Collectivise la procédure. Fais sonner les cloches de la prévision du pire. Annonce, foi d'ozone, de pollution et de vache folle, que la dernière heure c'est aujourd'hui, tu verras l'ensemble « humanité » se ressaisir, se rassembler et avouer, face à la mort, ses vérités les plus essentielles. Ainsi le Voltaire de la rumeur bigote, dans un dernier sursaut, se confond en dévotion et retombe en fermant des yeux de chrétien modèle.

Fais-toi peur, le grand méchant loup te guette. Flottant entre la moralité des contes de grand-mère et les sublimes élévations d'une âme que Dieu rappelle à Lui, le « Principe responsabilité » est un principe de peur. Informe l'humanité, prise comme une personne, que le glas sonne pour elle, allonge-la sur un lit de douleur, un divan de psychanalyste, coince-la dans un confessionnal. Elle craque. Et si, par malheur, elle ne se reconnaît pas dans ton miroir à catastrophes imaginaires, si elle s'entête muette, parle à sa place, en lui administrant les derniers sacrements.

Pour se gouverner avec la boussole de Jonas, il suffit de confondre nos petites familles empiriques, papa, maman, un, deux, trois enfants et la grandiose, idéale famille Humanité. Tu appliques à la seconde le mode de gestion des premières et le tour est joué. Les difficultés de la politique et les choix tragiques de la vie publique se laissent résoudre comme on boucle le budget d'un ménage et l'éducation des petits. Et si l'idée te tarabuste que les couples unis peuvent se séparer, pas d'inquiétude inutile ! Un frère prêcheur du troisième type prouve par l'existence de la bombe H que l'humanité ne peut divorcer d'elle-même sous peine de renoncer à son existence : la perspective d'un naufrage intégral intègre absolument et rend nos nœuds indissolubles.

J'abrège. T'ai-je fait comprendre combien la peinture complaisante de sinistres méfaits revigore l'optimisme et gonfle les narcissismes ? À trois reprises, notre intelligence militante s'est employée à neutraliser l'insistante évidence exhalée des charniers. Pourtant, tous les parfums de l'Arabie, les prévisions funestes, les prédications célestes n'ont pas étouffé la petite voix qui me glisse : oui, l'inhumanité existe, oui, nous l'avons rencontrée, oui, nous en avons été responsables, et qui en fut capable une fois le demeure pour les siècles des siècles. Nos raisonnements de cour de récréation réhabiliteront-ils les candeurs 1900 ? Ce n'est pas moi. Je ne l'ai pas fait exprès. Ce n'est pas nous, c'est l'autre. C'était nous, mais ce n'est plus nous. Ç'aurait pu être pire. Ce sera pire. Aucune de ces arguties n'est totalement fausse, je te rappelle Sperber : aucun nazi n'est seulement nazi. Et Jaspers : « Le destin de l'Allemagne pourrait servir d'expérience à tous [...] partout les hommes ont des qualités semblables. » Pour cultiver ces graines de vérité, il faudrait se laisser ébranler et interroger en permanence. Nous préférons virevolter dans le tout ou rien. Ou parfaitement salauds comme grand-père, ou immunisés comme ses petits-fils.

Botho Strauss, en réactivant les mânes d'une Allemagne de poètes et de penseurs, crut fomenter une gigantesque provocation. Il se rebelle contre « l'autoaversion coincée des Allemands », et pense inaugurer un soulèvement inouï en s'affirmant résolument conservateur. « À la différence de l'imagination de gauche qui parodie l'histoire du Salut, l'imagination de droite ne se brosse pas le tableau d'un royaume à venir, elle n'a pas besoin d'utopie, mais elle cherche le rattachement à la longue durée, celle que rien n'ébranle, elle est selon son essence souvenir de ce qui gît au fond de nous, et dans cette mesure elle est une initiation religieuse ou protopolitique. Elle est toujours et existentiellement une imagination de la Perte et non de la Promesse (terrestre[9]). » Cette miniature de scandale s'est étouffée dans sa propre fumée.

Le bon Botho Strauss, qui veut choquer, ne s'aperçoit pas qu'il énonce en fait le programme commun aux trois générations d'intellectuels allemands. Sauver en poétisant. Heidegger et son vis-à-vis de gauche Adorno ont-ils jamais espéré autre chose ? « Imaginer la perte », n'est-ce pas l'application pure et simple du principe de Jonas, qui coïncide avec la logique catastrophique des écolos *Fundis* ? Vitupérer « la foi en l'écran télé » et l'arrogance d'une tyrannie « publico-télécratique », c'est revêtir la tenue de campagne, exigée à gauche comme à droite, de tout diplômé avide de s'affirmer intellectuel « authentique ». Piètre soulèvement en vérité ! Notre candidat au poste de poète penseur se borne à entasser les lieux communs qui encombrent la scène intellectuelle.

La mésaventure de Jonas m'afflige. Comment cet analyste subtil et érudit de la pensée gnostique a-t-il pu tomber dans la naïveté de travestir le mal en puissance étrangère ? D'un côté la catastrophe absolue, de l'autre l'humanité comme un ensemble tout à coup réconcilié ! Le manichéisme des premiers siècles, que cet ancien élève de Husserl, Heidegger et Jaspers avait examiné sous ses multiples facettes, semble soudain s'emparer de l'esprit qui croyait l'observer à distance : là, le mauvais démiurge, qui brandit les armes fatales ; en face, l'essence humaine imputrescible, qui rend les créatures terrestres à leur citoyenneté céleste. Jonas n'occulte pas le scandale d'Auschwitz, où il perdit les siens ; il note que l'idée de Dieu doit être repensée à la lumière du désastre, quitte, pour sauver Sa toute bonté, à rogner quelque peu Son omniscience ou Sa toute-puissance[10]. Par contre, touchant l'idée de l'homme, rien de nouveau, pas de problème ; à l'aube d'un Hiroshima promis planétaire, l'Adam collectif regagne sagement un paradis qu'il eut tort — mieux vaut le comprendre tard que jamais — de délaisser.

Les gnostiques fantasment le mal sous la forme d'une souveraineté extérieure, un bouc qui ensorcelle, un système qui aliène, un destin qui déracine. Peu leur chaut l'image de l'ennemi, du moment qu'elle est projetée hors d'eux, absolument autre. Le philosophe socratique, en revanche, invite à pratiquer la connaissance de soi, donc à ne jamais négliger la part qu'on prend dans les malheurs qu'on subit. Le principe de Jonas réitère le manichéisme politicognostique des fièvres patriotiques d'antan, mobilisant « ceux qui n'y sont pour rien » contre le méchant d'outre-frontière, origine unique de la malfaisance. Avec, en complément de programme, la promulgation d'une inéluctable union sacrée universelle face à l'universalité du danger ! Comme si les terrestres ne s'exterminaient pas entre eux ! Comme si les crimes contre l'humanité étaient commis par des martiens et relevaient d'un ministère des Affaires étrangères. L'humanité ne s'affirme-t-elle pas Ensemble autodestructeur, depuis qu'elle découvrit que le feu à la fois chauffe et incendie et que les haches de pierre taillent aussi bien les crânes que les arbres ? Le faux « Principe responsabilité » fonctionne en fait comme une attestation d'innocence, celle que quête désespérément une intelligentsia aux prises avec une histoire trop peu édifiante.

Réintégrer coûte que coûte, génération après génération, la patrie des poètes et des penseurs, voilà une tentation qui m'émeut, même si son ridicule à la Münchausen épate. L'intellectuel, pour s'élever au ciel, tire sur sa chevelure. Il prête à sourire, mais sa démarche dérisoire traduit une nostalgie très générale en notre fin de siècle. Jadis, Hegel insinuait que l'intelligence allemande pense ce que les autres font. Aujourd'hui, elle rêve ce à quoi les autres osent à peine songer. Elle les nourrit de principes, « espérance », « responsabilité », qu'habituellement le bon sens interdit de promulguer.

La « misère » allemande bien connue a changé de niche. Elle demeure idéale, ainsi chante Rimbaud affamé et en loques : « Mon paletot aussi devenait idéal. » Mais son irréalité s'est inversée. Autrefois, l'idéalisme allemand proclamait l'avance du concept sur la réalité, la société était en retard sur les poètes, et les penseurs campaient dans l'avenir, où ils se rêvaient dominateurs et conquérants. À présent, l'Allemand pratique fait fructifier, bon gré, mal gré, à la va comme je te pousse, en tâtonnant, l'héritage d'un « deuil impossible ». Tandis que l'Allemand théorique s'exerce à clore des yeux aux paupières coupées : la misère a émigré du réel pour accoster aux rives du concept.

Ne crois pas que je verse dans un populisme bon marché. Je ne sépare pas au coupe-coupe les « intellos » et les citoyens raisonnables. La division passe en chacun. Elle colle aux Allemands en général une boiterie quelque peu douteuse qui les rend parfois suspects d'hypocrisie. À l'étranger, on s'interroge sur un hypothétique double jeu de la république réunifiée. Dans le pays, la presse* explore les ambivalences énigmatiques d'un citoyen divisé. Aucun autre peuple n'a réagi si tôt et si unanimement aux dangers qui menacent l'environnement : la déforestation, la pollution des villes, les expériences nucléaires des autres suscitent d'inoubliables accès de colère. N'empêche, nul ne supprime les sorties du week-end, et, lors de passagères périodes d'austérité, on rogne sur l'habillement, pas sur l'automobile. Le boycott de la Shell fut une réussite spectaculaire, qui profita à Esso et n'entraîna aucune réduction des gaz d'échappement. Les manifestations de rues et d'humeur contre les explosions à Mururoa unifièrent foules et élites, mais la prétention de mettre en quarantaine vins et fromages français fit un flop retentissant. La partie théorique s'émeut, la partie pratique roule et bouffe. Les fureurs de notre ex-*Geist* sont d'autant plus tonitruantes qu'elles demeurent sentimentales, sans prise sur la réalité. Quand on admit que la Shell fut accusée à tort de pollution par Greenpeace, nul ne s'offusqua de ce péché contre la vérité. L'organisation écologique ne perdit pas un seul adhérent. Retour obligé à Jonas : une catastrophe fabulée est aussi « heuristique » et angoissante qu'un bourbier authentique. Réciproquement, les conduites domestiques se glacent, constantes et imperturbables, dans un silence qu'aucun soupçon n'effarouche.

Chaque cervelle allemande est à ce jour hémiplégique. La moitié du système nerveux central travaille dans le concret, le court terme. L'autre s'approprie la perspective au long cours, l'idéal, la vaticination imaginaire. À première vue, on détecte une division discrète et astucieuse des tâches. Dans l'élite, on repère les chevaliers de l'inquiétude à lointaine échéance, beaucoup refusèrent l'unification par crainte d'un éternel retour du pangermanisme ; on y compte aussi les praticiens d'une politique courte mais efficace. Pareille dichotomie se réverbère dans l'ensemble de la société, entre hommes et femmes, entre les travailleurs organisés et les irréductibles contestataires ou les laissés-pour-compte. Chez les écolo-

* *Der Spiegel*, 3 septembre 1995.

gistes, tu retrouves la même opposition, en plus tranché, des *Realos* et des *Fundis*.

Pas de drame. Nous supportons, sans trop d'inconvénients, cette scissiparité. Peut-être nous vient-elle de la légendaire sagesse qui refuse de mettre tous ses œufs dans le même panier. Ou d'une histoire qui nous coupa en deux, à charge pour une moitié de surveiller l'autre. Ou d'un discret retour à Kant, lui qui dotait l'individu d'un double fond, *Grund*. L'un idéal, l'autre réel. Qu'augures-tu de notre claudication ?

Lettre V

Pile dans le noir !

Racine offusque les jolis cœurs — Paris oublie bergers et bergères entre 1660 et 1685 — Le monde est un théâtre — Les fils d'Œdipe font l'actualité — Il faut redevenir classique.

De Paris

Difficile de te répondre. Je n'arrive décidément pas à penser à l'allemande, car vous vous essoufflez dans l'inquiétude d'un retard sur l'horaire. Tu as cru me décrire trois générations, et voilà que sortent du chapeau théorique trois époques de l'Esprit ! Quand votre sacro-saint *Geist* n'habite plus le peuple *(Volksgeist)*, il hante vos générations *(Generationgeist* ?). Les classes d'âge se refilent le flambeau dans un éternel décor de gare. Plus vite, taxi ! L'angoisse vous saisit de rester en plan, de rater la navette, d'égarer vos billets et de ne pas réunir vos proches avant le sifflet du départ. Vous vous entêtez. Penser, c'est grimper dans un wagon, repérer le sens de la marche, descendre avant l'arrêt pour saisir au vol la juste correspondance, éviter les voies de garage et les marches arrière, les erreurs d'aiguillage et les bifurcations trop brusques. Remettre l'histoire dans ses rails et paraître chevaucher la locomotive de tête, voilà qui vous porte au comble de l'extase. Très peu pour moi. Je ne prends pas le train.

Aussi précisément que n'importe qui, je suis né pré-truc et post-quelque chose, donc, monsieur l'officier d'état civil, j'arrive toujours pile à l'heure. La sainte division de l'avant et de l'après alimente les chroniques et les biographies, en France comme ailleurs. Les nouvelles tombent au jour le jour pour les quotidiens, inouïes chaque semaine dans les hebdomadaires, au printemps à croire les amoureux, en fin de parcours selon les notaires. Pas moyen, cependant, de télescoper ces calendriers multiples dans l'organigramme unitaire d'une perspective englobante et panoramique. L'envie de rivaliser avec vos grandioses mises en scène historico-mondiales nous a caressés sans doute, et nous nous sommes regroupés en églises doctement coiffées de mots en « ismes ». Ce fut pitoyable. Au lieu des somptueuses écoles de pensée attendues, nous accouchâmes de coteries littéraires brouillonnes qui se chamaillèrent les unes avec les autres et chacune avec elle-même. Il n'y eut pas moyen de les ranger à la queue leu leu dans l'espoir de concurrencer vos convois qui progressent, imperturbables, de l'humain au divin. Dès qu'il est question de voyage dans la noosphère, lequel d'entre nous ne se proclame chef de gare ? L'épopée surréaliste évoque la chanson de geste des démissions fracassantes d'un tel, relayées par le suicide d'un autre, tandis qu'André Breton, en leader digne du nom, procédurait contre tous. L'existentialisme respire une nostalgie de fête, la redécouverte du monde extérieur, l'émotion des neuves libertés de 1945. Sa cohérence proprement doctrinale, en revanche, n'intéresse aujourd'hui que par les zizanies que son absence suscitait entre des esprits remarquablement rompus à la polémique. Rien là qui permette une périodisation savante dans le style allemand.

Nos idées ne tiennent pas en place. Qui prétend les aligner dans le mausolée des manuels scolaires les altère ou les momifie. Le romantisme français ne ressemble pas au vôtre. Nos grands classiques s'entre-déchirent. La monarchie absolue d'un Goethe sous son chêne amuse les bords de la Seine. Les Français furent républicains dans les lettres avant de se retrouver tels sur le pavé des rues. Ici, l'histoire de la littérature est celle d'une littérature hors histoire. Pour une banale différence de trois siècles, jamais un amateur de Maurice Scève, un amoureux de Jean de Sponde ne s'estampille plus primitif que Mallarmé, qui approuve. Les Français déploient un talent fou à s'entre-asticoter, le synchronisme des unions sacrées ne leur réussit guère. De siècle en siècle, aucune prise de conscience diachroniquement modulée n'ordonne ou ne hiérarchise leurs goûts et leurs couleurs. N'incrimine pas, je t'en prie, une mystérieuse défaillance du « sens de l'histoire » qui nous serait congénitale. L'original, c'est peut-être toi : un Allemand qui voyage dans le temps comme on s'installe dans un T.G.V. L'évidence de Ronsard est inverse :

Le temps s'en va, le temps s'en va, Madame
Las le temps non, mais nous nous en allons
Et tôt serons étendus sous la lame.

Cher ami, ici le temps ne circule pas, il fait circuler. Seul l'homme bouge, à ses dépens. Le fameux train de l'histoire n'est qu'un train fantôme.

Que répliquer à l'hégélianisme spontané qui gouverne la une des journaux ? Comment ne pas concéder que l'histoire du monde juge tout le monde et emporte tout un chacun *(Weltgeschichte ist Weltgericht)* ? Ma réponse est brutale, je te l'expédie sous forme d'une injonction pragmatique et saignante : redevenons classiques. Pas naïvement classiques, bien sûr. Casse-cou jusqu'au bout, je n'aurai de cesse avant que tu m'entendes : revenons à Racine. Oui, résiste à l'incoercible désir de normalité qui pousse à s'immerger dans ce qui semble le cours des choses. Oui, prête au journal télévisé l'attention détachée, mais imprescriptible, que suscite une représentation d'*Athalie* ou d'*Andromaque*. Sur la scène, à l'écran, l'éclair du définitif risque à tout moment d'accrocher ton regard. Accrocher à quoi ? La question est bonne. Garde la tête hors de l'eau, redeviens « classique », et tu ne seras jamais l'homme d'une seule époque.

Le classique habite deux patries, la sienne et une autre. La Florence des Médicis et la Grèce, la Rome du quintocento et celle d'Auguste. Le Siècle d'or espagnol, l'Angleterre d'Élisabeth, la France du Roi-Soleil, au choix, mais jamais sans son ombre glorieuse et antique. Les classiques cultivent le sentiment paradoxal mais banal d'une plongée dans l'histoire qui les élève et les enlève hors histoire. Ils s'autorisent de l'expérience immobilisée du temps qui passe. Ces esprits à double nationalité recherchent le temps perdu plus frénétiquement que l'existence de Dieu, quitte à reconnaître, avec Proust, que, perdu pour perdu, le temps est cette recherche même, dont on ne sort que mort. Il n'y a pas de train pour Cythère, mon ami. Afin de vaincre l'angoisse des quais de gare, grignote une madeleine.

Le regard classique se veut perçant, c'est dire qu'il saisit l'authentique dans le fouillis de l'éphémère. La vérité n'est pas nécessairement belle, bonne et édifiante, elle n'a besoin que d'échapper à l'accidentel et au transitoire. Pas obligatoirement éternelle, il faut et il suffit qu'elle s'avère inoubliable, comme certaines amours et quelques grandes souffrances. Le mot vérité en grec accole au mot oubli *(léthé)* un préfixe qui le combat *(a* « privatif »). La vérité, entendue comme non-oubli, se laisse parfaitement traduire en français. Je ne veux pas suggérer ici que la vérité soit inoubliable, je connais trop les énergies qui l'escamotent à peine entrevue. L'inoubliable n'est pas une qualité de la vérité, mais la vérité elle-même. On risque sans cesse de buter sur elle, crue, nue, inchangée, malgré tous les efforts qu'on entreprend pour la dissimuler. Inutile de caracoler sur une monture ailée pour s'envoler vers une révélation supercéleste, on accoste l'inoubliable sans tambours ni trompettes. Lorsque le jeune esclave*, interrogé par Socrate, voit qu'il se trompe, il touche terre pour les siècles des siècles. Jamais ni lui ni personne ne parviendra à doubler la surface d'un carré en doublant la longueur de ses côtés. L'erreur est, elle demeure erreur. Telle resplendit pour le classique la noire vérité première, et Pascal d'interpeller : « Nous connaissons bien le mal et le faux. Mais que dira-t-on qui soit bon ? »

Je me fiche des pompes de Versailles et de l'apparat du Grand Siècle. Les paillettes sont de tout temps. Le classicisme français ne serait pas du sien s'il n'y sacrifiait, quitte à ponctuer d'ironie l'encens dont il enfume le maître de l'heure. Une fois les hommages courtisans dûment rendus, l'écrivain ne se range pas et fait valoir une différence, qui, depuis la querelle du *Cid* jusqu'aux cabales montées contre Molière ou Racine, hérisse les dévots, les habiles, la plupart des grands, parfois les protecteurs, Richelieu, Louis XIV, favorites et ministres compris. Le miroir qu'un classique français tend à ses lec-

---

* Platon, *Le Ménon*.

teurs-spectateurs n'est guère flatteur. Il vise le fond et en scrute l'obscurité.

Sous couvert de transcender l'individu et ses misères, sous prétexte d'atteindre l'humanité de l'homme dans son essence et ses grandeurs, le classicisme européen s'est rarement privé d'idéaliser ; il dota les corps de perfection et de vigueur jamais vues, puis leur insuffla une âme qui répondait à la demande. Très tôt la sécession française contre-idéalise et blesse l'ingénuité des bons sentiments.

Ainsi la Médée de Corneille ose-t-elle publier son bonheur dans le crime : « Peignez mes actions plus noires que la nuit*. »

Tu sais combien les écrivains allemands, à l'exception de Nietzsche, furent choqués (Lessing), rebutés (Curtius), exaspérés (Thomas Mann) ou carrément écœurés (Jünger) par notre inaltérable propension à dévoiler ce sur quoi vos précepteurs préfèrent glisser. La littérature française se vautre dans l'ordure, déplorent ses lointains amis, trop vite enclins à lui prêter un air de parenté avec les maîtresses royales et les cocottes du Second Empire.

Notre impudeur motiva, à l'intérieur des frontières, quelques poursuites pénales, dont Baudelaire et Flaubert furent les bénéficiaires. Valéry, au demeurant volontiers cynique, avoue son trouble devant tant de volonté de clairvoyance, doublée d'une « disposition défavorable à l'égard des hommes ». À la trappe, Stendhal ! « Voir clair, c'est voir noir selon cette convention parfois commode. » À la trappe, Balzac « plus sombre encore[7] » ! Vingt ans après, Sartre dénonçait la même psychologie « pessimiste », gouvernant, cette fois, la littérature du XVIIe jusqu'à Albert Camus. Peine perdue ! La sale réputation des lettres françaises ne fut pas

---

* « À la faveur toutefois de l'aveu de Médée, remarquons au passage que, pour le poète français, ce n'est pas Vénus qui est, comme chez Monteverdi, la muse coupable et fascinante du théâtre, mais comme chez Sade une sorte d'Hermès sophistique, qui suscite l'illusion et le plaisir, qui exerce son pouvoir moins par la séduction sensuelle que par l'artifice captieux et l'intelligence perverse. Une des sources les moins avouables de la résistance française à l'opéra italien, dont l'érotisme est au fond ingénu, vient de là. » M. Fumaroli, *Héros et orateurs*, éd. Droz, 1996, p. 504.

lavée par d'aussi pieuses rétractations, même lorsqu'elles étaient contresignées par le brillant théoricien du *Mur*, qui détaillait, par le menu, la liaison amoureuse d'un homme et d'un canard, la tête coincée dans le tiroir d'une table de cuisine. Belzébuth hante nos scènes et nos librairies fangeuses, dût-il s'entourer d'une troupe d'agrégés de philosophie saisis par la débauche des basses-cours.

Le goût des gourgandines ne rend pas compte d'une si constante tentative d'explorer la face sombre de l'homme. Phèdre, cessant de fuir, prend le temps d'expliquer à Thésée son souci de s'expliquer :

J'ai voulu, devant vous exposant mes remords,
Par un chemin plus lent descendre chez les morts.

Le chemin « plus lent », c'est la pièce entière, et toute l'œuvre de Racine. Phèdre à la recherche d'elle-même, Orphée et Eurydice en une seule personne, la descente aux Enfers donnée au ralenti, comme si vous y étiez, comme si vous en étiez ! Cinq actes : le temps pour la fille de Minos de visiter les ténèbres qui l'habitent. Le temps pour le spectateur de les vérifier en lui. Le temps qu'il se répète le secret, un discours de la méthode en deux vers cueillis aux lèvres de l'héroïne agonisante :

Et la mort à mes yeux dérobant la clarté
Rend au jour qu'ils souillaient toute sa pureté.

La clarté se connaît par le mouvement qui la dérobe, le jour par la nuit, la pureté à travers la souillure et la vie en se colletant avec la mort. Les théologiens baptisent ce mode d'appréhension la « voie négative ». Ils la recommandent, lorsque Dieu trop lointain ou trop infini déçoit toute volonté de prise directe. Ils conseillent alors des approches à reculons qui définissent le divin par ce qu'il n'est pas. Tu noteras cependant que cette méthode, si elle oriente la méditation des mystiques, n'est pas mystérieuse et mystique en elle-même.

Pascal paraphrase à l'avance l'ultime déclaration de Phèdre : « C'est une maladie naturelle à l'homme de croire qu'il possède la vérité directement ; et de là vient qu'il est toujours disposé à nier tout ce qui lui est incompréhensible ; au lieu qu'en effet il ne connaît naturellement que le mensonge, et qu'il ne doit prendre pour véritables que les choses dont le contraire lui paraît faux. » Personne plus que la femme-flamme, Phèdre la passionnée, n'a présenté cette « maladie naturelle », elle qui crut si longtemps habiter dans le vrai. Pascal, ici, ne parle pas d'amour, mais de géométrie[1].

Ne t'étonne pas de la rencontre étrange entre les secrets du cœur et l'esprit mathématique : une indivisible idée de la vérité — inoubliable — régit l'univers de nos classiques. Elle met en jeu notre capacité de ne pas oublier et très précisément de nous remémorer le premier des inoubliables, le « paraître faux ». Voilà la merveille des merveilles : que le faux paraisse tel et qu'il puisse être méthodiquement contraint à se dénoncer lui-même. Je traduis : ton incapacité du deuil, ce refus de fermer les yeux devant l'errance et le crime, constitue la vertu n° 1.

Qui se poste en vigile au bord du gouffre doit s'accepter impopulaire. Les classiques français ne formèrent jamais qu'une petite bande minoritaire, dans leur pays, autant qu'au panthéon de la culture européenne. Très vite, à la cour, à la ville, dans les ruelles et les ministères, les « Modernes » prirent le dessus. Le débat fut biaisé, déplacé. Il permit de magnifiques coups bas ; on mobilisa les femmes contre Boileau le célibataire ; le grand prêtre Arnauld trancha des us d'un théâtre qu'il ne fréquentait plus depuis des lustres. Au détour des fausses querelles pointait la vraie, la décisive : les « Anciens », non pas les plus vieux, mais les amateurs d'Athènes et de Rome, se voyaient reprocher leur absence de goût et de morale. Homère et Sénèque prédisposent peu en effet à l'élégance courtisane, à l'urbanité de bonne compagnie, au christianisme de saison et, sauf le respect qui leur est humanistement dû, ils paraissent ouvrir, tout comme le cinéma et le roman noir américains, une remarquable « école du crime ». Barbarie du style, brutalité des mœurs, ils conjuguent les hérésies qu'un Grand Siècle doit éviter. Ainsi se gausse le « Moderne » :

« Rien ne marque davantage le peu de politesse des siècles d'Alexandre et d'Auguste que la manière brutale dont ils traitent l'amour. [...] Un amant sortait le soir avec une bonne hache pour enfoncer la porte de sa maîtresse si elle ne la lui ouvrait pas assez promptement, c'était la mode[3]. »

Pas mécontents de choquer, nos classiques bricolent une justification à deux étages. D'abord ils se réfugient dans l'alibi de l'exactitude historique, « que faire ? Pyrrhus n'avait pas lu nos romans. Il était violent de son naturel. Et tous les héros ne sont pas faits pour être des Céladon » (Racine). Ensuite, ils plaident l'authenticité : quelles que soient les poudres, les perruques et les belles paroles qui la dissimulent, la violence naturelle aux antiques demeure la nôtre ; ainsi Racine peint les hommes « tels qu'ils sont » et non tels qu'ils devraient être, si, par extraordinaire, les romans avaient raison. Le fameux parallèle entre Corneille et Racine esquissé par La Bruyère constitue l'ultime réplique des Anciens aux Modernes qui venaient d'annexer l'illustre auteur du *Cid*. Mes classiques, à la différence des tiens, se gardent de quêter en Grèce je ne sais quelle humanité modèle, idyllique, à laquelle de farouches révolutionnaires sacrifieront plus tard. Observe Marx et son Hellade fabulée en « enfance heureuse » de l'humanité !

Non ! Racine emprunte précisément l'opposé aux antiques, il s'initie à la connivence dans l'horreur. Il a lu, très jeune, Homère, Sophocle et Euripide, dans le texte, s'il te plaît. De tous les écrivains du siècle, il est le meilleur helléniste. Son premier drame, sorte de testament d'adolescent, traite des fils d'Œdipe. Sous le feu d'une critique bien-pensante, il reconnaît sa pièce très *hard*, mais s'en excuse à peine. « La catastrophe de ma pièce est peut-être un peu trop sanglante. En effet, il n'y paraît presque pas un acteur qui ne meure à la fin. Mais aussi c'est *La Thébaïde*. C'est-à-dire le sujet le plus tragique de l'Antiquité. » Plus tard, il arrondit les angles, mais ne cède jamais sur le tragique. Il a débuté avec Étéocle et Polynice, « et cette fameuse haine qui les occupait tout entiers ». Il termine son chemin par les imprécations d'Athalie. Cassandre débarque à Jérusalem et Dieu n'a qu'à bien Se tenir car il viendra...

... de David l'héritier détestable
Abolir tes honneurs, profaner ton autel
Et venger Athalie, Achab et Jézabel.

Le train de l'histoire stationne décidément dans la boue et le sang.

Réduite à son noyau dur, la petite bande des classiques français occupe une plage fort réduite du calendrier. Les manuels scolaires en situent, approximativement, l'apogée entre 1660 et 1685. Le temps, pour une génération, de dire bonjour et adieu. La critique, qui, par déformation professionnelle, déploie un sens historique tout germanique, s'interroge sur l'art et la manière de classer ce phénomène hors normes. Horizontalement, il se présente comme une école littéraire corsetée dans des règles de bienséance scéniques et mondaines vite dépassées, soit par elle-même, soit pas ses successeurs qui l'exécutent pour académisme décadent et pétrifié. Verticalement, la question rebondit de siècle en siècle, de Voltaire à Gide. Oui ou non la langue et l'esprit ont-ils atteint un « point de perfection » tel que « celui qui ne le sent pas et qui aime en deçà ou au-delà a le goût défectueux » (La Bruyère) ?

Les docteurs, si empressés à cerner, à dater, à périodiser le classicisme comme un mouvement historiquement délimitable et limité, se trouvent contraints, par un étrange retournement, d'élargir leurs considérations. Derrière la petite bande, ils invoquent des ombres illustres : Platon (selon Jules Brody), saint Augustin (selon Philippe Sellier), la théologie janséniste et Aristote, ou encore Sade, Freud, Hegel, Sartre (depuis Roland Barthes[4]).

La condamnation du prétendu essentialisme de nos classiques va de soi ; n'affirment-ils pas circuler dans « un seul et immuable univers mental », inchangé d'Athènes jusqu'à Versailles ? Après avoir, comme tout critique moderne respectable, chapitré impitoyablement cette naïveté, l'excellent lecteur qu'est Jules Brody ne se prive pas de convoquer, pour éclairer son interprétation de Racine, une pléiade de témoins célèbres — Freud, Renan, Sophocle, Eschyle et saint Paul — et d'ausculter en deux pages une connivence de deux mille cinq cents ans[5]. Les références sont éclairantes ; les aperçus qu'elles suggèrent ne manquent pas d'à-propos. Force est de conclure que le critique s'est laissé contaminer par l'objet de son étude. Si Racine et ses amis sont naïfs en prétendant étudier une « nature » que l'air du temps n'affecte guère, comment ne pas taxer de naïveté au carré celle du fin lettré qui finit par leur reconnaître le don d'atteindre des vérités planant au-dessus des temps, réconciliant l'hellénisme, le christianisme et la psychanalyse ? Par une sorte de vengeance posthume, Racine et les classiques, sans crier gare, font dérailler le train de l'histoire dans la tête de leurs lecteurs éblouis.

Permets qu'à mon tour je goûte les doux poisons de l'anachronisme. Je jauge mes écrans, mes amis et mes journaux. Je tente un regard aussi racinien que les faiblesses de mon propos l'autorisent. Je toise le théâtre classique à l'aune de l'actualité la plus contemporaine.

Pour la commodité du jeu, je choisis dans la bande le seul auteur d'*Athalie* et de *Phèdre*. Et pourtant mon amour est grand des dames Sévigné et La Fayette, ma passion immense pour La Bruyère l'oublié et La Rochefoucauld, tristement psychologisé. Je regrette La Fontaine, confiné dans les nurseries. Je m'incline devant Pascal, canonisé malgré lui, je lui voue, de livre en livre, une admiration infinie. Dans la foulée, excuse-moi de ne pas citer assez d'excellents raciniens qui m'ont aidé tantôt à percevoir, tantôt à m'indigner. Je cours au plus pressé, vers cet éclair de vérité qui épargne au classique le traintrain de l'historicisme et place sur orbite « un trésor pour toujours, plutôt qu'une production d'apparat pour un auditoire du moment » (Thucydide). Le trésor est double. Il abrite le *quoi* des vérités grecques remises à jour. Il loge le *comment*, la vérité de la reconquête. En cinq actes et trois mots fulgure l'occurrence inoubliable de l'inoubliable, l'expérience du mal. La brûlure de la violence, la « nuit du tombeau » et la « nuit cruelle », la présence noire, où Proust pointe ironiquement la « nuit mérovingienne », notre nuit*.

L'inchangé que fixe le regard classique n'est pas un concentré de nature humaine congelé et sublime, mais une intimité sinistre. Néron, sous l'œil de Racine, prend un air d'éternité. Dans les années cinquante, un écrivain passé par le surréalisme, la Résistance et les délires communistes retrouva ses esprits : Roger Vailland récupère Suétone, à la lumière du rapport Khrouchtchev sur les crimes de Staline. La *Vie des douze Césars*, par la grâce de Beria, Mussolini, Hitler et Franco, met à nu l'actualité même. Le regard que les classiques français lèguent au XXe siècle finissant ne promeut pas le modèle d'une humanité belle, bonne et sage. Derrière cette édifiante chimère suinte une tout autre pérennité : « Inutile de provoquer le lecteur à faire des rapprochements avec les Césars du XXe siècle. Les rites du césarisme sont aussi monotones que le récit des crimes des Césars. L'homme tyran est terriblement, c'est-à-dire jusqu'à la terreur, dépourvu d'esprit d'invention[6]. » J'ajouterai, à titre personnel, que le génie du mal s'invente, infatigable et inépuisable, en renouvelant non pas l'exercice pervers, mais les mille et un subterfuges qui l'occultent.

Au commencement, tout est possible, tout est permis. Racine ouvre chaque tragédie par l'annonce de la chute d'un ancien régime : le pouvoir est déclaré vacant. Soit que le monarque ait disparu, soit qu'il vacille, miné par ses propos contradictoires, soit qu'une guerre extérieure ou une rivalité au sommet annulent son autorité. Les interdits sautent. Les freins lâchent. Roxane fête sa neuve liberté :

Rien ne me retient plus et je puis dès ce jour
Accomplir le dessein qu'a formé mon amour.

Phèdre à la rencontre d'Hippolyte, Xipharès poursuivant Monime vivent un rêve aussi fou. Bérénice entonne un péan célébrant l'ère nouvelle :

---

* « L'inceste, la rivalité des frères, le meurtre du père, les subversions des fils, voilà les actions fondamentales du théâtre racinien » (Roland Barthes).

Le temps n'est plus, Phénice, où je pouvais trembler
Titus m'aime, il peut tout, il n'a plus qu'à parler.

L'ordre ancien déboulonné, tout pouvoir aux espoirs, aux désirs et aux énergies ! Il suffit de paraître pour parler, de parler pour agir et d'agir pour gagner :

« *Commandez qu'on vous aime et vous serez aimé* », glisse Narcisse à Néron.

Il était une fois. Il n'était plus une fois. L'envers du conte de fées commence comme un conte de fées. Le « temps n'est plus », la crise inaugurale est fêtée comme une absolue libération. Les monstres sont confinés dans le passé. Les abus de pouvoir passent pour révolus. Les vieux ne dictent plus la conduite des jeunes. Les mâles se font galants, les conquérants désarment, la douceur inonde les palais et l'avenir sourit. Souviens-toi de Berlin, de la chute du mur et de l'euphorie générale. Un éditorialiste prestigieux annonça, le 1er janvier 1990, que nous entrions dans une ère de bonheur, car Gorbatchev, qui trônait à Moscou, avait fermé le temple de Janus ouvert par Alexandre. La guerre était finie. À tout jamais. La bonne nouvelle irise la scène racinienne. La ville chante son nouvel empereur :

Rome, depuis deux ans, par ses soins gouvernée
Au temps de ses consuls croit être retournée
Il la gouverne en père. Enfin Néron naissant
À toutes les vertus d'Auguste vieillissant.

L'exténuation d'un pouvoir despotique introduit le moment de grâce, où tous se préparent à prendre leurs désirs pour des réalités. On spécule sur la fin de l'Histoire, de ses violences sanglantes et de ses conflits à répétition. L'ingénu Fukuyama lit dans le démantèlement de l'Empire soviétique la certitude inébranlable que la concorde l'emporte sur la discorde. L'âge d'or est revenu. L'ère de la paix, que proclame Virgile à l'avènement d'Auguste, gouverne l'acte Ier de chaque tragédie. Le spectateur connaît la chanson. Quel couronnement, quelle victoire, quel triomphe se passeraient des louanges dithyrambiques des poètes officiels et des corps constitués ?

Pareille propagande ne vaudrait pas tripette si elle ne répondait aux vœux de ceux qui y prêtent foi. Le bonheur est sans cesse une « idée neuve », pour le héros et l'héroïne classiques, comme pour Saint-Just à la tribune de la Convention. Thésée est mort, Hippolyte m'aime... Phèdre navigue de bonheur en bonheur jusqu'au malheur total. Aimer et séduire, désirer sans obstacle, jouir sans entrave, pas un personnage de Racine n'oublie d'installer l'imagination au pouvoir, dans l'élan exalté d'un Mai 68 intime. Cette minute de détachement absolu, « où toute contrainte est — ou sera bientôt — levée, où la satisfaction d'une passion longtemps réprimée paraît imminente » (Brody), électrise les foules à Rome et à Jérusalem. Reconnais ici l'éclatante « Illusion lyrique » de Malraux dans l'Espagne républicaine. Revois l'instant du 14 juillet, où « tout est possible », selon le fascinant et fasciné tableau qu'en propose un Michelet extasié : « Rien de plus beau à voir que ce peuple avançant vers la lumière, sans loi, mais se donnant la main. Il avance, il n'agit pas, il n'a pas besoin d'agir ; il avance, c'est assez [...][7]. »

L'enthousiasme bientôt dérape. Le rêve fait place à la réalité cruelle. Jamais au bénéfice d'une restauration de l'ordre ancien. Lorsque Thésée et Mithridate, qu'on a cru morts, reparaissent, ils ont perdu leur toute-puissance de naguère. Ils n'ont plus la force d'interrompre une catastrophe où ils se trouvent piégés. Ce qui est mort ne revient pas. L'alerte initiale se révèle plus vraie que l'euphorie éphémère qu'elle suscita. Un tremblement de terre a basculé l'univers dans l'aventure tragique.

L'effondrement dont procède le nouveau monde classique touche l'autel, le trône et le cœur. Chaque fois qu'un journal déplore l'effacement des repères, la mort des valeurs et la disparition des idéaux, je souris. Quelle nouvelle ! Et quand, de nos jours, on présente l'immoralité publique comme un phénomène inédit, dont il convient de pourchasser l'évidente cause — au choix, la télé, l'argent roi, Wall Street, Hollywood ou l'impéritie des intellos — je rigole franchement. Quel rocker débridé arriverait en matière de blasphème à la cheville de Phèdre ? De l'aurore bienheureuse au crépuscule d'épouvante, le ciel demeure vide de toute providence, le pouvoir privé de légitimité et le for intérieur dépourvu de transparence. Les séismes métaphysiques, que la philosophie allemande nomme « renversement de toutes les valeurs », la remise en cause des fondements, que la politique française désigne comme « révolution », et l'insuturable blessure du narcissime, que Freud baptise « inconscient », tous les inépuisables mystères des siècles à venir structurent d'avance la représentation classique.

Mort de Dieu. Mort du Roi. Mort du Moi. Le message philosophique ne laisse pas de paraître beaucoup trop subversif. Il ne peut être énoncé tel quel au Grand Siècle. Accorde-moi, à titre d'hypothèse, que des vérités d'aussi effarante envergure, pour être captées sur scène, se présentent cryptées, jamais à découvert. Le principe de dissimulation joue de l'exotisme. La tragédie se passe ailleurs, en des temps révolus, dans des espaces lointains. Ainsi, pour Bajazet, « l'éloignement du pays répare en quelque sorte la trop grande proximité des temps ». La règle de distanciation est absolue, « je ne conseillerais pas [...] de mettre des héros sur le théâtre qui auraient été connus de la plupart des spectateurs » (Racine). Elle permet de parler librement d'un rapport à Dieu, au trône et à soi, qui esquive l'ici et maintenant, donc la censure.

Est-ce à dire que le spectateur n'est pas concerné ? À première vue seulement, d'où l'impunité de l'auteur. En fait, la distanciation racinienne promeut une pédagogie inverse de la brechtienne ; loin de partir d'un point d'identification qu'il faut briser, elle projette de combler le découplage initial : le spectateur se reconnaît progressivement frère en condition humaine des prisonniers du sérail et des enfants du sac de Troie.

Dieu est mis entre parenthèses. Coincé à mi-distance entre une religion que le spectateur a délaissée et une nouvelle que la pièce ignore encore. Le pouvoir politique est en suspens, dans un interrègne qui ne connaît ni loi salique ni succession légitime. « À la mort du roi, c'est en quelque sorte la nation qui meurt, et tous retournent de l'état de société à l'état de nature », écrit Spinoza[8]. L'homme se décentre et perd le contact avec une vérité plus intime que lui-même, « l'amour prête son nom à un nombre infini de commerces qu'on lui attribue, et où il n'a non plus de part que le doge à ce qui se fait à Venise » (La Rochefoucauld). L'individu vit dans l'intervalle, toutes les anciennes autorités se trouvent démises et les nouvelles omises. Dieu, s'il règne, ne gouverne pas. Le souverain légitime, s'il existe, ne se fait pas connaître. Le Moi ne se cherche authentiquement qu'à condition de savoir se perdre.

Plus qu'une feinte pour dépister les censeurs, davantage qu'une entrée en scène, l'entre-deux est le milieu même où se joue l'aventure humaine. « Ce n'est point ici le pays de la vérité, elle erre inconnue parmi les hommes. Dieu l'a couverte d'un voile. [...] Le lieu est ouvert au blasphème », écrit Pascal, qui poursuit : « Si l'on publie les vérités de l'Évangile, on en publie de contraires, et on obscurcit les questions, en sorte que le peuple ne peut le discerner[9] ». Le lieu racinien, que d'emblée le spectateur doit investir, n'est pas étranger à Spinoza, à Pascal et à La Rochefoucauld. Tu as sous les yeux la scène primitive de la raison classique. Le cosmos n'est plus gouverné par une providence céleste. L'autorité ne s'exerce pas de droit divin. Le moi ne bénéficie pas des illuminations de la révélation. On quitte le monde de Thomas d'Aquin et d'Augustin pour mettre à l'ordre du jour « tout ce qu'ont de plus noir et la haine et l'amour » *(La Thébaïde*, acte IV, scène 1).

L'intervalle spatial et temporel où Racine enferme ses personnages fait parenthèse théologique, politique et intime. Mais il ne demeure pas vacant. À l'absence de Dieu correspond la présence du mal, confie Agamemnon, en se défaussant :

Ma fille, il est trop vrai. J'ignore pour quel crime
La colère des dieux demande une victime [...]
Faites rougir ces dieux qui vous ont condamnés.

Au coma des autorités ex-légitimes répond l'émancipation des tueurs. Les « muets » assassins du sérail, les prétoriens qui arbitrent dans Rome, les zélotes fanatiques de Jérusalem se donnent les coudées franches. L'individu, à son tour, doit disputer à l'incendie passionnel un moi dépourvu de protecteurs et de protection. L'instant racinien est impitoyable. C'est le champ clos d'un combat qui ne peut se soutenir des nostalgies et des attentes. Il n'y a ni avant ni après. Phèdre recherche sa vérité sans feints regrets et sans faux espoirs. Elle ne regarde pas en arrière. Elle rebondit sur un avenir sans avenir :

Où me cacher ? Fuyons dans cette nuit infernale
Mais que dis-je ? Mon père y tient l'urne fatale [...]

Sur scène, elle risque son va-tout. Sa marche à la mort témoigne de sa pureté altière et entière, en deçà de l'au-delà, au-delà de l'en deçà.

Élevé à sa dernière perfection, explique François d'Aubignac, qui théorise sous Corneille et publie sous Racine, le théâtre offre « l'image sensible et mouvante de toute la vie humaine[10] ». Unité de lieu, de temps, d'action : vingt-quatre heures de la vie d'une femme doivent présenter toute la vie. Le drame terminé, « qu'il ne reste rien après, ou de ce que les spectateurs doivent savoir, ou qu'ils veuillent entendre ». Tout est fait. Tout est dit. *Finita la commedia !* Les fameuses règles des trois unités, déjà contestées à l'époque, visent la justesse plus que l'exactitude. Non pas quelque imitation réaliste, mais une totalisation vraie, à charge pour les deux heures de spectacle de donner à voir la condition humaine. L'extraordinaire dispositif optique se recommande du sublime, point où l'instant et l'éternité s'accouplent.

C'est en traduisant l'œuvre d'un anonyme — Pseudo-Longin — qui vivait sous le règne de Claude ou de Néron, que Boileau organise la contre-offensive de sa bande rudement étrillée. Le choix est subtil ; le rhéteur inconnu chante dans son *Traité du sublime* la gloire des Lettres au sens le plus large, d'Homère à Démosthène, sans négliger les discussions publiques tenues sur l'agora d'Athènes. Contre les Modernes, qui se réclament du progrès des sciences et des techniques pour dévaluer les auteurs antiques comme autant de sous-développés de l'esprit, cette apologie de la « littérature » (vocable du XIXe) prend valeur de manifeste.

« Le sublime vient à éclater où il faut, il renverse tout comme une foudre et présente d'abord toutes les forces de l'orateur ramassées ensemble[11] ». C'est donc, au premier abord, un effet de style, classé comme tel par la rhétorique classique. Méfie-toi de mon *oratio* : « Tu frémiras d'horreur si je romps le silence », avertit Phèdre. Dans un deuxième temps, il s'agit d'un effet de réalité, grâce auquel le discours dépasse les cadres du discours ; il ébranle le monde par la puissance d'« un merveilleux qui saisit, qui frappe et qui se fait sentir », écrit Boileau. Kant, sur cette lancée, parle d'une force — *Kraft* — qui projette chacun au-dessus de lui-même, jusqu'au mépris de ses biens les plus chers, sa santé et sa vie. En troisième lieu, le sublime introduit aux réalités supérieures, ainsi Homère : des hommes qui assiègent Troie « il fait des dieux, et des dieux fait des hommes ». L'ébranlement sublime ouvre la scène tragique aux plus hautes révélations, il y va de notre rapport au divin, au monde et à nous-mêmes.

Sublimis = élevé au-delà des limites. Le *fiat lux* biblique est le premier exemple retenu par l'auteur — païen — du *Traité*. Le sublime dit l'être. Mais le sublime exprime tout autant l'éclipse ou l'absence de l'être et manifeste le vertige et l'horreur. Le vide, l'horizon infini, la tempête, les séismes, « les calamités extraordinaires » illustrent, du Pseudo-Longin à Kant, la sublimité des abîmes. La destruction des êtres et des choses jouit du statut de révélation fondamentale : la guerre pour Kant, la folie dévastatrice de Médée pour Boileau et Corneille, la discorde homérique qui dresse les dieux contre les dieux pour Longin, sont à leur tour « sublimes ».

Le *Traité du sublime* fonctionne moins comme une méthode de style que comme traité de l'Être suprême. Suprêmement créateur. Suprêmement dévastateur. Le haut et le bas, la cime de l'amour et le gouffre de la haine, la génération et la destruction, l'apparaître et le disparaître, la plénitude et le néant appartiennent, à égalité, à la sphère des sublimes.

Racine annonce d'entrée la disparition sans recours des anciennes autorités célestes et terrestres. De nouvelles guettent-elles en coulisse ? Derrière la théologie blanche d'une éclipse de l'Être parfait, faut-il lire en creux une profession de foi janséniste ou protodialectique ? Ce serait manquer le classique, qui ne vit pas en absence de révélation, en attente de bons dieux, en rêve d'heureuses révolutions. Il joue ici et maintenant la condition humaine, dans un espace où l'absence de bonté dévoile la présence de la cruauté. L'expérience du Bien s'inverse en expérience du Mal. Toutes deux sublimes.

Les dissidents de Prague, rappelle-toi, coincés dans la nuit policière, s'étonnaient de se trouver si solidement unis, alors qu'ils partageaient si peu de croyances, de goûts, de religions, d'opinions. Ils s'affichaient ébranlés quant au Bien commun, dont chacun cultivait une option propre et incomparable. Ébranlés, mais rendus solidaires par l'ubiquité de cet ébranlement et alliés contre la menace générale qu'il dévoilait. Dans l'évanescence du souverain Bien, la souveraine Saloperie les coalisait contre elle. C'est, entre autres, grâce à eux que les classiques m'offrent, avec un retard de quelques siècles, une expérience partagée du mal, qui donne sens à la communauté humaine conçue comme solidarité des ébranlés.

L'actualité de Jean Racine, c'est la révolution en Angleterre. Son passé proche, les massacres religieux, l'assassinat d'Henri IV, la Fronde, les guerres civiles en France. L'Europe de Jean Racine ? Cent ans de dévastations stoppées tout juste par le traité de Westphalie. Ne t'étonne donc pas s'il se trouve en phase avec la folie de notre siècle. Il n'a pas écrit *Les Réprouvés* de Ernst von Salomon, mais il nous a légué *Iphigénie*. Il n'a pas publié *La Guerre notre mère*, *Das Kampf als inneres Erlebnis*, comme Ernst Jünger, mais il laisse *Athalie*. Il n'a pas appelé ses étudiants à servir Hitler comme Heidegger, il déshabille un « monstre naissant », Néron. Pour devenir contemporain de ma propre histoire, j'opère un crochet par le théâtre classique. Ce que nos sociétés civilisées et avancées s'évertuent à ne pas voir s'est trouvé sur une scène monté et démonté. La méchanceté y règne, la rage s'émancipe, son évidence éclate, crue, impitoyable, dépourvue des ménagements qui nous sont familiers.

Péguy admire. Péguy s'effraie. Il frémit sous l'implacable lumière qui défait, décompose le Roi-Père Agamemnon pris dans les rets d'une parole douce-amère, toujours empreinte de piété filiale. « Il n'y a pas de danger que Iphigénie soit insolente. Elle est infiniment pire. [...] Il n'y a pas un mot, pas un vers, pas un demi-vers, pas un membre de phrase, pas une injonction, il n'y a pas un mot qui ne porte pour mettre l'adversaire (le père) dans son tort. Le dialogue racinien est généralement un combat (on pourrait dire constamment un combat) ; dans le dialogue racinien le partenaire est généralement, constamment un adversaire ; le propre du personnage racinien est que le personnage racinien parle constamment pour mettre l'adversaire dans son tort, ne se propose que de mettre l'adversaire dans son tort, ce qui est le commencement même, le principe de la cruauté[12]. »

Péguy apprécie, mais Péguy regrette la dureté de Racine, « quel poète chrétien il eût été, mais s'il eût été chrétien ». Je te passe le charivari qu'une telle excommunication souleva. Des Racine, plus chrétiens les uns que les autres, furent construits ou reconstitués par nombre de commentaires affolés et pas des moindres. Je ne t'entretiendrai pas des querelles théologiques qui vrombirent sous les lambris.

Assez ! Qui juge ? De quel droit tranche-t-on de ce qui est chrétien et ne l'est pas, quand on s'avoue incapable de sonder le cœur et les reins d'un unique poète. Dommage ! Péguy stoppe son intuition en chemin. Iphigénie se permet, en effet, des coups fourrés et des sous-entendus « pas chrétiens », du moins fort peu conformes aux vérités du catéchisme. Elle questionne, parle de plus en plus, de mieux en mieux, alors qu'Agamemnon se résout au silence. Cela ne te rappelle rien ? Un père tue sa fille, un père tue son fils. Le blasphème est proche. Jamais mentionné, toujours tapi dans l'obscurité, un autre sacrifice hante la scène. Isaac osa une question, puis se tut. Abraham parlait et Dieu parlait en lui. Le référent grec croise (comme chez Kierkegaard) son double biblique, qui apparaît en clair dans les vers d'Athalie :

N'êtes-vous pas ici sur la montagne sainte
Où le père des juifs sur son fils innocent
Leva sans murmurer un bras obéissant,
Et mit sur le bûcher ce fruit de sa vieillesse,
Laissant à Dieu le soin d'accomplir sa promesse,
Et lui sacrifiant, avec ce fils aimé,
Tout l'espoir de sa race, en lui seul renfermé ?

Le sacrifice religieux, chez Racine, tourne au meurtre pur et simple. Tandis que la Bible épargne à Dieu et à Abraham de faire couler le sang humain (Isaac, in extremis, remplacé par un agneau), Athalie est assassinée au mitan du temple. Alors que le rite grec exigeait le consentement de la victime expiatoire, même animale, Ériphile, substituée à Iphigénie, n'a que le choix de mourir. Exécutée ou suicidée. Qu'en sait-on ? Le sacrifice présuppose, quitte à la réanimer, l'harmonie préétablie d'un trio cosmique, sacrifié, sacrifiant et destinataire céleste. L'ébranlement racinien laisse maître du jeu un sacrificateur, qui prétend parler à la place de Dieu (Joad) ou de la victime (« Calchas seul règne, seul commande »). L'arbitraire qui, sous nos yeux, prend les rênes, les garde. Nous savons d'avance que les sacrificateurs seront à leur tour sacrifiés. La guerre de Troie aura lieu. La tragédie aura raison des vainqueurs et des rescapés. Le royaume de Judée périra. Péguy a raison, Racine est un « cruel analyste, le maître de la cruauté ». Il fut l'un des premiers à interroger le destin de la violence humaine lorsque le sacrifice traditionnel ne fonctionne plus. Il ose donner parole à la cruauté intrinsèque de l'homme et la questionne comme un oracle, à l'instant précis où « l'arche sainte est muette et ne rend plus d'oracles » *(Athalie*, acte I, scène 9).

Impie parce que impitoyable ? Attention. La cruauté verbale d'Iphigénie se borne à mettre à nu la cruauté sans phrase d'un père infanticide. Elle ne crie pas comme sa mère. Elle démasque l'hypocrisie dominante, d'autant plus efficacement qu'elle s'abstient de la heurter de front. Son ironie supérieure impose sa vérité indirectement, par cet « effet de sourdine » dont toute parole racinienne résonne. Leo Spitzer a recensé les procédés stylistiques du dévoilement[13]. En opposant ambiguïté à ambiguïté, la subtilité d'une parole fait apparaître, derrière le voile des mots tissés par des langages sans vérité, la vérité d'une violence froide. Iphigénie est cruelle parce que authentique. Reprocher à Racine son absence de christianisme eu égard à cette dureté revient à dénoncer les informations télévisées comme blasphématoires, pour ce qu'elles témoignent des violences du jour. Ferme ta télé si tel est ton bon plaisir, la rage du réel ne s'éteint pas avec elle. Offusque-toi d'Iphigénie et de son franc-parler, le crime pointe son mufle ailleurs.

Ériphile, Hermione, tant d'autres jusqu'à Néron. Ils sont légion et leur nom est discorde :

Jamais jour n'a paru si mortel à la Grèce.
Déjà de tout le camp la Discorde maîtresse
Avait sur tous les yeux mis son bandeau fatal
Et donné au combat son funeste signal.

Nul n'ignore, depuis Platon, Aristote et saint Augustin, combien la tâche est rude de faire le mal pour le mal. Une troupe de brigands s'invente des règles. Les lois de la mafia passent pour rigoureuses. L'homme qui se goinfre et se vautre poursuit ce qu'il estime le meilleur. De même celui qui torture et qui tue. L'amour du bien est le ressort de toutes les actions, y compris les plus viles.

Pourtant, l'hommage que rend sans cesse le vice à la vertu n'a rien qui rassure. Toutes les abominations de notre siècle ont été perpétrées pour la bonne cause, universalité de la classe, pureté de la race, service du bon Dieu... Les bonnes causes, remarque Soljenitsyne, fonctionnent en multiplicateurs du crime. Elles transforment l'activité artisanale d'un Landru en l'entreprise millionnaire et funèbre d'un Pol Pot. Athalie massacre par souci du Bien de l'État. Joad par respect de Dieu. Idéaux et idéologies aveuglent comme un « bandeau fatal ». D'édifiantes prosopopées animent le crime de l'intérieur, ou de l'extérieur le dissimulent.

« Nous courons sans souci dans le précipice, après que nous avons mis quelque chose devant pour nous empêcher de le voir », écrit Pascal.

Les classiques n'auraient jamais eu l'impudence d'annoncer la « fin des idéologies ». Une de perdue, dix de retrouvées. Si la notion de classe ne rassemble plus, le phantasme de l'ethnie fait florès, la communauté des fidèles un tabac. Quand la science ne soutient plus les fariboles de lutte finale, la religion prend le relais. Les idéologies — le Grand Siècle les nommait imagination ou opinion — valent moins pour ce qu'elles racontent que par ce qu'elles interdisent d'appréhender. Leur force persuasive est soumise à variation, molle ou dure, universelle ou locale, mais tant qu'elles accomplissent leur travail de bouche-vue elles répondent à la demande.

De nos jours, les postmodernes concluent abusivement de l'effondrement du système soviétique à la mort absolue du marxisme. Ils se plantent définitivement quand ils extrapolent la fin des « grands récits ». Les miliciens serbes chantaient la bataille du champ des Merles (1389) en liquidant les civils croates de Vukovar (1991) et les Bosniaques de Srebrenica (1995). Les tueurs du Front islamique du salut égorgent les collégiennes et les chanteurs de raï tout en se disputant le titre de calife, d'émir et les traditions qui collent à ces vocables. Il ne faut jamais sous-estimer l'inépuisable plaisir des contes à massacrer debout et à jouir en rampant.

En matière d'idéologie, la fonction-récit reste subordonnée à la fonction-bandeau. Les nostalgies fallacieuses, l'avenir radieux, les lendemains qui chantent ou les cieux bienheureux sont livrés en prime. L'important est de ne pas prêter attention à la boue qui cerne et au sang que l'on verse.

Nos classiques furent des archers hors pair, « des tireurs qui visent juste et mettent régulièrement dans le noir — pile dans le noir de la nature humaine », relève Nietzsche, très admiratif*. Entre 1660 et 1680, une génération de solitaires a croqué la pomme, en promettant non point la connaissance du bien, dont gracieusement les hommes se targuent, mais celle du mal, qui répugne à la plupart. Aux jours de grande colère, Nietzsche s'insurge : pour les Allemands le fruit reste défendu, ils l'interdisent à eux-mêmes et, parfois, aux autres.

---

* Friedrich Nietzsche, *Humain, trop humain*, I, 36, éd. Gallimard, vol. 1, p. 52.

> « Trois fois l'Allemagne a exercé une influence sur la France ; au IIIe siècle elle lui apporta des mœurs sauvages et une ignorance barbare ; à l'époque de Montaigne elle apporta un second Moyen Âge attardé et les guerres de religion, et dans ce siècle elle apporta la philosophie allemande, le romantisme et la bière*. »

Pour te consoler j'ajouterai que la lucidité cruelle de nos classiques, cette exception française, constitue aussi une exception en France, plutôt mal vue, édulcorée pour pensums d'écoliers et toujours en passe de sombrer dans l'oubli.

* Friedrich Nietzsche, *Aurore*, éd. Gallimard, p. 339.

Lettre VI
Néron défile à Nuremberg

Le comble du cruel — Moins tu penses à mal, plus tu en rêves — Moins tu vois le mal, mieux tu l'accomplis — Athalie et les fondamentalistes — Désapprendre à mourir, c'est apprendre à tuer.

De Paris

Sur la scène classique, il est deux façons d'user de la parole. Celle, décapante et impitoyable, où Iphigénie excelle, au prix d'un combat permanent. Celle qu'incarnent, jusqu'au grotesque et à la caricature, les mauvais conseillers et les confidents. Au langage de la cruauté s'oppose le discours de la flatterie. Tandis que Péguy n'évoque que le premier, Hegel n'entend que le second. Il réduit la culture du Grand Siècle à l'hégémonie des mœurs courtisanes. À l'héroïsme ancien, noble, au sacrifice « silencieux » succède, selon lui, « l'héroïsme de la flatterie », qui enjoint au courtisan de sacrifier sa conscience plutôt que sa vie, en versant non plus son sang mais l'encens adulateur. Devant Racine, les critiques d'alors trébuchaient déjà. Tantôt lui reprochant sa dureté — Pyrrhus décidément n'est pas Céladon. Tantôt l'accablant — trop tendres ses héros, trop petits ses marquis, qui semblaient par trop dépourvus de cornélienne « virilité » (c'est-à-dire d'idéale invincibilité).

Le flatteur persévère dans l'illusion lyrique, qui donne au drame racinien sa chiquenaude inaugurale. Le maître qu'on cajole peut tout. Il est sans reproche, Œnone : « Regardez d'un autre œil une excusable erreur. » Il est comme le dieu de Platon « hors de cause », incapable de subir et de commettre un mal, moralement mithridatisé : « J'ai pris soin de m'armer contre tous les poisons. » Aucun démenti ne sait tarir le flot des louanges, célébrant la vertu infaillible d'un dieu, d'un roi ou d'un moi. D'où l'extraordinaire preuve de l'existence de Dieu par les malheurs du monde qu'administre Joad, le grand prêtre sanguinaire.

Quand Dieu par plus d'effets montra-t-il son pouvoir ?
[...]
Faut-il Abner vous rappeler le cours
Des prodiges fameux accomplis en nos jours ?
Des tyrans d'Israël les célèbres disgrâces,
Et Dieu trouvé fidèle en toutes ses menaces ;
L'impie Achab détruit, et de son sang trempé
Le champ que par le meurtre il avait usurpé ;
Près de ce champ fatal Jézabel immolée,
Sous les pieds des chevaux cette reine foulée,
Dans son sang inhumain les chiens désaltérés ;
Et de son corps hideux les membres déchirés [...]

D'où la niaiserie comique des vierges pures qui chantent en chœur et en refrain l'innocence de la création et des créatures, alors qu'elles s'ébrouent dans le sang des meurtres passés et des tueries à venir.

Le discours de la flatterie, comme l'indique Hegel, est pour l'essentiel circulaire. Dans l'objet parfait qu'il glorifie, c'est lui-même qu'il retrouve. Qu'il se réclame d'un absolu religieux, autour du célèbre *Fiat lux* ou d'un absolu politique proclamant « l'État, c'est moi », l'idolâtre s'autorise d'une parole inébranlable, inentamable et toute-puissante. Le flatteur flatté se grandit aux dépens de ce qu'il flatte. Le service divin ou public n'est plus alors que le se servir d'un amour-propre illimité. « Vous n'aviez, sous mon nom, travaillé que pour vous », reproche Néron à sa mère.

Le régime du discours flatteur est par excellence « performatif » : dire, c'est faire[1]. Parler, c'est être, explique Narcisse à Néron : « Commandez qu'on vous aime et vous serez aimé. » Burrhus, l'alter ego moralisateur de Narcisse, postule tout aussi performativement que ne rien se dire, c'est ne pas s'en faire : « On n'aime point, seigneur, si l'on ne veut aimer. » La flatterie s'avère en son fond autoréférentielle.

Elle est solidaire de l'objet de son culte pour autant qu'en lui c'est sa propre puissance qu'elle vénère. La flatterie ne s'aliène ainsi que dans sa création : « Il est votre empereur. Vous êtes comme nous sujette à ce pouvoir qu'il a reçu de vous. » À l'opposé, la vérité cruelle d'Iphigénie découple. Elle prend prétexte du lien symbiotique père-fille pour mieux le défaire et place Agamemnon en pleine contradiction. Le discours de la cruauté arrache le bandeau, il donne à voir. Il est indicatif. Le discours de la flatterie resserre le bandeau, bouche la vue. Il est performatif. Le premier ouvre sur une réalité déplaisante. Le second se referme sur soi, avec complaisance.

L'indicatif met les points sur les « i », sans autres égards que les ménagements nécessaires à sa réception. Iphigénie persifle un père. Phèdre ironise, implacable, contre elle-même. Le performatif inverse les facteurs ; il est tautologique, moi c'est moi, toi c'est encore moi. Il peut se prêter aussi bien à l'indignation, aux soupirs, à la fureur, à l'attendrissement et à la satisfaction présomptueuse, à tout, du moment qu'il demeure d'une pièce. Le sujet n'y parle que de lui et à lui ; sa circularité trace la frontière magique, hors laquelle il n'est ni interlocuteur valable ni réalité avouable.

En principe, le discours performatif se roule doucement en boule sur lui-même. En fait, il est au principe de la plus radicale violence. Ériphile, enfant trouvée et prisonnière, ne doit rien à personne ; lorsqu'elle s'insurge, elle n'attend rien de quiconque ; ne s'autorisant que d'elle-même, n'ayant à perdre que ses chaînes, elle se déchaîne ; elle ne souffre aucun interdit et souffle la guerre civile dans les couples, la famille, le camp des Grecs, l'armée et l'univers si possible. Elle étincelle comme une déesse de la discorde, dont les pieds touchent les Enfers et la tête perce le firmament. Je suis je : la tautologie performative ne se querelle jamais avec elle-même, donc elle peut s'opposer au monde entier. Comme Ériphile — étymologiquement : amour de la guerre —, Hermione — nommée par antiphrase « harmonie » — s'enflamme en torche vivante et promet de réduire le cosmos en cendres.

Que la lumière soit, et la lumière fut. Le *Fiat lux* divin élève la création en exemple princeps de toute opération performative. À ce détail près : les hommes, incapables de créer ex nihilo, ne parviendront jamais au collage parfait — sans restes ni bavures — du dire et du faire. Intérieurement, ils ne sont pas quittes de leur passé. Extérieurement, ils s'ouvrent sur un environnement non maîtrisé. Ils ne peuvent s'installer, sans mensonge, dans un temps zéro, où ils décideraient, « décisionnistes » comme des dieux, d'un avenir libre de toute attache. Par contre, ce que toute création leur refuse, la destruction radicale l'offre : entre la condamnation proférée et l'activité annihilatrice, l'adéquation du dire et du faire croît à mesure que s'amplifient et la haine et les démolitions. Qui tient la fin du monde dans ses mains touche au bonheur performatif parfait. Rien ne s'interpose plus entre son dire et son faire, pas même sa défroque. Homicide, génocide et suicide coïncideront dans l'embrasement final. Hermione ouvre le ban. Elle s'invente bombe humaine :

Je mourrai ; mais au moins ma mort me vengera
Je ne mourrai pas seule et quelqu'un me suivra.

Artisanale Hermione ! La destruction est un *work in progress*. Néron l'élève à l'apothéose. Dans les traits de ce jeune César, Racine tente de réfléchir l'impensable. Il montre *in nuce* le « monstre » capable de fin du monde, la conscience maléfique qui met le feu au cosmos à partir de son centre, brûle Rome et touche ainsi au performatif suprême, encore humain mais déjà absolu : non pas après moi, le déluge, mais avec moi, grâce à moi, la subversion et la submersion totales !

L'âge classique s'interroge sur Néron avec le sérieux d'une Allemagne révisant son histoire pour expliquer Hitler. Racine évite la facilité d'usage. Il ne présente pas un faible que la méchanceté habite, au point qu'il transgresserait, par individuelle débilité, les prohibitions, traditions et règles élémentaires de la vie en commun. Plutôt que Néron fracassant le vieux monde, contemple un vieux monde déjà fracassé qui rend Néron possible. De même qu'à l'ouverture d'*Iphigénie* et d'*Athalie* les rituels sacrificiels s'avèrent inopérants, le prélude de *Britannicus* dévoile une autorité politique préalablement en miettes. Agrippine erre dans les couloirs, Néron joue à cache-cache. Duels au sommet, instabilité à la base, le trouble règne. Plus rien ne fonctionne « comme avant ». L'évocation crue de la carrière d'Agrippine, mère de l'empereur, est si peu reluisante qu'elle barre toute possibilité de retour en arrière. Le monde est sorti de ses gonds.

Bien qu'il se couvre dans ses préfaces de la caution de Tacite, Racine ne partage pas la perspective traditionnelle du grand historien. Il ne se réclame aucunement de la Rome éternelle et du fonctionnement normal et sain des institutions pour diaboliser Néron et le condamner comme un cas clinique isolé. Tacite conçoit le retour en arrière comme un retour à la vertu romaine. Racine coupe les ponts. Certes, il emprunte aux *Annales* l'implacable énoncé des faits et l'analyse froide des circonstances, mais il néglige la boîte à remèdes. À quoi sert la lecture de Tacite, de Suétone et de quelques autres ? Elle nourrit le don d'Iphigénie, indicatif cruel qui met à nu ce que les bienséances dissimulent. Racine explore les Latins comme on feuillette la « Série noire ». La *Vie des douze Césars* trace la chronique d'une mafia. Rome est un Chicago politique ; son histoire se déchiffre à la manière du polar. Chaque protagoniste de *Britannicus* porte, par instants, sur son entourage le regard froid et dégrisé du « privé », cher à Horace McCoy et à Raymond Chandler. C'est ainsi qu'Agrippine apostrophe son empereur de fils :

Non, non, Britannicus est mort empoisonné,
Narcisse a fait le coup, vous l'avez ordonné.

Le sublime racinien n'a que faire des élévations célestes. Il éclaire la descente dans les bas-fonds. À tout moment, inévitablement, le crime est désigné tel quel. « Le coup » déchire le voile quoi qu'il en coûte. Agrippine, Athalie, Phèdre, tout héros nomme un chat un chat, et s'invente une lucidité inoubliable aussi vraie que le mal qu'elle énonce.

Je nomme « regard clinique » pareille aptitude à penser et à dire le mal comme un mal, à le subir, parfois à l'affronter, sans s'abuser. Cette audace optique, que Racine emprunte aux historiens romains, se retrouve aux tournants décisifs de la médecine occidentale. Elle s'évertue à penser la maladie en elle-même sans considérations préalables touchant la santé idéale. C'est à partir de la « leçon d'anatomie » et de la dissection des cadavres que le corps laisse pénétrer ses secrets. La catastrophe finale et les désordres qui la précipitent illuminent, pareillement, les caractères raciniens*.

Des espoirs embués et têtus ne cessent d'infléchir notre capacité visuelle pour contredire les analyses glaciales et décapantes du regard clinique. Ainsi, au dernier acte de *Britannicus*, les survivants mutuellement se rassurent : Néron (criminel s'il en est) serait en vérité moins méchant qu'il n'y paraît, plus humain : n'a-t-il pas un chagrin d'amour ? Autre consolation pour ceux qui surnagent : le peuple romain s'est vengé, il a lynché Narcisse, le conseiller pervers, il ovationne la religieuse Junie, il ouvre la voie d'un rétablissement que le repentir de l'empereur ne peut que conforter :

Allons voir jusqu'où vont ses transports
Voyons quel changement produiront ses remords ;
S'il voudra désormais suivre d'autres maximes.

---

* Michel Foucault a cerné admirablement le moment anatomo-clinique où, autour de Bichat, la médecine s'émancipe du platonisme diffus qui la contraignait à ne réfléchir qu'à partir de la (bonne) vie et de la (grande) santé : « Pour Cabanis comme pour le XVIIIe siècle et pour toute une tradition qui était familière déjà à la Renaissance, la connaissance de la vie s'appuyait de plein droit sur l'essence du vivant, puisqu'elle n'en était, elle aussi, qu'une manifestation. C'est pourquoi on ne cherchait jamais à penser la maladie qu'à partir du vivant. [...] Avec Bichat, la connaissance de la vie trouve son origine dans la destruction de la vie et dans son extrême opposé. [...] Le regard médical pivote sur lui-même et demande à la mort compte de la vie et de la maladie, à son immobilité définitive de leurs temps et de leurs mouvements. Ne fallait-il pas que la médecine contourne son plus vieux souci pour lire, dans ce qui témoignait de son échec, ce qui devait fonder sa vérité ? » *(Naissance de la clinique*, P.U.F, Quadrige, 1990, p. 148-149). Cette révolution du regard médical est toutefois moins inouïe que ne l'affirme Michel Foucault. Les traités hippocratiques louent l'« ancienne médecine », qui traite des maladies directement, et l'opposent à la « nouvelle », qui, se réclamant d'Empédocle et des physiciens, prétend partir d'une vraie « nature » de l'homme pour en déduire, comme autant de défaillances, les maladies supposées antinaturelles.

Burrhus enchaîne sur Agrippine :

Plût aux dieux que ce fût le dernier de ses crimes !

È finita la commedia ! Happy end illusoire. Dernières paroles de la tragédie. Chacun sait qu'elles sont proférées par les prochaines victimes du tyran sans foi ni loi. Néron vient d'accéder à la conscience heureuse de sa criminalité. Le seul frein propre à bloquer les pleins pouvoirs de sa fureur, toute-puissante désormais, serait la révolte, la contre-fureur des futurs immolés. La fin élimine cette ultime possibilité.

En rêvant d'un miracle de la onzième heure, l'opposition virtuelle signe son arrêt de mort. Racine, sur ce point, suit Tacite, qui souligne à maintes reprises combien la force de Néron se gave des consentements anticipés d'une élite romaine, étrangement disposée au suicide quand le prince l'ordonne.

La ville, la cour, les conseillers, la mère partagent une fatale complaisance, dont le secret racinien tient au côté performatif du langage de la flatterie. Non seulement l'adulateur s'emploie à ne pas évoquer la face obscure de l'adulé, d'où son goût prononcé pour l'euphémisme, mais il s'organise pour la voir le moins possible, d'où sa facilité à rassurer et se rassurer. Lorsqu'il bute sur des malheurs ou des malfaisances qui sautent aux yeux, le flatteur se fait manichéen. Il ne peut enregistrer le mal que sur l'horizon de son évanouissement proche et définitif. Néron fut méchant, Narcisse, son âme damnée, est tué, Néron sera bon. En aspergeant de louanges l'objet de son idolâtrie, le flatteur se flatte. L'amour-propre conjugue souvent le talent de couvrir de fleurs et l'art de se voiler la face.

L'indicatif cruel n'épargne aucun détail, il propose l'autopsie. Le performatif consolateur s'ingénie, au contraire, à poncer les aspérités. Il escamote la permanence de la menace. Il trompe. Il se trompe. Sur la scène, dans les têtes comme dans les actes, deux registres de discours dynamisent les duels et dynamitent les répliques. Les regards « blessent ». Les feux « brûlent ». Les gestes « torturent ». Les larmes font « fondre ». Mais les mots tuent pour de bon.

Traversés par la dualité, la plupart des personnages ne restent pas prisonniers de leur volonté performative. Ils se heurtent au péril mortel qui ne cesse de les hanter. Ils comprennent alors, même « un peu tard », qu'entre Être et Faire la mort introduit son irréductible contestation. Ils savent désormais que l'illusion toxique peut les mener au désastre. Il existe, néanmoins, une seconde catégorie de personnages, lesquels semblent demeurer jusqu'au bout insensibles au mal, à celui qu'ils commettent comme à celui qu'ils risquent. Les vérités cruelles de l'indicatif glissent sans les atteindre : Ériphile, Hermione longtemps, Néron, surtout lui, se cuirassent d'un performatif hermétique. Ils s'installent, une fois pour toutes, « par-delà » le bien et le mal. C'est-à-dire — trait de génie de Racine — définitivement dans le mal.

Le commandement divin « performe » absolument parce qu'il crée. Dans le *Fiat lux*, il conjugue le regard et le regardé, le dire et le faire, la vision et l'ostentation. « En Dieu la parole ne diffère pas de l'intention, car il est véritable ; ni la parole de l'effet, car il est puissant ; ni les moyens de l'effet, car il est sage », écrit Pascal.

Il n'en va pas de même pour les hommes qui se prennent pour Dieu. Le performatif humain ne commande les autres et lui-même qu'en s'épaississant d'illusion. Le regard qui s'auto-idolâtre s'aveugle. Le regard qui idolâtre s'embue :

Chargés d'un feu secret, vos yeux s'appesantissent.

L'homme produit, mais ne crée pas de zéro. Il en dit plus qu'il ne fait, à moins qu'il ne fasse davantage ou autrement qu'il ne dit. À une exception près : quand dire, c'est défaire, et que la performance radicale de la destruction devient l'apanage d'une créature aussi douée que Néron. « Il y en a qui ont pris le parti de Néron contre moi. Ils ont dit que je le faisais trop cruel. Pour moi, je croyais que le nom seul de Néron faisait entendre quelque chose de plus que cruel*. »

* Préface de Racine à *Britannicus*.

LE GÉNIE DU MAL

La thèse très spirituelle d'Hannah Arendt touchant la banalité du mal accompli par les bureaucrates me paraît trop simple. Les mots magiques et trompeurs « salle de douche » n'étaient-ils pas, comme le suggère Amos Oz, une trouvaille poétique de génie ? N'était-ce point là le plus efficace de tous les poèmes-en-trois-mots de l'histoire ? Le chef-d'œuvre d'un post-expressionnisme refoulé ? Une fleur du mal brune et nazie ? Les déportés, épuisés par un long trajet en wagons à bestiaux, entassés dans la puanteur avec les cadavres, souillés de vomi, assoiffés, à demi-morts eux-mêmes, pouvaient-ils résister à l'annonce enchanteresse qu'ils allaient enfin bénéficier du statut civilisé de l'homme-qui-se-douche ?
La grande solution tient dans cette étiquette « salle de douche ». La propreté ! L'hygiène ! Les poux sont un danger pour ta santé ! Quelle idée astucieuse que de faire passer les victimes à la tondeuse, quel truc grandiose que de les amener à se déshabiller volontairement. Le mensonge génial du passage aux douches épargnait aux nazis la mise en place d'une armée de tueurs de juifs. L'espérance de survie qu'ils faisaient miroiter devant les sacrifiés facilita merveilleusement le fonctionnement de l'usine à meurtre.

Wolf Biermann, *Jischak Katzenelson, Grosser Gesang vom ansgerotteten jüdischen Volk*, Kiepenheuer und Witsch, 1995, p. 14-15.

Si, depuis plus d'un millénaire, Néron incarne le destructeur, ce n'est pas l'accumulation connue de ses délits qui fascine Racine, c'est son aptitude à les commettre. Le poète interroge ce qui passe dans le cœur, la tête, l'œil de qui se dispose à l'acte. Il suit, pas à pas, la gestation d'un monstre pas encore avéré, à mesure qu'il naît à « quelque chose de plus que cruel ». Racine creuse les conditions de possibilité d'un mal humain absolu.

Je souligne, et tu t'arrêtes sur l'inouï « quelque chose de plus ». Qu'imaginer de « plus » mal que le mal, sinon la conscience qui l'accomplit et qui se manifeste, ce faisant, capable de le reproduire ? N'atteint-on pas ici ce socle d'éternité, au minimum d'inébranlable vérité, que le clacissisme revendique ? Éternité ? Pas vers les hauts mais dans la chute, du côté de la destruction plutôt que de la création. Moins une nature (je t'abandonne l'idylle grecque selon Winckelmann et parfois Goethe) qu'une antinature tapie au cœur de chaque tragédie, lovée dans les regards qui s'en détournent. Racine examine en Néron une irrévocable inhumanité, qui exhibe son défi comme l'inchangé de tout changement. Pas un accident de l'histoire, une permanence. Les dieux passent, les régimes varient, les amours meurent et renaissent, les mœurs courent de mutations en révolutions. Néron demeure.

Prêtons l'oreille à la manière inhabituelle de faire sonner ce nom : Néron. Ce n'est pas un historien qui l'interroge ; nous sommes dûment avertis par les préfaces : le travail est acquis, voyez Tacite. Ce n'est pas un psychologue qui mène l'enquête, ni un sociologue, ni un politologue, même si force commentaires montrent qu'en ces domaines *Britannicus* n'a pas été rédigé par un imbécile. Néron n'est pas Othello, il ne consent pas aux influences. Narcisse n'est pas Iago, il ne mène pas le jeu. Racine évite de psychologiser ou de politiser Néron, pour ne pas le dissoudre dans les considérations d'usage touchant le milieu, l'époque ou les traits de caractère. Agrippine n'a pas été une mère tout à fait honnête, et la démocratie à Rome connut des déboires, certes. Reste que Racine dissèque Néron en philosophe.

Entends-moi. Racine « philosophe » ne se mêle pas d'enseigner. Il questionne, à la manière de Socrate, en quête de savoir. Soit le mythe de Typhon, un vent qui souffle la tempête, un Titan de la race de ceux qui ébranlent le monde et font trembler les Olympiens. Les météorologues ont leur mot à dire, et les experts en théologie, et les hommes de lettres, et les augures, et les prêtres. À l'envi ils interprètent les fables au regard de la bienséance ou de la vraisemblance. Socrate, à rebours, tourne l'interprétation sur lui. « Au sujet de ces fables, je m'en rapporte à la tradition [comme Racine renvoie à Tacite]. Ce n'est point elles que j'examine, c'est moi-même ; peut-être suis-je une bête plus étrangement diverse et plus fumante d'orgueil que n'est Typhon ? peut-être suis-je un animal plus paisible et moins compliqué[2] ? » Racine se sert de l'histoire comme Socrate use des mythes. Elle ne témoigne pas du passé, mais de l'âme. Elle propose un miroir mental qu'on interroge pour se connaître. La rumeur colporta, et le fils du dramaturge en rapporta le cancan, que Louis XIV se refusa à toute prestation scénique après *Britannicus*, signifiant qu'un monarque ne doit pas, à la Néron, se donner en spectacle.

Le roi avait saisi, comme tout un chacun, l'essence socratique de la scène tragique : transformer une curiosité documentaire en souci de soi, convertir l'énigme divertissante — qui est Néron ? — en trouble intérieur — Néron, est-ce moi ?

La mère rappelle ses caresses, le précepteur, hypocrite peut-être mais toujours nécessaire, fait valoir les calculs de la raison ou, à défaut, les conseils de la prudence. Pourtant aucune remontrance n'agit, rien n'y fait, pas moyen de lester le regard de César d'une retenue ordinaire à qui se pressent vulnérable. Émancipé des illusions censées escorter toute passion, Néron aime-t-il Junie ? Les commentateurs en débattent depuis trois siècles. Lui-même paraît l'ignorer, peut-être feint-il un Néron amoureux. Se joue-t-il ? Sait-il s'il joue ou s'il vibre ? Face à Junie enchaînée, il déclare son amour, mais il n'a pas un geste vers elle. Face à Britannicus empoisonné sur son ordre, la haine ne l'inspire pas davantage, il ne trouve rien à dire, ni à redire. Le banquet bat son plein, on trinque à la réconciliation des deux frères, Britannicus s'écroule, Néron reste de marbre.

Jugez combien ce coup frappe tous les esprits :
La moitié s'épouvante et sort avec des cris ;
Mais ceux qui de la cour ont un plus long usage
Sur les yeux de César composent leur visage.
Cependant sur son lit il demeure penché ;
D'aucun étonnement il ne paraît touché.

Le tueur, qui assiste serein au calvaire de son frère, a déjà manifesté son indifférence glacée, lors de deux scènes mémorables. Ainsi les yeux de César s'excitèrent d'un « désir curieux » quand, pour la première fois, ils croisèrent Junie, prisonnière des gardes, ruisselante de larmes et cernée de flambeaux.

Belle sans ornements, dans le simple appareil
D'une beauté qu'on vient d'arracher au sommeil [...]
J'aimais jusqu'à vos pleurs que je faisais pleurer.

L'impassibilité du meurtrier, la cruauté dans l'amour et l'amour de la cruauté sous-tendent une autre scène, où Néron, dissimulé, force Junie à afficher insensibilité et désamour pour désespérer son doux Britannicus. Par trois fois, donc, les yeux de César s'éclairent de quelque chose de « plus que cruel ». Par trois fois, ils s'opacifient, impavides. Les regards de César semblent ailleurs ; ils caressent, comme au travers d'une vitre, la douleur.

Ravi d'une si belle vue
J'ai voulu lui parler et ma voix s'est perdue.

Supplices après supplices, au terme de son éducation, notre héros-*imperator* ne perçoit ni la peine ni la mort. Il paraît imiter, parodiquement, l'apathie prônée par ses maîtres stoïciens. Ceux-là s'exerçaient à tenir pour nulle leur souffrance. L'élève caricatural escamote celle des autres.

Ce contrôle absolu de soi, inébranlable devant l'horreur, épouvante l'entourage, qui excuserait le crime plus aisément que la capacité d'en soutenir la vue sans frémir. Néron, de la sorte, manifeste ce mystérieux « quelque chose de plus que cruel » que son regard véhicule. Une forme toute particulière d'aveuglement. Pas de pitié pour Junie ! Néron ne se laisse pas fléchir dans les vapeurs de la passion ni infléchir par les prospérités et les complicités du vice, pas de regrets pour Narcisse ! En six mots, je résume : Néron ne voit pas le mal. Ni celui que Junie subit. Ni celui qu'il perpètre. Pas même celui dont il prétend amoureusement pâtir.

Les apprentis néroniens, Mathan, Ériphile, Hermione, se veulent au-dessus des lois, en arguant de leurs déceptions amoureuses ou de leur échec social. Ils ne nient pas l'existence des malheurs mais ils réfutent la qualification infamante qu'on colle à leurs méfaits ; ils se revendiquent vengeurs et justiciers ; ils se voilent de morale. Néron déplace le procédé. Il évacue le mal avant d'avoir à en parler.

En face d'Iphigénie, Agamemnon argumente ; il n'est pas étranger au calvaire de sa fille ; il tente de l'équilibrer par celui qu'il s'attribue. S'il conclut, comme tous les bourreaux, par un y-a-pas-de-mal, il a dû passer par tous les lacets du discours, au risque de s'y trouver ironiquement piégé par sa victime. Semblable mésaventure ne guette pas Néron. À ses yeux, d'entrée de jeu, il n'y a pas de victime. Lorsque Junie tente de se moquer, à la manière d'Iphigénie, elle fait chou blanc. Non seulement son persécuteur ne sait pas, comme Agamemnon, où gît l'horreur, mais, trait de génie, il ne la sent pas. Quand on dit Néron insensible, il faut entendre avant tout : insensible au mal. Pour ce qui est de la romance, il la pousse aussi bien que n'importe qui ; il s'empresse d'en donner la preuve à qui veut et ne veut pas l'entendre. S'agissant de la vertu romaine, il en gère les vibrations avec le brio stoïque d'un excellent épigone. Devant le crime, plus rien. Il n'idéalise pas, il ne sublime pas le mal en le moralisant. Il en évacue la moindre trace. Le pathétique, il ne le goûte qu'en esthète. Panne de transmission. Coma perceptif.

Tacite soulignait le côté histrion du personnage. Racine, homme de théâtre s'il en est, n'accentue pas simplement le trait, il y décèle une clef philosophique. Auteur, metteur en scène, acteur, spectateur, chef de la claque, responsable du service d'ordre, l'empereur excelle

À se donner lui-même en spectacle aux Romains,
À venir prodiguer sa vie sur un théâtre,
À réciter des chants qu'il veut qu'on idolâtre [...]

La vérité d'une représentation, pour un classique, est essentiellement duplice. L'abbé d'Aubignac distingue dans un tableau ce qui est peint et ce qui est dépeint[3]. Dans une représentation théâtrale, il y a ce qui est vu, sa face signifiante, et il y a ce qu'on voit, le signifié, « l'action véritable de l'histoire représentée ». La magie des tréteaux joue de l'ambiguïté, « le théâtre est une espèce d'illusion, mais il faut tromper les spectateurs en telle sorte qu'ils ne s'imaginent pas l'estre, encore qu'ils le sachent [...] ». Les fameuses « règles » trouvent leur légitimité à maintenir l'équilibre instable de la représentation. Elles permettent de « plaire et instruire » simultanément, en cultivant chez le spectateur une foi dans la mauvaise foi, qui se repaît des enchantements du signifiant tout en prenant ses leçons dans le signifié. Une tension permanente fait naviguer la comédie entre le Charybde de la farce — qualifiée de grossière parce que pur plaisir sans « histoire » — et le Scylla du pédantisme raisonneur. Molière essuya les deux critiques. On s'aperçoit très vite que Néron, metteur en scène, utilise cette bipolarité et la retourne à son profit. Un exemple, donné une dizaine d'années plus tôt, nous met sur la piste.

Le dramaturge, selon François d'Aubignac, affronte la même difficulté que le peintre qui esquisse une Madeleine pénitente. Un double souci l'habite : 1. Celui de la « chose véritable », « il fera que cette figure aura le teint pâle et défait, parce qu'il n'est pas croyable qu'il fût autre en ses austeritez [...] Il n'oubliera rien des marques les plus importantes de son histoire, car s'il en usait d'autres, ceux qui la verraient ne la reconnaîtraient pas » — c'est la vérité de la chose signifiée que Racine recueille en Tacite. 2. Celui de la « chose figurante », « il la mettra dans une posture agréable, autrement on la regarderoit avec dégoust. Il y emploiera les plus vives couleurs, afin que l'œil éprouve plus de satisfaction. Il ne la jettera pas le visage contre terre, parce qu'il en cacherait la plus belle partie, mais il la mettra à genoux. Il ne la couvrira pas tout entière d'un cilice, parce qu'elle serait sans grâce ; mais elle sera à demi nue. Il ne la représentra pas dans le fond d'un rocher, parce qu'elle ne pourroit estre veue ; mais à l'entrée d'une grotte, et il s'y gouvernera ainsi, parce qu'il considère son ouvrage comme une peinture qui doit tomber sous le sens et qui doit plaire*. » Tu me suis ? Néron

* Voir Pascal : Dieu s'exprimait « abondamment en figures, afin que ceux qui aimaient les choses figurantes s'y arrêtassent, et que ceux qui aimaient les figurées les y vissent » *Pensée*, 670.

contemple Junie posant en « Madeleine pénitente », il privilégie le signifiant du tableau. Il cligne de l'œil, comme le peintre appose sa dernière touche. Il juge des effets en artisan, de la toile en connaisseur. Seul compte à ses yeux le rendu du sujet.

Néron accommode sur la beauté du spectacle. Il n'a cure de la douleur et admire les larmes qui font joli. La fascination qui émane du tableau vivant est performative, elle s'affirme plus vraie que la réalité — l'environnement familial et le cœur amoureux de la triste Junie. Les militaires qui la cernent marquent par leur seule présence combien ses privilèges et dignités d'hier s'abolissent dans un demain qui tremble, incertain. Junie est coincée dans le tableau, tout entière sous l'œil du César et dans la poigne des gardes. La « si belle vue » qui ravit Néron n'existe que par son terrorisme. Lequel s'exerce à produire cette « trop belle image ». Le cercle de la tautologie performative, que Racine nomme idolâtrie, se ferme parfaitement. Les sentiments de Junie comptent pour zéro.

César pose les questions, inflige les réponses, anime solitairement l'image, « j'employais les soupirs et même la menace ». Il existe si peu de contradiction entre l'activité imaginaire et l'action terroriste qu'elles s'enveloppent l'une l'autre. La belle image témoigne de la puissance criminelle qui la rend possible : dans la scène des flambeaux, les gardes pressent Junie ; lors de sa rencontre arrangée avec un Britannicus désespéré, Junie à son tour ne doit manifester que l'insensibilité du pousse-au-crime tapi derrière le rideau ; lorsque Britannicus tombe foudroyé, l'indifférence retrouve son vrai propriétaire et signe le forfait. Chaque fois, l'artiste se mire dans le décor.

On aurait tort de reprocher à Néron sa préférence pour l'imaginaire des planches. Plus futé, plus buté, notre ultrahéros ne se contente pas de transformer la vie en spectacle, il transforme le spectacle en vie, en tuant la vie et en s'offrant le spectacle de la mise à mort. La fiction et la réalité se rejoignent dans l'acte destructeur. Le Néron du théâtre progresse à grands pas vers son double historique, l'empereur qui commande, pour le plaisir des yeux, l'incendie de Rome et le met en musique. Néron défile à Nuremberg. Racine le jauge et le juge.

Songe, songe, Céphise, à cette nuit cruelle
Qui fut pour tout un peuple une nuit éternelle.

Andromaque évoque le sac de Troie. Elle n'oublie pas les « yeux étincelants » d'un Pyrrhus, sorte de Néron à l'état naissant, égorgeant à tour de bras. Néron n'est pas un caractère, le fils d'une mère indigne et d'une cité païenne. Néron n'est pas l'élève de philosophes dépassés : Néron, c'est les « yeux de César », les « yeux étincelants » de Pyrrhus. Néron étale sa recette : n'avoir ni regard ni égard pour le mal. Une manière de déshumaniser sa victime, afin de ne point paraître, face à elle, inhumain. Ainsi les juifs, dans l'œil nazi, sont des rats, des *Stücke*, des pièces, des numéros. Il ne suffit pas que Junie soit prisonnière, il faut qu'elle se renie et trahisse son amour. Ainsi, les procès de Moscou n'ont guère innové. Il faut qu'hier s'écroule, il faut que demain brûle pour que le spectacle du jour affiche complet. Le régisseur domine la totalité de la représentation et l'intégralité du public. Il gagne lorsque le dernier mot du dernier acte met le feu à l'ensemble. Une même torche passe de main en main d'Ériphile à Néron, de Néron à Brunehilde. Flambeau qui, selon Racine et Wagner, n'éclaire pas, mais embrase les nuits définitives de la destruction absolue.

La nuit cruelle, la nuit du tombeau, la nuit qui hante le théâtre de Racine abrite les secrets, les poisons, les complots, les meurtres et les parricides. Parfois « un noir pressentiment » l'annonce, Junie pense que Néron « avait choisi la nuit » pour cacher sa vengeance. Souvent l'illusion l'accomplit en l'inversant ; Bérénice, tout éblouie encore du triomphe de Titus, savoure la « splendeur » d'une « nuit enflammée », dont elle ignore la menace. L'omniprésence nocturne, le « *tenebroso* racinien* », est le lieu classique de l'expérience du mal. Dans le registre grec, la nuit s'annonce mondiale à Troie. En termes chrétiens, elle tombe depuis Gethsémani :

> Jésus prie dans l'incertitude de la volonté du Père et craint la mort. Il souffre cette peine et cet abandon dans l'horreur de la nuit**.

* Roland Barthes, *Sur Racine*.
** Blaise Pascal, *Pensées*, 244.

Loin de les éviter, sans tenter de les dépasser, les maîtres du sublime, les classiques français, se battent avec les ténèbres et se débattent en leur sein.

D'ordinaire, les doctes et les simples s'accordent pour ostraciser les choses ignobles. Comme si penser le mal produit le forfait, la démission, les fausses puis les mauvaises pensées. Comme s'il émanait de l'horreur une contagion irradiante, sorte de magie noire aussi inextricable et fatale que la blanche, qui, vertueuse, devrait nous attendrir à force d'exemples saints. Le Dieu d'Aristote, selon certains, s'absorbait dans la pure pensée qui se pense elle-même, sans prêter attention ni souci au monde inférieur où grouille la corruption. Les ligues de vertu s'emploient, pareillement, à proscrire les images du mauvais comme mauvaises images. Bannissez les démons de vos yeux et ils disparaîtront du réel ! Voilà qui fait axiome communément reçu. Voilà précisément ce que nos classiques abominent. « Les hommes n'ayant guère que la mort, la misère, l'ignorance, ils se sont avisés, pour se rendre heureux, de n'y point penser » (Pascal).

Se détourner des expériences inquiétantes et fâcheuses déclenche un engrenage redoutable. Le divertissement cache une inavouable conversion. Le mal prospère d'être ignoré. « Nos vertus ne sont, le plus souvent, que des vices déguisés », stipule l'épigraphe qui commande les *Maximes* de La Rochefoucauld. La propension à n'imaginer ni prévoir le pire en autorise et facilite la venue. Lorsque Pascal avertit « qui veut faire l'ange fait la bête », il entend, à la Machiavel, prémunir contre les dangers de l'angélisme, dans un monde qui ne respire pas l'idylle. Il entend surtout qu'une volonté angélique est par elle-même, chez les non-anges que nous sommes, perverse. Dieu seul « peut du mal tirer le bien ». Au contraire, « sans dieu, on tire le mal du bien ». La focalisation sur la perfection ouvre les portes de la nuit, comme une dévotion édifiante n'est qu'une tenue camouflée de l'amour de soi. Craignant, avec Dorine, de se retrouver tartufés, les classiques s'ingénient à deviner le « dessous des cartes[4] ».

De ce renversement du pour au contraire, Racine pousse la logique jusqu'à l'incandescence. Il ne fixe plus l'ange qui devient bête, mais la bête qui se fait ange afin de se préserver bête à part entière. Il y a le criminel de base, à qui son crime semble échapper et qui revendique ou plaide la passion. Il y a le criminel moral ou idéologique, qui justifie l'assassinat par l'idéal, il reconnaît la méthode détestable, il ne nie pas le mal dans son existence sensible, il s'en sert, il en subvertit le concept ; le mal qu'il fait n'est pas essentiel, il est propagé au nom d'un plus grand bien. Ainsi, Athalie tue par raison d'État, le grand prêtre Joad massacre au nom de Dieu. Il y a enfin le stade suprême de la destruction ; seul Néron le touche. Il dévoile la condition de possibilité d'une constante malfaisance : plutôt que nier le mal dans son essence, au nom d'une cause qui le légitime éthiquement, mieux vaut encore nier le mal dans son existence, en l'oblitérant avec esthétisme. Le mal que je provoque, je ne dois ni le penser ni le voir. Au bout du compte racinien, le sens commun est retourné comme un gant.

Pour l'innocent, pas de présomption de bonne conduite ! La vérité classique s'annonce inquiétante, qui présente un Néron insensible, indifférent, multipliant les crimes par la candeur zombique qui les thésaurise.

Tout n'est pas permis quand Dieu est mort, car, Dieu sait ! ses substituts sont légion. Tout est permis, quand y-a-pas-d'mal. Néron a peut-être appris des stoïciens que les sages peuvent, donc doivent tenir pour néant les avanies qui les agressent. Il renvoie la balle, il métamorphose les malheurs qu'il inflige. Il invente l'alchimie qui transmue les larmes en lumière, le sang en couleurs, la douleur en spectacle, la torture en beauté pure. La pierre philosophale, qui nie le crime dans son concept et dans son intuition, disjoncte tous les interdits. Néron apparaît libre de faire ce qu'il fait, puisqu'il n'en connaît ni n'en sent le côté condamnable. Encore convient-il qu'il sache faire ce qu'il ne conçoit pas. Néron ne se paralyse dans aucune contradiction, car, en vérité, il ne fait pas, il défait. Il déconstruit Junie. Il ne produit pas une œuvre, mais du néant. Son travail d'annihilation se guide sur les caractères de l'objet à détruire. Ses stratégies, chaque fois différentes, s'adaptent aux résistances diverses opposées par

Junie, Britannicus et Agrippine. Autogène, autonome, performative, sa haine se nourrit de ce qu'elle brûle et suit son cours tant qu'il reste quelque chose à réduire en cendres.

Il faut qu'une lettre s'arrête. Je crois en avoir dit trop peu. Et je crains à tes yeux d'avoir été long. J'ai voulu, en feuilletant mon « théâtre complet », te transmettre un regret : aucune chancellerie n'a su apprécier la chute du mur à Berlin et les événements qui suivirent avec le goût, la sobriété des classiques français, guère connus chez vous et oubliés chez nous. On se fût épargné de rêver bergers et bergeries en caressant l'idylle d'un nouvel ordre mondial. La guerre est finie, la fin de l'histoire sonne, tiens donc !

L'illusion n'est permise qu'à l'acte I, elle se paie cher dans les quatre suivants. Relisant *Athalie*, on eût compris combien les vagues totalitaires se succèdent, combien les drapeaux changent et virevoltent, combien les méthodes inhumaines se copient et se relaient. La souveraine impie de Judée cultive la religion absolue de l'État, comme les deux vagues rouge et noire qui ravagèrent le XXe siècle. Lui tenant la dragée haute, Joad le grand prêtre prône l'État absolument religieux, comme la vague fondamentaliste, qui rêve d'un XXIe siècle quadrillé au nom du peuple de Dieu ou des peuples dieux. L'infatigable propension à claironner que tout va bien saute d'un mieux à l'autre. Elle témoigne du continuel refus d'une expérience du mal pourtant ciselée par le théâtre et les maximes classiques.

Les infamies d'une actualité proche peuvent introduire l'Européen aux ressorts cruels du Néron construit par Racine. Le fascisme fut épinglé par Walter Benjamin comme « esthétisation de la politique », mais sa plus philosophique définition fut vomie du gosier de Milan Astray, général franquiste. Lors d'une cérémonie solennelle à l'université de Salamanque, ce « héros », qui perdit un œil et un bras au combat, apostrophe le recteur Miguel de Unamuno : « Vive la mort ! » En chœur et en uniforme, les étudiants reprennent : « *Viva la muerte !* », à bas les intellectuels ! Antirépublicain jusqu'alors, patronné par l'épouse du caudillo, le penseur fait face : « Je viens d'entendre un cri nécrophile et insensé... Et moi qui ai passé ma vie à façonner des paradoxes qui ont soulevé l'irritation de ceux qui ne les comprenaient pas, je dois vous dire, en ma qualité d'expert, que ce paradoxe barbare est pour moi répugnant. Le général Milan Astray est un infirme. Cervantès l'était aussi. Je souffre à la pensée que le général puisse établir les bases d'une psychologie de masse. Un infirme qui n'a pas la grandeur spirituelle d'un Cervantès recherche habituellement son soulagement dans les mutilations qu'il peut faire subir autour de lui. »

Le fasciste gouverne au moyen de la mort. Il s'élève en maître au-dessus de ceux qui craignent la recevoir et la donner. Il la risque à l'occasion d'autant plus témérairement qu'il se persuade ne pas y croire. Peu importent les oripeaux idéologiques dont s'entoure cette conviction assassine. Le fou de Dieu, le maniaque de l'ethnie, l'obsédé de lutte finale et le petit Néron de quartier s'auto-instituent vie-la-plus-vivante. Ils l'éprouvent dans le spectacle répété de l'agonie ignominieuse des autres : je brûle, tu pourris. La gorge tranchée des femmes, des chanteurs, des enfants, des journalistes en Algérie, les populations « purifiées » de Bosnie, les Tchétchènes décimés, de multiples prétendues guerres civiles manifestent éloquemment la généralisation des guerres contre les civils. Autant de témoignages d'une prolifération de crimes néroniens : tu meurs, donc je suis, ponctuent le couteau, la machette, le kalachnikov, les tanks, la bonbonne et les boulons. Sous les « yeux indifférents » de micro-Césars.

Le fasciste « fait le dieu », dirait Pascal. Il a désappris la mort. Pareille maladie ne laisse pas d'apparaître contagieuse, et les sectes s'exercent à anticiper apocalyptiquement la mort des autres, la mort comme autre, jusqu'à s'immoler à la certitude de survivre du côté de Mars ou de Saturne. À Washington un million d'individus se rassemblèrent, qui s'élirent taillés d'une étoffe spéciale — purement mâles, purement noirs et, dans la foulée de cet autisme héroïque, antiblancs, antisémites et sexistes. À Tokyo, d'autres tentèrent de transformer le métro en chambre à gaz. En Israël, le docteur Goldstein bousilla plusieurs dizaines de musulmans en prière et trouva un émule qui, meurtrier du Premier ministre Rabin, arborait un sourire impavide. Par tranches, de proche en proche, plus l'humanité se croit, moralement, politiquement, mystiquement, esthétiquement immortelle, plus elle risque d'y passer.

À toi de jouer ! Je retourne à mes classiques, histoire, saisis-tu ? de comprendre ce qui arrive.

Lettre VII

La double vie de Chaperon rouge

Goethe au-delà de Racine — Grimm contre Perrault — Comment les fées éduquent les enfants allemands et pervertissent les petits Français — Grandeur de Leibniz.

De Berlin

D'accord ! D'accord ! Il n'existe aucune échappatoire à l'expérience occidentale du mal. Ne saurait-on pour autant la surmonter et la dépasser ? J'en conviens, toute tentative pour la taire et l'évacuer lobotomise notre culture et rend inintelligibles Shakespeare, Racine et Dostoïevski, autant que les nouvelles du jour. Est-ce à dire qu'il faille céder à l'omnipotence diabolique ? S'y complaire ? S'y vautrer ? Face à la très, peut-être trop, française expérience du mal, la pensée allemande s'obstine, trois siècles durant, à faire valoir les droits d'une expérience du bien, difficile, perturbée, inachevée, et néanmoins tenace.

En un mot, toute la différence entre nous tient dans la majuscule et le singulier très allemands qui gratifient un vocable dont les autres peuples usent et abusent, faute de pressentir son noyau sacré. En France circulent, librement et prosaïquement, les beaux et les mauvais esprits, sans que les qualificatifs élogieux, dépréciatifs ou vengeurs (sale esprit !) tirent à conséquences théologiques ; le Saint-Esprit, les petits esprits, l'Esprit du mal, les plaisantins spirituels et les Spirituels qui ne plaisantent pas, tour à tour, perdent leurs esprits (pluriel) ou le retrouvent (singulier), sans que vos dictionnaires s'en offusquent.

Pris à bon escient, le terme participe de l'astuce, de l'ironie, du jugement, du goût, du franc parler, bref, d'une civilité : « le grand art est dans l'à-propos », écrit Voltaire. Il n'oriente guère vers les sublimes élévations qu'immédiatement, chez nous, il évoque : « L'opinion courante se représente assurément que l'esprit est ce qu'il y a de plus haut dans l'homme », remarque Schelling[1]. Il discute le mot, lui préfère à l'occasion « âme », mais reprend à son compte ce que le vocable allemand désigne : une instance intellectuelle suprême, qui tranche sans appel, immunisée contre l'erreur et les maladies mentales ou morales. Les « esprits » français tentent tout juste d'affronter, avec « à propos » et humour (le *Witz* viennois rôde à proximité), un mal protéiforme qui les habite. Le *Geist-Esprit* promet de le surmonter victorieusement.

Je le sais, les entêtés du bon, du beau, du vrai donnent prise au soupçon. Les prétentions à la pureté, je ne l'ignore pas davantage, charrient leurs tombereaux d'impuretés. Permets-moi, cependant, de déceler dans le vice même la hantise de son contraire. Baudelaire, en si beau français pourtant, expert en la matière, percevait parfois ce mal dont il distillait les fleurs comme « un outrage à l'harmonie [...] une espèce de faute contre le rythme et la prosodie universelle[2] ». Si le mal renvoie au bien qu'il combat, si le bien seul offre un point de vue sur le mal, il ne suffit pas de « redevenir classique », comme tu le proposes, il faut, avec Leibniz, Goethe et Hegel, être et rester platonicien.

L'expérience du mal ne submerge pas sans recours la conscience de soi, l'être au monde et le rapport à Dieu : voilà ce que la philosophie, la poésie et la littérature allemandes s'exténuent à chanter sur tous les tons, parfois naïvement, voire hypocritement. Souvent, avec une fièvre que j'aimerais t'inoculer, elles tentent, fût-ce dans le désespoir, la remontée de l'ombre à la lumière, à la manière des apprentis en platonisme. Ouvrir en pleine détresse une lucarne sur un monde meilleur, pareille idée ne nous appartient pas en propre. Nos penseurs ont scruté plus systématiquement que d'autres l'exigence universelle d'un petit coin de paradis. Nos poètes ont effeuillé la fleur bleue, source de toute émotion. Sa présence distancie la douleur, juste assez pour nous retourner sur elle. Baudelaire, encore, cueillant la fleur de l'exil :

> « Quand un poème exquis amène les larmes au bord des yeux, ces larmes ne sont pas la preuve d'un excès de jouissance, elles sont bien plutôt le témoignage d'une mélancolie irritée, d'une postulation des nerfs, pavé d'une nature exilée dans l'imparfait et qui voudrait s'emparer immédiatement, sur cette terre même, d'un paradis révélé. »

Qu'est-ce qui est allemand ? interrogea Jaspers pour aussitôt fournir deux réponses : 1. je ne sais pas, 2. « ou alors je me sens capable d'écrire des livres entiers là-dessus ». Il concluait : « C'est en tout cas quelque chose qui nous lie[3]. » Je crains qu'une fois les clichés usuels éliminés notre échange épistolaire n'aboutisse à des généralités honnêtes mais décevantes du même acabit, lesquelles valent pour toutes les nations, voire pour chaque espèce animale. Questionne un entomologiste sur sa spécialité, les fourmis par exemple ; il ne manquera pas, en toute bonne foi, d'hésiter, puis de te proposer une longue série de volumes explicatifs, agrémentés de considérations sur ce qui « lie » : l'esprit de la fourmilière. Les Français aussi présentent quelque chose qui les « lie » ; en l'occurrence, César et de Gaulle l'ont dit, un art de se délier les uns des autres et de disputer à l'infini, qui suscita de tout temps l'admiration des voisins. Tel n'est pas le type de lien qu'affectionnent les Allemands. De la comparaison, si nous prenons la peine de la creuser, jaillit une définition réciproque assez provocante.

Faut-il te le rappeler ? La première grande dame mythique de votre poésie amoureuse fut mystérieusement nommée Délie par Maurice Scève, son poète amant et inventeur. Les philologues discutent encore de la personne que ce nom dissimule, mais le pouvoir séparateur qu'il désigne saute aux yeux. Ajouterai-je que, parmi les trois belles glorifiées par Ronsard, l'une fut baptisée Cassandre, prophétesse du malheur, la deuxième Hélène, occasion du génocide de Troie, étymologiquement, « celle qui arrache » chacun à chacune et l'homme à ses racines. Au sujet de la troisième, je me garderai d'épiloguer ; elle s'appelle Marie, christianisme oblige, bien qu'un subtil parfum de blasphème amalgame le culte de la Vierge et celui plus leste de la petite amie. Reconnais-le, l'*Iphigénie* de Goethe s'élève sans ambiguïté au-dessus de telles équivoques. Elle fait la leçon aux Olympiens : « Sauvez-moi et sauvez votre image en mon âme. » Elle les supplante : « Chez Goethe, Iphigénie devient une déesse qui ne croit qu'à la vérité qu'elle porte en elle et qui réside dans l'âme humaine », écrit Hegel[4].

Moins banale qu'elle ne paraît à première vue, la remarque de Jaspers souligne notre volonté farouche de trouver « en tout cas quelque chose qui nous lie ». On dit que les Allemands font un peuple musicien ou religieux par excellence. C'est trop d'honneur, sauf à caractériser les âmes musiciennes par la suprématie qu'elles accordent à l'harmonie sur les dissonances et à définir la religion par une seule de ses étymologies, *religare*, relier. Force est de convenir que le culte, heureux, malheureux, désespéré ou féroce selon l'époque, du lien social est une constante de notre histoire. N'est-ce point l'inéludable nécessité d'un pacte en vue du Bien commun, que Goethe figure et que Hegel commente, en « la pure et sainte Iphigénie, la sœur, qui est l'image divine et la protectrice de la maison » ?

Comme nous voilà loin du duo racinien d'Iphigénie la cruelle et d'Ériphile l'incendiaire ! Les fougueux écologistes qui défraient nos chroniques ne sacrifient-ils pas à cette même « image divine » ? Étonne-toi s'ils mobilisent des centaines de milliers d'Iphigénie fédérales s'érigeant protectrices d'un environnement et d'une nature qu'elles chérissent comme un foyer, une *Heimat* élargie aux dimensions de la planète. Dans notre « écologie » résonne l'*Oikos* grec, la maisonnée, le *home*, le chez-nous. Bien allemande, l'idée probablement indéracinable que l'homme n'arrive sur terre que pour former une grande famille. Pouvait-on imaginer plus cruel destin que de nous couper en deux camps par un mur de barbelés ?

UN PEUPLE RELIGIEUX

Les philosophes allemands, et gloire leur en soit rendue, ont été les premiers, dans le dix-huitième siècle, qui aient mis l'esprit fort du côté de la foi, le génie du côté de la morale, et le caractère du côté du devoir...
De toutes les nations, celle qui a le plus de penchant au mysticisme, c'est la nation allemande. Avant Luther, plusieurs auteurs, parmi lesquels on doit citer Tauler, avaient écrit sur la religion dans ce sens...
Plusieurs poètes lyriques, depuis Klopstock jusqu'à nos jours, ont dans leurs écrits une teinte de mysticisme. La religion protestante, qui règne dans le Nord, ne suffit pas à l'imagination des Allemands, et le catholicisme étant opposé, par sa nature, aux recherches philosophiques, les Allemands religieux et penseurs doivent nécessairement se tourner vers une manière de sentir la religion qui puisse s'appliquer à tous les cultes. D'ailleurs, l'idéalisme en philosophie a beaucoup d'analogie avec le mysticisme en religion ; l'un place toute la réalité des choses de ce monde dans la pensée, et l'autre toute la réalité des choses du ciel dans le sentiment...
La religion dogmatique est un commandement ; la religion mystique se fonde sur l'expérience intime de notre cœur ; la prédication doit nécessairement se ressentir de la direction que suivent à cet égard les ministres de l'Évangile, et peut-être serait-il à désirer qu'on aperçût davantage dans leur manière de prêcher l'influence des sentiments qui commencent à pénétrer tous les cœurs. En Allemagne, où chaque genre est abondant, Zollikofer, Jérusalem et plusieurs autres se sont acquis une juste réputation par l'éloquence de la chaire, et l'on peut lire sur tous les sujets une foule de sermons qui renferment d'excellentes choses.

Madame de Staël, *De l'Allemagne*, éd. Firmin Didot, 1928, p. 508, 546, 547.

Quel a été, au XXe siècle, le livre le plus lu en Allemagne, le livre des livres mis à part ? Tu ne devineras jamais. Pas *Mein Kampf*. Pas le *Manifeste du parti communiste*. Pas davantage les recettes culinaires de Mme et M. Kohl. La seconde bible, qu'aucun enfant allemand n'est censé ignorer, ce sont les *Contes* des frères Grimm. Ne prends pas la chose à la légère.

S'il est vrai que toutes les grands-mères du monde endorment leurs petits-enfants en les berçant de fables et de légendes, nos contes de fées sont d'une facture particulière. Recueillis, retravaillés, au début du siècle dernier, ils se veulent si délibérément pédagogiques qu'on put tracer la courbe de leur moralisation croissante en fonction des diverses versions proposées, du manuscrit de 1810 à l'édition de 1857. Comme tu peux t'en douter, l'ardeur contestatrice autour de 1970 n'a pas épargné un tel monument de conformisme.

Inévitablement, *Le Petit Chaperon rouge* se retrouva converti en message subversif. La fillette punie pour n'avoir pas suivi de sages conseils de prudence fut transformée en héroïne sans peur ni reproche, qui, avalée par le grand méchant loup, se taille un chemin au couteau et s'extrait du ventre de la bête, innocente comme Baptiste et fraîche comme une rose. Le happy end progressiste confirme à son insu le projet fondamental qui structure ces contes. Même en inversant la moralité finale, on ne perd jamais l'occasion de faire la leçon au jeune auditeur en l'orientant vers le Bien. Sermon de gauche, sermon de droite, mais toujours catéchisme.

Dès les premiers mots, la différence entre la France et l'Allemagne éclate. « Il était une fois une petite fille de village, la plus jolie qu'on eût su voir », lance Charles Perrault. Les Grimm de reprendre : « *Es war einmal ein kleines süsses Mädchen.* » Entends une « douce », une gentille petite fille tout sucre. Perrault s'inscrit dans le registre de la beauté et de la séduction : « Sa mère en était folle et sa mère-grand plus folle encore. » Avec Grimm, on s'installe d'emblée dans une relation virginale d'amour : « une gentille fillette que tout le monde aimait ». Tout est pareil et rien n'est semblable. Le loup de Perrault pousse à l'extrême un sentiment général, il est séduit comme tous, et dévore Chaperon rouge des yeux avant de la croquer in vivo. Le loup des Grimm, en revanche, rompt le consensus amoureux, sa méchanceté est antisociale, alors que la version française la pose plutôt comme ultrasociale et donjuanesque.

Le dénouement couronne cette divergence. Perrault sacrifie son héroïne, il ignore le coutelas du chasseur-sauveur qui ouvre la bête et ramène au jour la fillette avec sa grand-mère. En Allemagne, le loup écope du châtiment qu'il mérite. En France, tout se termine par une chute qu'adoucit l'ironie, Perrault signalant que l'affaire touche l'éducation sexuelle et concerne les loups...

Qui, privés, complaisants et doux,
Suivent les jeunes demoiselles
Jusque dans les maisons, jusque dans les ruelles,
Mais, hélas ! qui ne sait que ces lions doucereux
De tous les loups sont les plus dangereux !

La manière « doucereuse » du loup dévorateur s'inverse et se transfère dans la douceur virginale du Chaperon germanique.

Le sérieux des frères Grimm, leur *Gründlichkeit*, n'autorise pas les sous-entendus souriants. Ils peignent la lutte éternelle du bien et du mal, de la culture et de la nature, de la société et de la barbarie. Tout doit se terminer pour le mieux. La conclusion heureuse est évidemment pédagogique. Pénétré par l'esprit des frères Grimm, c'est au nom de leur efficacité thérapeutique que Bruno Bettelheim estime leur version très supérieure à la perversion de Perrault, « où personne ne dit au Petit Chaperon rouge de ne pas traîner sur la route et de ne pas s'écarter de son chemin ». Le réquisitoire relève une circonstance aggravante : « On ne comprend pas que la grand-mère qui n'a rien fait de mal trouve la mort. » Qui plus est, comble de l'horreur, le Chaperon rouge à la française « n'est certainement pas un personnage avec lequel on aurait envie de s'identifier ». Le procureur psy accuse : il y aurait substitution, au lieu d'« une petite fille saine [...] qui s'assume innocemment en toute bonne foi », l'héroïne française finit par revêtir « toute l'apparence d'une femme déchue[5] ». Non sans quelques outrances révélatrices, Bettelheim trace à merveille l'infranchissable frontière qui sépare les deux récits d'une même histoire.

Platon, on le sait, reprochait à Homère de blasphémer en prêtant aux dieux des passions proprement humaines. Toutes proportions gardées, Perrault se trouve ostracisé pour un motif analogue ; en imaginant des petites filles tentées à la manière des grandes, il souille la candeur des chères têtes blondes, fussent-elles coiffées d'un rouge chaperon.

Qu'on inverse à loisir la morale proposée, qu'on transmue le Chaperon victime en Antigone résistante ne modifie guère l'humeur platonicienne qui baigne les contes de fées allemands. Quand Drewermann, le prêtre également psy, distille une thématique évangélique, progressiste et politiquement correcte, il ne modifie pas l'optique initiale qui est de conduire les enfants vers une maturité sage et responsable : « Les contes nous donnent le courage de croire en nous-mêmes, à notre droit de vivre, et de surmonter notre angoisse et tous nos sentiments de culpabilité pour suivre résolument le chemin tracé par notre vérité dans notre cœur. [...] Ils nous montrent comment le moi adulte parvient à dépasser son étroitesse et sa rigidité et à se trouver lui-même[6]. » En avant, toute ! Œdipe est « surmonté » ! Le conte de fées allemand se veut école de la vie, ce qui, par ricochet, suppose que la vie soit conçue comme une école platonicienne, organisant par étapes notre ascension vers la lumière du vrai bien.

Malheureusement, l'existence ressemble rarement aux contes de grand-mère. Les baguettes magiques font cruellement défaut à qui se débat dans les labyrinthes du quotidien. Il n'empêche ; le type des problèmes affrontés ne change guère lorsqu'ils sont transportés de la douce pénombre des nurseries aux illuminations des joutes électorales. « Ce que le conte veut découvrir, c'est comment le bien peut s'affirmer face aux méfaits du mal, et s'il est seulement capable de s'imposer. » Le style des réponses demeure, les programmes politiques de l'âge adulte prolongent le dressage pédagogique des bambins. Pouponnières et sociétés savantes, les unes et les autres ressassent le même « récit qui cherche à surmonter les mises en question et les menaces qu'exercent l'ordre du cosmos et celui des mœurs, en comprenant et en interprétant les bouleversements et les contradictions de la nature et de l'existence humaine comme relevant d'un ordonnancement supérieur[7] ».

Ne te méprends pas. Il ne s'agit pas de se contenter, à la manière des idéologues, d'une traduction moderne, d'autant plus ridicule qu'elle se voudrait savante, des légendes merveilleuses de la « Bibliothèque rose ». La culture allemande ne s'accorde pas d'office l'univers rassurant où les citrouilles se gonflent en carrosses pour sauver une fillette exploitée. Elle prétend construire un monde où les humiliés et les offensés s'émancipent par eux-mêmes des fatalités. Aux mythes nous empruntons l'input et l'output. En revanche, le passage de l'un à l'autre ne relève plus de la féerie mais de la « raison ». C'est-à-dire d'une opération dicible, reproductible et universalisable. Le mot d'ordre de l'*Aufklärung* — ose penser par toi-même — exclut les prestidigitations anciennes ; la culture moderne se propose paradoxalement de retrouver la confiance des premiers âges, à l'aide des procédures critiques qui l'ont éliminée. Au commencement était la « poésie naïve » (Schiller), celle de l'enfant en sécurité dans le cocon familial, celle d'une humanité de plain-pied avec la nature et les dieux, Grèce de Hölderlin, Hegel, Schelling et Marx, « Orient » mythique, ou Moyen Âge chrétien de Novalis. À la fin de l'histoire se profile l'humanité, localement ou universellement réconciliée avec elle-même. Dans l'intervalle, c'est la crise.

En apparence, nous retrouvons le jour J racinien, où, de l'aube au crépuscule, tout se noue, tout se joue. Sauf que les cinq actes français courent d'une nuit à l'autre, prenant leur envol dans les rêves infantiles où rien ne paraît interdit, trouvant leur « final » dans ce malheur général, où Aristote désignait l'aboutissement logique de la tragédie. Le drame allemand, par contre, évolue sous le double éclairage d'un premier jour éternellement regretté et d'un dernier jour ouvert sur l'éternité. Au départ le monde des mythes, cette fontaine de jouvence remémorée avec d'autant plus de nostalgie qu'elle échappe hors d'atteinte. À l'arrivée un mariage et une descendance pléthorique.

« Nous avons été enfants avant que d'être hommes », constate Descartes, qui explique que le petit d'homme existe dans la prévention et la précipitation, sa condition première étant de vivre dans l'erreur. À l'inverse, le primat de l'enfance implique, pour une tête allemande, le séjour originel dans la vérité, dans ce « monde de la vie » que Husserl supposait fondement et garantie préréflexifs de nos réflexions, voire « origine » de la géométrie, en quoi il se révélait moins cartésien qu'il ne se supposait.

Contre le théâtre français, dit de cour, Lessing promut, dans sa *Hamburgische Dramaturgie* (1767), un théâtre national allemand, en se réclamant d'Eschyle et de Shakespeare. Lorsque le premier évoque le fantôme de Darius *(Les Perses)* et le second le spectre du roi assassiné *(Hamlet)*, tous deux s'enracinent, d'après Lessing, dans une croyance religieuse authentique et collective. Ils séjournent encore, toujours selon Lessing, dans un monde précartésien et extra-voltairien, où apparitions et pressentiments font sens. Le travail allemand de la culture se donne pour tâche de boutonner le paradis perdu d'une pré-histoire sur le paradis retrouvé d'une post-histoire. Goethe s'inspire de la Béatrice de Dante. Dans le même esprit, Schelling[8] définit le périple ascensionnel de la *Bildung*-formation comme celui d'une divine ou humaine comédie, qui, à la différence des tragédies, trouve une issue heureuse dans la lumière rédemptrice du Bien. Alors, seulement alors, « l'Esprit osera restaurer son unité primitive (hellénique) avec lui-même dans une nouvelle religion », proclame le jeune Hegel. La crise racinienne trouvait son unité de temps, d'action et d'espace dans l'entre-deux-nuits. L'Iphigénie goethéenne exilée en Tauride reverra les lumières de l'Hellade, elle navigue entre deux jours.

Cette Iphigénie allemande, ignorée d'Euripide et de Racine, est une prêtresse de l'humain. Tout juste débarquée sur les rives de Tauride, naufragée, mais bien éduquée, elle convainc le roi barbare Thoas d'abolir les sacrifices humains. À peine son frère Oreste l'a-t-il retrouvée qu'elle dissipe la folie qui l'habite. Au risque de provoquer la perte des siens, elle ne consent jamais à se départir d'une parole véridique : « Malheur au mensonge. Il ne soulage pas le cœur, comme tout autre propos énoncé avec vérité, il ne console pas, il angoisse celui qui en secret le forge comme une flèche décochée qu'un dieu détourne et qui, désobéissante, revient percer son archer. » Entre l'ancien et le nouvel Éden, Iphigénie, gardienne du temple de Diane, incarne la permanence harmonieuse et comme inaltérable d'une humanité, à laquelle tous finissent par se rendre. Son action est purement morale, le drame est de et dans l'âme. Pas de baguette magique. Pas de Deus ex machina. Ni rapport de forces, Thoas domine la situation du début à la fin. Ni abus de confiance, malgré les prosaïques conseils de Pylade : « La ruse et l'habileté ne me semblent pas avilir l'homme qui se voue aux exploits audacieux. » Le barbare tout-puissant s'élève au-dessus de sa barbarie, comme le fou s'émancipe de sa folie par la seule grâce d'Iphigénie.

Toutes les infirmités humaines
La pure humanité les rédime[9].

Adulée pendant plus d'un siècle comme l'évangile de l'humanisme allemand et le triomphe du classicisme de Weimar, l'œuvre de Goethe s'empêtre dans l'« harmonie », la « noble simplicité », la « calme grandeur », supposées héritées du Grec. Tout ce bric-à-brac d'antiquaire chic tombe désormais en désuétude et la pièce ne fait pas recette. Est-ce à dire que l'ombre d'Iphigénie ne chavire plus les cœurs adolescents ? Lorsque Adorno réprimande, dans le style idéologique d'après-guerre, les insuffisances « réactionnaires » de l'humanisme goethéen, il « iphigénise » au carré. Il plaide pour l'« avènement de l'humain dans son intégrité ». Il se réclame de Thoas. Ce colonisé dupé par les bonnes paroles de la civilisation doit prendre le relais d'Iphigénie.

Revendiquant une « réconciliation sans limites », le critique contestataire surenchérit sur l'humanisme de Goethe, en souscrivant à son idéalisme et à l'annonciation d'une humanité modèle procédant à la rédemption de tous les maux.

L'EUROPE N'EST PAS ENCORE UN CONTE DE FÉES

Au beau milieu d'une discussion enfiévrée avec une personne de ma connaissance, qui venait de fêter ses soixante ans, je me suis laissé aller à lui demander s'il existait une seule valeur pour la défense de laquelle un Allemand serait prêt à donner sa vie. Pour toute réponse, mon interlocuteur s'est mis à fredonner un chant nazi, célébrant le sacrifice fait au nom du peuple et de la patrie. Il avait été forcé d'apprendre ce chant lorsqu'il allait à l'école. Cet argument fredonné n'appelait aucun commentaire ; c'est avec ce genre de paroles qu'un moustachu qui méprisait la vie humaine avait conduit les Allemands dans une guerre meurtrière où cinquante millions d'individus avaient trouvé la mort.

Plus jamais de guerres, plus jamais d'uniformes, plus jamais d'armes ! Cet appel à la rédemption a marqué la conscience politique de l'Allemagne d'après-guerre, apparaissant aux enfants de la génération coupable comme l'unique antidote possible à l'enthousiasme guerrier de tant de leurs parents.

La leçon à tirer du crime allemand paraissait tellement évidente que l'on a oublié un petit détail : la leçon n'était pas applicable à tous. Les victimes du nazisme et leurs enfants — juifs, Polonais, Russes, Français, Anglais — ne pouvaient pas et ne voulaient pas tirer les mêmes conclusions de leur expérience...

Nous autres Allemands ne tirons notre savoir que des coupables, nos pères, et non des victimes. La leçon à tirer du nazisme et du fascisme est-elle vraiment celle-ci : responsables des plus abominables crimes de guerre de l'Histoire, nous avons désormais le devoir (et le privilège) de nous limiter à nos petites affaires et de laisser aux autres peuples le soin d'aller se faire trouer la peau au nom des droits de l'homme ? N'y a-t-il pas une tout autre leçon à tirer du nazisme et du fascisme ? Nous autres Allemands devrions être les premiers à nous alarmer et à envisager d'agir lorsqu'un peuple puissant fond sur les peuples voisins et « nettoie » un territoire de ses minorités.

C'est à ce moment de la discussion que s'élève immanquablement un avertissement qui a pour effet de paralyser à la fois la pensée et l'émotion : on ne peut et on ne doit en aucun cas comparer la terreur qui règne en Bosnie à l'horreur nazie. Principe seulement à demi vrai et étrange car, si Auschwitz constitue la référence absolue, toute intervention quelle qu'elle soit deviendrait inutile puisque aucun des crimes perpétrés actuellement contre les droits de l'homme n'égaleraient ceux commis à Auschwitz. Marek Edelmann,

dernier survivant des chefs de l'insurrection du ghetto de Varsovie, déclarait à l'occasion du cinquantième anniversaire de cet événement : « *La Bosnie est le témoin d'exterminations de masse et l'Europe adopte la même attitude que celle qui fut la sienne à l'égard des combattants du ghetto.* » Lorsqu'un survivant des massacres nazis lui-même fait ce genre de comparaison, les avertissements des descendants des coupables contre le danger d'établir un parallèle semblent pour le moins curieux...
Ceux qui passent outre leur égoïsme naturel, pour estimer que l'intervention militaire est indispensable nous sont présentés comme des bellicistes et des militaristes, alors que ceux qui souhaitent l'éviter pour des raisons tout à fait compréhensibles se comportent en gardiens d'une morale supérieure. Si les Européens en sont arrivés à la conclusion que les risques encourus sont trop importants, il leur faut aussi annoncer le corollaire de cette conclusion : la victoire de la barbarie dans cette partie de l'Europe.

Peter Schneider, *Libération*, 18 juin 1993.

Le mythe d'une restitution intégrale de l'Arcadie originelle par l'intercession de l'éternel féminin n'épuise pas la vérité de l'*Iphigénie* de Goethe. Elle figure, plus généralement, l'exigence absolue d'une conscience moderne, « c'est-à-dire le droit de savoir, dans soi et à partir de soi, ce que sont le droit et le devoir ». En avouant son projet d'évasion à Thoas, bien qu'elle ignore la réaction du monarque, elle se rend à la discrétion d'un barbare afin de demeurer fidèle à sa subjectivité pure. Laquelle suit la loi qu'elle se donne, elle est la « certitude d'elle-même, ce qui décide *(das Entschiedende*[10]*)* ».

Iphigénie joue son va-tout et sacrifie à son exigence intime les chances de survie de ses compagnons. Elle agit en chef, en « héros » hégélien : rien de grand ne se fait sans passion et toute passion implique un saut périlleux dans l'inconnu. Elle prouve, à elle comme aux autres, qu'il est possible de s'arracher aux soucis immédiats. Elle démontre que le résultat espéré compte moins que la foi intérieure. Laquelle, seule, tranche. Voilà pourquoi, cher ami, je préfère l'embarras alambiqué de Goethe à l'exaltation révolutionnaire dont Adorno lui reproche de manquer.

L'héroïne, si pure, fiche le vertige aux emperruqués de Weimar et aux contestataires diplômés : la belle apôtre prétend abolir les sacrifices humains et sacrifie allègrement ses compagnons. Son impératif catégorique, sa grandeur morale, se moque de la morale.

Notre Iphigénie ne se contente pas d'être couronnée mère fondatrice de la libération des femmes. En elle se croisent « l'abîme le plus profond et le ciel le plus haut », ces deux composantes de l'essence humaine, selon Schelling. La jeune fille de Goethe est propulsée, discrètement certes, dans l'absolu déchirement. Elle est la liberté moderne, qui se découvre « pouvoir du bien et du mal ». Condamnée au saut périlleux, elle préfigure la conscience hégélienne, qui se jette dans la fournaise de l'action. Ou l'Empédocle de Hölderlin, qui, pour accomplir l'épiphanie, saute dans la gueule du volcan.

Que se passe-t-il quand une baguette magique interroge son pouvoir magique ? Il se passe « Iphigénie en Tauride ». Que se passe-t-il lorsqu'elle découvre que sa magie tient à la faculté contagieuse de se questionner sans trêve et sans pitié, avec un maximum de sang-froid et de radicalité ? On obtient : l'idéalisme allemand, une potion de négativité volontaire, « non pas la vie qui recule d'horreur devant la mort et se préserve de la dévastation, mais la vie qui porte la mort et se maintient en elle » (Hegel). Le couple Faust-Méphisto s'annonce dans la tourmente intérieure d'Iphigénie. C'est à sa capacité de projeter les êtres suprêmes, le Dieu et le Moi, dans la crise que se fait reconnaître l'« esprit », *Geist* : « Il ne conquiert sa vérité qu'à condition de se retrouver dans l'absolu déchirement » (Hegel, derechef[11]).

Bonheur initial, drame, paix retrouvée. Les trois temps canoniques des contes de fées rythment le parcours du combat philosophique. En prélude : une Grèce où l'esprit se découvrit une première fois « chez lui ». Au final : la fameuse « réconciliation » du ciel et de la terre, un nouveau « chez-soi ». Entre les deux, l'aliénation et le malheur d'une subjectivité qui doit trouver, dans la profondeur de sa crise, l'énergie de la surmonter. Les histoires merveilleuses garantissent leur issue favorable par des miracles arbitraires et opaques, autant de boîtes noires dont la culture moderne doit percer l'heureux secret. La « crise » devient alors le moment crucial de l'ouverture des coffres à mystère, le jour J, l'heure H où la révélation de ce qui se passe amène le retournement de la situation et la conversion du malheur des temps en bonheur éternel. Conformément à l'étymologie grecque, la crise (*krisis*, voir *krinein* : séparer, juger) prise au sérieux s'avère simultanément scission et jugement, perte de soi, aliénation, et retour sur soi, réflexion, à la fois cassure, fracture et mise en relation, Idée : « On dit que la réflexion est hostile à l'Idée, mais le suprême triomphe de la vérité consiste précisément à ressortir victorieusement de la scission et de la séparation la plus extrême », écrit Schelling. Qui ne risque rien n'a rien. Traduit en français populaire, le leitmotiv de la pensée allemande serait : qui risque tout obtiendra tout.

La perfection de la crise tragique culmine dans le temps unique où connaissance et action deviennent transparentes l'une à l'autre et coïncident. Seul, selon Aristote, « Œdipe roi » accomplit le tour de force d'identifier absolument l'instant de la « reconnaissance » *(anagnorisis)* et celui du retournement décisif *(peripeteia)*. Œdipe se juge, c'est-à-dire découvre qui est qui et qui a fait quoi, il se redresse dans le même instant législateur et coupable, bourreau et victime, il exécute sur lui-même la sentence de la loi qu'il édicte. Alors qu'Œdipe, par son illumination finale, s'exclut de la cité qu'il dirigeait, Socrate, en apparence soumis à un sort analogue, en appelle, selon Platon, au roi philosophe rédempteur d'une cité qui l'exclut et le tue. Crise tragique et crise philosophique prononcent sans appel, mais seul le jugement dernier de la seconde est censé bien tourner.

Les trois étapes des contes de fées sont aisément reconnaissables dans les trois âges de la conscience athénienne que Platon distingue dans sa *République*. À l'origine, l'individu vit innocent dans une confiance sans crise, « nous avons dès l'enfance sur la justice et sur l'honnêteté des maximes qui, comme des parents, ont formé nos esprits et que nous avons coutume de suivre et de respecter ». Puis surgit le temps des troubles, Hegel le baptise « moment du négatif. »

> « Que l'on vienne demander à un homme ainsi disposé ce que c'est que l'honnête ; quand il aura répondu ce qu'il a appris du législateur, qu'on le confonde et qu'à force de le réfuter en cent manières on le réduise à penser que l'honnête n'est pas plus honnête que son contraire, et qu'il tombe dans la même incertitude au sujet du juste, du bien et des choses qu'il révérait le plus, que deviendront, dès lors, dis-moi, le respect et la soumission qu'il avait pour elles[12] ? »

Depuis l'inaugurale Athènes, le propre de notre civilisation est de ne pouvoir clore le débat d'idées par des moyens extrinsèques, censure, contrainte par corps, ostracisme, peine capitale. Rien n'y fait. Il faut plonger dans la mêlée et consentir à discuter avec les antilogiques, les mauvais esprits et les parfaits libertins, au risque d'être confondus avec eux. Tel Socrate, condamné comme sophiste pour s'être accroché avec leurs plus célèbres représentants. La jeunesse occidentale ne peut pas ne pas rencontrer son quart d'heure nihiliste.

> « Tu n'es pas sans avoir remarqué, je pense, que les adolescents qui ont une fois goûté à la dialectique en abusent et s'en font un jeu, qu'ils ne s'en servent que pour contredire, qu'à l'exemple de ceux qui les confondent ils confondent les autres à leur tour, et que, semblables à de jeunes chiens, ils prennent plaisir à tirailler et à déchirer avec le raisonnement tous ceux qui les approchent. — C'est en effet un plaisir sans pareil, dit-il. Après avoir souvent confondu leurs contradicteurs ou avoir été souvent confondus eux-mêmes, ils en arrivent rapidement à ne plus rien croire du tout de ce qu'ils croyaient auparavant. »

Le « plaisir sans pareil » décrit par Socrate ressemble à celui confessé par Augustin, lorsqu'il évoque ses vertes années et sa participation à une troupe de joyeux drilles qui s'autoproclamaient « les démolisseurs ». Les Démons de Dostoïevski, deux mille ans plus tard, sont de la même trempe, comme l'« homme libre » du jeune Barrès. Preuve s'il en fut que la crise des valeurs imputée aux mass media, à l'impérialisme américain ou au triomphe dévastateur de la technique « heideggériennement » anathémisée, n'a pas attendu les pseudocauses qu'on lui assigne. À charge pour les élus platoniciens d'en sortir au terme d'une longue troisième étape d'éducation philosophique. « Quand ils auront vu le bien en soi, il s'en serviront comme d'un modèle [paradigme] pour régler la cité, les particuliers et eux-mêmes. »

Deux millénaires passèrent. Grande première dans l'histoire du monde, l'Allemagne depuis Leibniz prit le programme de Platon tout à fait au sérieux. Elle promit de l'appliquer dans tous ses détails, collectivement en se dotant d'un destin rationnel, individuellement en réconciliant chaque citoyen avec lui-même. À l'échelle d'une existence singulière, la vérité s'accomplit chez le vieil homme « qui prononce les mêmes assertions religieuses que l'enfant, mais pour qui celles-ci ont la signification de toute sa vie [...] Même si l'enfant comprend le contenu religieux, celui-ci ne vaut cependant pour lui que comme quelque chose en dehors de quoi se trouve encore la vie entière et le monde entier[13]. » À l'échelle de l'histoire entière, l'Allemagne moderne se propulse en nouvelle Hellade en s'assumant Grèce adulte, sinon vieillie, digne héritière d'une « enfance heureuse » et d'une adolescence déchirée, aliénée, latine et chrétienne, cette sorte de Moyen Âge dont Leibniz et Kant annonçaient le terme. Ainsi s'ouvre le troisième âge de la pensée et de la religion, « que Schelling, comme Joachim de Flore, place sous l'invocation de saint Jean, car à ceux qu'il aime Dieu donne la tâche de finisseurs[14] ».

N'est-il pas renversant qu'en cinquante ans l'Allemagne ait — et comment ! — perdu la guerre et gagné la paix ? Il nous a suffi de troquer la critique des armes contre les armes de la critique, et le tour fut joué. La capitulation sans conditions sur le terrain s'est transmuée en conquête inconditionnelle des esprits. Souviens-toi des années soixante : où, ailleurs que chez nous, les étudiants d'Occident auraient-ils pu pêcher les rares concepts qui meublèrent les *free speeches* de Berkeley avant de rythmer le lancer de pavés parisiens ? Marcuse lui-même, best-seller éphémère, n'a jamais été qu'un chapitre de notre sociologie locale, une sous-fleur de Marx, une bouture d'hégélianisme sauvage. Vingt ans après, le communisme implosait, les quelques fonctionnaires et éditorialistes américains qui tentèrent de nommer une victoire qu'ils ne parvenaient point à penser enfourchèrent le canasson de Hegel sur la « fin de l'histoire », en l'agrémentant du « dernier homme » de Nietzsche. Quitte à ce que les pauvres vieux se retournent dans leurs cercueils. Nos modernes du moment croient, naïfs, vivre dans une société de consommation (anathème derechef *made in Germany* !). Pas du tout ! Les suffrages enthousiastes que recueillit le modèle allemand tout au long du XIXe et les palmes dont on le couronne à nouveau témoignent, sans coup férir, que les élites mondiales se soucient moins de consommer que de pédagogiser.

Lettre VIII

Le suicide de Satan

Harakiri : Contraint à la conversation, il s'exécute — Évaporation : Enfermé dans une équation, il s'évanouit — Canonisation : Précipité dans l'histoire, il flambe.

De Berlin

Le renom, l'éclat, la gloire de l'Allemagne, son influence et son rayonnement universel, ne tiennent pas à ses faits d'armes mémorables, mais à la vocation, qu'elle s'est donnée et que nul ne lui dispute, de détenir les secrets d'une édifiante éducatrice. Depuis trois siècles, elle s'est dressée en fanal du platonisme, pour l'Europe d'abord, pour le monde entier depuis peu. Notre charme de province pédagogique s'exerça pour commencer sur la France. De 1800 à 1870, l'intelligence enseignante et littéraire, Mme de Staël, Michelet, Renan, Taine, s'est pâmée. Aux Français le pouvoir de la Grande Armée, aux Allemands les ressources de la Grande Âme. Lorsque, en 1870, l'avantage de la force tourna, le mimétisme universitaire, au lieu de fléchir, redoubla. Nos ultranationalistes inspirèrent les vôtres et plus vous vous affirmiez antiboches, plus vous nous empruntiez les catégories et la syntaxe propres à exprimer haines et rivalités. N'étaient-ce point les instituteurs et les collèges prussiens qui soudaient le moral de l'infanterie ? Que nous perdions ou vainquions militairement, nous avons, en bons Allemands, toujours joué gagnant intellectuellement. Nous fournissons la chose et la méthode, aussi bien les concepts d'apprentissage que l'apprentissage du concept ; peux-tu nous imaginer le moindre concurrent sérieux ?

L'ALLEMAGNE, DÉJÀ EN 1800 ! PÉDAGOGUE DE L'EUROPE.

Les nations de race germanique sont toutes naturellement religieuses, et le zèle de ce sentiment a fait naître plusieurs guerres dans leur sein. Cependant, en Allemagne surtout, l'on est plus porté à l'enthousiasme qu'au fanatisme. L'esprit de secte doit se manifester sous diverses formes, dans un pays où l'activité de la pensée est la première de toutes ; mais d'ordinaire l'on n'y mêle pas les discussions théologiques aux passions humaines ; les diverses opinions, en fait de religion, ne sortent pas de ce monde idéal où règne une paix sublime.

Pendant longtemps on s'est occupé, comme je le montrerai dans le chapitre suivant, de l'examen des dogmes du christianisme ; mais depuis vingt ans, depuis que les écrits de Kant ont fortement influé sur les esprits, il s'est établi dans la manière de concevoir la religion une liberté et une grandeur qui n'exigent ni ne rejettent aucune forme de culte en particulier, mais qui font des choses célestes le principe dominant de l'existence.

Plusieurs personnes trouvent que la religion des Allemands est trop vague, et qu'il vaut mieux se rallier sous l'étendard d'un culte plus positif et plus sévère. Lessing dit, dans son *Essai sur l'éducation du genre humain*, que les révélations religieuses ont toujours été proportionnées aux lumières qui existaient à l'époque où ces révélations ont paru. L'ancien Testament, l'Évangile, et, sous plusieurs rapports, la réformation, étaient, selon leur temps, parfaitement en harmonie avec les progrès des esprits ; et peut-être sommes-nous à la veille d'un développement du christianisme, qui rassemblera dans un même foyer tous les rayons épars, et qui nous fera trouver dans la religion plus que la morale, plus que le bonheur, plus que la philosophie, plus que le sentiment même, puisque chacun de ces biens sera multiplié par sa réunion avec les autres.

Madame de Staël, *De l'Allemagne*, ouv. cité, p. 514.

Le coup d'envoi fut donné par Leibniz. Ce penseur allemand d'envergure européenne écrivait davantage en français et en latin que dans sa langue maternelle. Nous lui devons le programme œcuménique et irrésistible qui se réclame d'un Platon restitué et modernisé. Il promet de résoudre la crise de l'Occident par une philosophie au sens large, un art de penser la vie et de vivre la pensée. Il assume bravement et lucidement la « crise des valeurs » que le classicisme français venait de porter à la lumière. Tout aussi intensément que Bossuet et Pascal, il réfléchit dans l'horizon de la « révolution générale dont l'Europe est menacée ».

Leibniz avait côtoyé cet hôte inquiétant, le nihilisme, que Jacobi et Nietzsche repèrent un siècle plus tard. Avec la fraîcheur ingénue d'un chroniqueur d'aujourd'hui, notre premier grand philosophe affronte la fronde cruelle des esprits forts, « capables pour leur plaisir ou avancement de mettre le feu aux quatre coins de la terre ». L'optimisme prétendu sans faille dont Voltaire lui fit grief paraît bien ténu à l'entendre pronostiquer la permissivité à venir : « Si, pour la grandeur ou par caprice, quelqu'un versait un déluge de sang, s'il renversait tout sens dessus dessous, on compterait cela pour rien[1]. » Les Allemands aussi pensent au bord des gouffres, même s'ils conduisent leurs réflexions vers d'autres rives que les Français. S'il fallait d'un mot spécifier cette orientation originale qui nous est propre, j'utiliserais l'affreux néologisme qu'une chaîne de magasins affiche pour indiquer publicitairement que ses clients achètent aux meilleurs prix, minimisent leurs dépenses et maximisent leurs gains : ils « positivent ». En termes choisis, Leibniz affirme : « L'action de Dieu va au positif[2]. » Une bonne éducation se doit « *imitatio dei* », imitation de Dieu, progression du moindre être au plus d'être, rentabilisation de l'existence, position du positif.

Au supermarché de la culture, la demande de « sens » bat son plein. Depuis trois siècles, nous ne nous contentons pas de répandre nos manuels d'éducation savante. Les heureux clients se voient gratifiés, en prime, d'un sens-de-la-vie. Puisque l'absence de repères, le manque de référents et la disparition des valeurs passent pour provoquer la crise, il va de soi que répondre à la demande revient à fournir ce dont les âmes en crise expriment un besoin si intense : une boussole. La formation *(Bildung)* n'a pas seulement pour but d'introduire l'enfant à l'âge adulte, elle doit également doter l'homme mûr d'une capacité de s'orienter dans les labyrinthes de l'existence. À la différence des contes de fées, qui répondent à la question « pourquoi ? » en évitant de la poser, la pensée consciente d'elle-même s'assume interrogative et critique. Elle ne se borne pas à faire sens, elle s'instaure mode de production du sens. Elle ne se satisfait pas de fournir au consommateur ce qu'il demande, elle prétend le rendre apte à répondre lui-même, de lui-même. Elle ne prétend pas le sauver mais l'engage à décider de son propre salut. « Dans la mesure où je donne un sens élevé à ce qui est commun [...] je le romantise », remarque Novalis. Fort bien, mais, dans la mesure où je ne retombe pas dans le roman rose et les histoires des nounous disparues, il me faut justifier cette élévation et rendre raison du sens obtenu. Telle est la tâche que se donne la culture — *Bildung* — dans ses trois fabriques de sens que sont le langage, le travail social et l'univers de la révélation.

Pour conférer à l'existence une orientation stable, et autant que possible définitive, il faut satisfaire trois conditions, sans lesquelles on ne saurait démêler les multiples crises de sens que l'histoire occidentale accumule. Première nécessité : le primat du sens sur le non-sens, à charge pour le langage d'en assurer l'exercice. Deuxième nécessité : le primat de la construction sur la destruction, à charge pour l'autoproduction des sociétés humaines de le décréter. Troisième nécessité : le primat du jour sur la nuit, le primat de la révélation sur l'insu et l'inconnaissable, à charge pour notre être-dans-le-monde de se dévoiler épiphanie. Ces trois formules magiques répondent aux trois questions fondamentales de Kant*. Que puis-je savoir ? cela qui me fait d'emblée savoir, le médium de tout savoir, la langue. Que dois-je croire et pratiquer ? ce que rend possible l'« art caché » de mes forces productives. Que m'est-il permis d'espérer ? rien, sinon une lumière première que présuppose même le désespoir. Nul n'ignore que par trois fois on bute ainsi sur l'interrogation :

* « *Was kann ich wissen ? Was soll ich glauben ? Was darf ich hoffen ?* » (Que puis-je savoir ? Que dois-je croire ? Que suis-je en droit d'espérer ? »)

qu'est-ce que l'homme ? Ou, plus exactement : comment penser la condition diabolique et divine d'un être à la fois parlant et parlé, producteur et produit, dévoilant et dissimulé ?

La capacité de ne pas oublier les termes du problème dans l'énoncé de la solution constitue la marque distinctive de la « mathématique » depuis les Grecs. Elle contredit la logique des contes et des mythes, où question et réponse se succèdent diachroniquement, selon des structures dont le synchronisme échappe au discours qui les enchaîne. Au sens grec, rendre raison *(logos didonai)* revient à soumettre toute solution, aussi évidente soit-elle, non pas nécessairement à un calcul, mais à une possibilité infinie de ré-interrogation. Socrate est « impie », il bafoue les cultes officiels en changeant le niveau stratégique de la recherche. Il ne substitue pas de faux dieux aux vrais. Il ne profère pas une incrédulité générale, somme toute banale. Il vise une conversion, inouïe parce que réversible, en permanence assujettie à un réexamen, et soumise à bénéfice d'inventaire.

Cette parfaite égalité de la question et de la réponse commande la qualité première de tout « mathème » (savoir, concept) et sa transmissibilité. Un savoir est « scientifique », c'est-à-dire transmissible, « mathématique », si, et seulement si, chaque interrogeant, en quelque temps ou lieu qu'il advienne, peut réitérer, donc vérifier l'argument qui conduit et conclut du non-savoir au savoir. Ainsi, paradoxalement, la réponse demeure sous la loi de la question qu'elle prétend clore. Réciproquement, le sérieux de la question implique a priori l'horizon d'une possibilité de réponse. Ce double enveloppement, du visé dans la visée et de la vue dans ce qu'elle donne à voir, distingue le mythe et le roman d'un côté, la raison et la philosophie de l'autre, seules capables d'offrir une authentique « médecine de l'âme ». La complémentarité polaire du problème et de la solution se révèle à l'état naissant, à la lumière de notre enracinement dans le langage.

Toute langue est duplice, reprend Leibniz après Cratyle. Elle se partage entre une face signifiante et une face signifiée, aussi irréductibles l'une à l'autre que la dualité ici-bas des âmes et des corps. Chaque signe est habité par l'arbitraire d'une correspondance nécessaire, mais injustifiable, entre le visible et le lisible, le sensible et l'intelligible. La différence babélienne des langues atteste le non-sens des enveloppes charnelles du sens. Néanmoins, chaque signe dépasse l'indépassable arbitraire qui le grève. Il fait immédiatement signe vers une signification qui, vraie ou fausse, unifie l'écorce signifiante extérieure et le noyau signifié intérieur. Par sa division intrinsèque, le signe porte en lui la crise et les problèmes. Par l'horizon de sens qu'il ne peut pas ne pas faire lever, le signe réconcilie ses deux pôles. Ou bien il fait allusion, en arrière de lui, à une langue originelle, adamique, perdue, où chaque signifiant, énoncé par Dieu ou inventé en état d'innocence, trouve toujours son juste signifié : tel mot, telle chose. Ou bien il annonce, en avant, une « caractéristique universelle », langue « scientifique », dont chaque signifié fixera, dans une logique implacable, un signifiant qui l'exprime et n'exprime que lui.

Entre la sagesse perdue et la sagesse à venir, nous sommes condamnés en quelque sorte à joindre les deux bouts et à combler sans relâche les glissements potentiellement trompeurs, parce que désaccordés, des signifiants et des signifiés. Même les géomètres avertis commettent des erreurs de calcul contre lesquels il n'est pas de garantie absolue, ni humaine ni divine. En dernier recours, seul subsiste le « sang froid », le retour scrupuleux sur soi, l'autocontrôle. « Les Allemands appellent cela très justement *sich begreifen* ; les Français disent non moins bien s'aviser, comme si l'on se faisait des recommandations et se donnait des conseils à soi-même[3]. »

Le contrôle du langage auquel procède l'homme ainsi « avisé » est double. D'une part, il traque les absurdités susceptibles à son insu d'encombrer son raisonnement, et il ouvre, au nom du principe de non-contradiction la chasse aux cercles vicieux et aux contresens. D'autre part, il lance la quête du sens, au nom cette fois du principe de raison suffisante. Ce principe, couronné par Leibniz, le plus « grand » et le « plus noble », annonce : rien n'est sans raison, on peut et on doit rendre raison — restituer sa raison — à chaque être. Adamique en son origine, scientifique et univoque par son aboutissement idéal, la langue, dans son imperfection actuelle même, reste selon Leibniz affirmative.

Notre bonne Allemagne demeure, aujourd'hui encore, hantée par l'horreur du vide (*horror vacui* !), elle exige le primat du sens sur le non-sens, qu'énonce le principe de raison suffisante : de rien, rien ne vient, donc l'affirmation (du sens) précède la négation (le non-sens). L'essence affirmative du langage se traduit, en chaque locuteur, par le jeu de la perception et du désir.

La perception est une prise de vue instantanée, donc forcément limitée, sur le devenir. Le désir — *appetitio* — est le mouvement positif, volontaire, bien qu'obscur, qui véhicule d'une perception à l'autre. Chaque individu animé est par définition — âme = moteur d'un mobile — autonome. Il trouve la source de sa mobilité en lui-même, en l'*appetitio* qui commande la succession des percepts, de même que l'affirmation règle la succession des propositions.

Finalement, on s'entend malgré la différence des langues. Les discours s'avèrent, selon Leibniz, intersubjectivement traductibles, *salva veritate*, en demeurant vrais. L'affirmation qui habite chaque langage exprime l'affirmation originelle qui harmonise ordre des mots et cours des choses. Chaque mode d'expression vaut pour copie, plus ou moins conforme, d'un livre unique. À travers la multiplicité des langues concrètes, il faut déchiffrer une communication qui se propage universelle d'individu (« monades ») à individu comme de peuple à peuple[4].

Il existe une illustration majeure de ce mode de contagion, c'est la consonance musicale. En elle s'unissent la dynamique adamique d'une langue du premier jour — nul n'y est insensible — et les constructions subtiles — Bach n'est pas loin ! — d'une langue savante, du septième jour*. Leibniz illustre notre être-dans-le-langage par l'exemple d'un chantre d'église ou d'opéra : il « chante à livre ouvert, ses yeux sont dirigés par le livre et sa langue et son gosier sont dirigés par les yeux, mais son âme chante pour ainsi dire par mémoire,

* « En Allemagne, la musique jouit de la considération générale dont bénéficie en France la littérature », Thomas Mann, *Docteur Faustus*.

ou par quelque chose équivalente à la mémoire ; car puisque le livre de musique, les yeux et les oreilles ne sauraient influer sur l'âme, il faut qu'elle trouve par elle-même, et même sans peine et sans application, et sans le chercher, ce que son cerveau et ses organes trouvent par l'aide du livre. C'est parce que toute la tablature de ce livre ou des livres qu'on suivra successivement en chantant est gravée dans son âme virtuellement dès le commencement de l'existence de l'âme[5]. »

Dans l'autoaffirmation du langage se prolonge l'harmonie préétablie de la création, et c'est elle qui module l'*appetitio*-désir de la créature. Mais qu'on ne s'y trompe pas ! La création n'est pas « avant » la communication, comme une cause précéderait son effet. La création est de part en part communication, comme la communication réitère la création. « C'est la bonté qui porte Dieu à créer pour se communiquer ». Au cœur des choses comme au fond du langage, il s'agit toujours de déchiffrer le polyvalence d'un *Fiat* unitaire.

Dans tout dire souffle un vouloir dire. Chaque vouloir dire véhicule un désir d'être compris, une pétition d'harmonie et d'amour. Leibniz déjà thésaurise les ferments de l'optimisme herméneutique qui traverse toute la culture allemande. D'un côté, il y a la logique du cercle vicieux, justiciable du principe de non-contradiction. De l'autre, à distinguer soigneusement, il y a le cercle philosophiquement vertueux, ou herméneutique, où le sujet se laisse enfermer, à son bénéfice, par la postulation de sa locution — les sceptiques et les nihilistes « ont tort contre eux-mêmes : ils parlent et écrivent pour être compris[6] ». L'argument, usé par Platon contre les sophistes, ne paraît indiscutable que si on le fonde sur l'être affirmatif du langage. Parler reviendrait à présupposer l'existence vraie de ce qu'on veut dire (comme signifié universel en droit), et de celui à qui on veut le dire (comme interlocuteur valable).

Dès la première parole et dans la « simple possibilité de communiquer », la société est potentiellement présente, avec les bons concepts « grâce auxquels la vie en commun des hommes est possible sans meurtre et sans homicide [...] C'est tout ce que contient la simple phrase : l'homme est l'être vivant qui possède le langage » (Gadamer). Lorsque Heidegger proclame que « la langue parle » — *die Sprache spricht* — ou quand Gadamer explique que nous « concevons-saisissons ce qui nous saisit » — *das wir begreifen, was uns ergreift* —, tous deux invitent à traiter la langue comme la promesse des promesses et, dans la tradition de Leibniz, à la célébrer sur le fond d'une harmonie première, en ce sens préétablie, entre mot et chose, signifiant et signifié, interlocuteur et interlocuté.

LA MUSIQUE PEUT-ELLE MENTIR ?

« ... Il vit le mensonge allemand... [...] ... il voyait l'art allemand tout nu. Tous — les grands et les sots — étalaient leur âme avec une complaisance attendrie. L'émotion débordait, la noblesse morale ruisselait, le cœur se fondait en effusions éperdues ; les écluses étaient lâchées à la redoutable sensibilité germanique ; elle diluait l'énergie des plus forts, elle noyait les faibles sous ses nappes grisâtres : c'était une inondation : la pensée allemande dormait au fond. Et quelle pensée, parfois, que celle d'un Mendelssohn, d'un Brahms, d'un Schumann, et, à leur suite, de toute cette légion de petits auteurs de *Lieder* emphatiques et pleurnicheurs. Tout en sable. Point de roc. Une glaise humide et informe. Tout cela était si niais et si enfantin, souvent, que Christophe ne pouvait croire que le public n'en fût pas frappé. Convaincus à l'avance de la beauté de ce qu'ils entendaient et du plaisir qu'ils devaient y prendre, comment ces gens se fussent-ils permis de juger par eux-mêmes ? Ils étaient pleins de respect pour ces noms consacrés. Que ne respectaient-ils point ? Ils étaient respectueux devant leur programme, devant leur verre à boire, devant eux-mêmes. On sentait que, mentalement, ils donnaient de « l'Excellence » à tout ce qui, de près ou de loin, se rapportait à eux. [...]
... la pire fausseté de l'art allemand n'était pas quand ses artistes voulaient exprimer des sentiments qu'ils ne sentaient point, mais bien plutôt quand ils voulaient exprimer des sentiments qu'ils sentaient — *et qui étaient faux*. La musique est un miroir implacable de l'âme. Plus un musicien allemand est naïf et de bonne foi, plus il montre les faiblesses

de l'âme allemande, son fond incertain, sa sensibilité molle, son manque de franchise, son idéalisme un peu sournois, son incapacité à se voir soi-même, à oser se voir en face. Ce faux idéalisme était la plaie, même des plus grands ».

Romain Rolland, *Jean Christophe*, *la Révolte*, éd. Ollendorf, 1906, p. 23-25.

« ce qui est allemand c'est avant tout — la musique !... Les conflits d'intérêts n'ont pas en Allemagne un langage propre et une expression autonome... Il est présupposé, préalable obligé, que nous sommes d'accord. »

Helmut Kohlenberger, *Briefe über Deutschland*, I.S.E., Prague, 1997, p. 173.

De multiples options s'offrent à toi. Suis avec ardeur la piste de la vertu-qui-donne, propre au maître nietzschéen. Ou bien acquiesce à l'éclosion de la nature *physis*, au gré de la *Bejahung* (dire-oui) heideggérienne. Ressuscite, en l'intériorité goethéenne, l'Esprit de l'Hellade. Transmets l'aura de ce *Fiat lux* aux contes et légendes (Grimm) ou à l'œuvre d'art (Schiller, Wagner, Benjamin). Jamais tu ne délaisseras le champ de l'autoaffirmation inaugurale, dont ton interprétation ne peut que se vouloir écho et transfiguration. C'est l'instant où, en toi comme en tout Allemand, la langue chante de telle façon que son premier et son dernier mot est un oui à la vie, parce que le oui de la vie. Chez nous, il ne s'agit pas de confronter le oui au non, mais de jouer des multiples manières, fussent-elles dépréciées, d'approuver. Nietzsche entend l'âne dire « *Ja !* » et « amen » et propose un éloge fort ambigu de cet animal sacré.

L'expérience du discours affirmatif — notre *ha ha Erlebnis* — fonde même nos morales. Lorsque Habermas milite aujourd'hui pour une éthique communicationnelle, lorsqu'il se réclame du « sens normatif de l'auto-organisation d'une société » et d'un « potentiel de rationalité inscrit dans la pratique communicationnelle quotidienne », tu retrouves, à travers le jargon des sociologues de Francfort, une position de principe qui en trois siècles n'a pas bougé : je parle, donc nous sommes. Donc la société doit être. Donc être réglée par les normes qui permettent la discussion qui lui donne naissance. « Débats équitables et argumentations sans contrainte », traduit l'Allemagne fédérale et démocratique d'aujourd'hui.

Respectons les règles (évolutives) qui organisent notre vie en commun et dont nous manifestons une précompréhension vécue, de même que l'ensemble des mômes respecte grosso modo les règles de grammaire, dont il existe une compréhension préscolaire et « natale », sinon innée. Transgresser les normes de la communication en communiquant — fût-ce par les injures — avec autrui serait se rendre coupable de « contradiction performative », faire le contraire de ce qu'on prétend faire, se mordre la queue. Nier les conditions consensuelles de la discussion serait anéantir la possibilité que possède tout discours d'être énoncé-pour-être-entendu. Autant se condamner à l'autodestruction. Ou divaguer et tomber malade. Ainsi parle le Geist allemand.

Le cercle herméneutique d'un langage qui présuppose sa propre affirmation génère le cercle ontologique d'une société qui construit les structures qui la rendent possible. Cercle non pas vicieux, comme on pourrait le croire, mais fondateur, donc vertueux. Car, en vérité, la société et le langage — comme le Dieu des anciens — ne naissent pas. Ils ne renaissent jamais qu'à eux-mêmes. Ils s'autoproduisent par « création continuée ».

D'où vient notre assurance touchant l'hégémonie de l'affirmation avec tout son lot de conséquences paradisiaques, éthiques, linguistiques et herméneutiques ? Réponse : nous garantissons l'affirmation contre tout retour offensif de la négation et de ses succédanés, tromperie, mensonge, sophisme, nihilisme, C.Q.F.D. Karl-Otto Apel, logicien partenaire de Habermas pour l'établissement d'une « éthique de la discussion », lâche le morceau : il faut que le diable se fasse harakiri. Ou, plus professoralement : « Il s'ensuit que le diable, s'il voulait être membre de la communauté d'argumentation, devrait à jamais se comporter, par rapport à ses membres [les interlocuteurs, nous !], comme s'il avait surmonté l'égoïsme et s'était ainsi surmonté lui-même. » Ou, plus brutalement : « Le diable ne peut se rendre indépendant de Dieu que par un acte d'autodestruction[7]. » J'ai risqué un peu plus haut les termes d'« herméneutique optimiste » pour qualifier l'apologie du langage « positif » qui a soutenu nos trois siècles de magistère pédagogique. Comment, en effet, imaginer plus débordant optimisme ? Quelle trouvaille ! Un diable qui se fait sauter la cervelle à la seule idée de prendre ses distances avec le Seigneur ! Ah ! si la Bible avait su ça !

Cette comédie aux Enfers, avec suicide du propriétaire en final, trouve son répondant terrestre et prosaïque dans ce que vous appelez le « sens du dialogue » : si tu veux causer, dépose les armes[8]. Néanmoins, pour utile qu'il puisse paraître parfois à un égoïste patenté d'interrompre les hostilités, il ne s'agit alors que d'un « accord pathologiquement extorqué ». On reste loin du compte, objectait Kant, à grande distance de la « conversion morale » qui promet une « paix perpétuelle ».

En fondant sa paix philosophique sur la république, Kant usait pourtant d'un argument parent de ceux d'Apel : « Décréter la guerre, n'est-ce pas, pour des citoyens, décréter contre eux-mêmes toutes les calamités de la guerre. » Les princes vaquent à leur bon plaisir et, sans insurmontablement se contredire, précipitent les autres dans le péril suprême. Un peuple belliciste s'envoie lui-même à la mort, ne serait-ce que par pièces détachées. Donc, sa conduite est suicidaire. Logiquement absurde. Ainsi conclut derechef le Geist allemand.

Habermas réitère cette position de principe et reproche aux intellectuels du XXe siècle de s'être « rendus coupables de la grande trahison ». Entendons : ils furent bêtement belliqueux comme tant d'autres, mais de surcroît ils manquèrent à leur devoir intrinsèque, qui est de rester logiques avec eux-mêmes. Ils ont scié l'arbre où ils étaient juchés. Ils ont accepté de saper les fondements de la société et du langage dont ils auraient dû être témoins et gardiens. Habermas oublie au passage que la paix républicaine de Kant confie à l'ensemble des citoyens le soin d'en préserver les principes et de persévérer dans l'être. En vertu de quoi le XXe siècle a montré que les peuples avaient tout autant trahi « la moralité incontournable du monde vécu ». Lorsque Habermas appelle de tous ses vœux un Conseil de sécurité (de l'O.N.U.) « dont les membres doivent tirer sur la même corde », on imagine sans peine l'éclat de rire qui secouera le nouvel Habermas de l'an 2096 devant la facilité inouïe de l'ancien à régler les problèmes en les supposant résolus. Ainsi rebondit imperturbable le Geist allemand.

Peu importe que les voies et les moyens de la paix perpétuelle paraissent plus obscurs encore chez nos contemporains que pour Kant, je tenais ironiquement à mettre en lumière combien le programme utopique, en tant que programme, et malgré son évidente utopie, demeure inébranlé. Repère avec moi l'argument immuable qui fonde une aussi impavide conviction dès Leibniz et Kant : si tu veux agir par devoir, tu dois postuler la possibilité, fût-ce à l'infini, que la vertu s'inscrive dans la réalité. Et si tu refuses de parler pour ne rien dire, activité contradictoire s'il en est, il te faut croire que les mots font sens, il faut t'ouvrir à autrui en nouant des rapports réciproques de reconnaissance, il te faut poser que le monde est prêt à t'entendre et que tes discours ont prise sur lui. Tels sont les réquisits de l'harmonie leibnizienne dans la *Théodicée*.

Un diable qui se passe la corde au cou par amour du principe de non-contradiction (Apel), ou qui s'interdit de mentir tellement il prend plaisir à parler (Habermas) campe un personnage un tantinet simplet sur le théâtre de la philosophie allemande. Pour contraindre Méphisto à rendre les armes, nos grands penseurs surenchérissent d'astuces et de concepts. Ils fignolent leurs « ruses de la raison », comme autant d'attrape-diable, ils savent le piège moins aisé à monter que ne le rêvent nos contemporains.

Quand bien même le mal serait irréductiblement contradictoire, il ne laisserait pas d'exister, car, remarque Leibniz, des termes antinomiques peuvent se succéder. Le temps les rend compossibles. La tâche authentique de la culture ne se résume pas à fermer les yeux sur les maux effectifs en les décrétant logiquement impossibles. Le temporel est la « vallée des ossements », l'histoire universelle, « l'autel où ont été sacrifiés le bonheur des peuples, la sagesse des États et la vertu des individus », disait Hegel. Pousser le diable au suicide, contraindre les turpitudes à évacuer la scène, devenir civils et civilisés, nettoyer les écuries d'Augias, tant d'efforts requièrent un travail par définition herculéen, et de surcroît à son tour contradictoire. L'humanité s'affranchit de la servitude par la servitude et retourne contre le diable les armes que celui-ci inventa. En somme, les démons existent bel et bien, il ne reste qu'à leur enseigner qu'ils doivent se sacrifier, au lieu de sacrifier les autres.

Ce gigantesque défi, lancé par notre *Bildung*, est mis en scène dans le « prologue dans le ciel ». Goethe invite à prendre de haut l'errance et les crimes de son héros. Faust, comme individu, se perd et se damne. Probablement. Mais en tant que représentant du genre humain, dans sa longue marche vers la clarté, il se rachète. Du moins est-ce insinué par la carte de visite de Méphisto, cette force qui toujours veut le mal et toujours fait le bien. Les Célestes remportent-ils la partie ? Faust est-il bon ? Le pacte avec le diable s'avère-t-il humainement rentable ? La méchanceté promeut-elle le bonheur de l'humanité ? Goethe refusa de tirer la morale de son œuvre. Pari tenu ? Pari perdu ? Le diable a-t-il gagné ? Le diable est-il vaincu ? En aucun cas le poète ne souscrit aux preuves « logiques » de la non-existence du Malin, que soutenait l'*Aufklärung* rationalisatrice (Lessing) et que Méphisto lui-même soufflait à son élève : le mal n'est qu'un songe de la raison assoupie ; que celle-ci se réveille et le mauvais rêve se dissipe — « *Wir haben ja aufgeklärt !* » Que diable, nous avons éclairé tout ça !

Justement. La feinte disparition du mal n'est qu'une malignité supplémentaire du Malin, jamais aussi présent qu'en s'affirmant absent. Quand Faust, en plein sabbat des sorcières, fantasme sa Marguerite vivante au cou coupé, Méphisto revient, rassurant, et lui chuchote : seuls les superstitieux cèdent à l'« amour de l'illusion », au plaisir de délirer — *Lust zum Wahn*. Le personnage finaud sait parfaitement que l'amour de l'illusion est si peu en lui-même illusoire qu'il peut, ce sera le cas, pousser au crime. L'enjeu du pacte diabolique tient dans la juste place accordée à un mal dont la réalité est préalablement reconnue.

Le prologue de Faust inaugure le jugement de Dieu, aux deux sens du terme. Dieu juge. Dieu est jugé. C'est pour définir cette relative symétrie, où la divinité et l'humanité se rendent des comptes, que Leibniz a forgé le titre de son grand œuvre : *Théodicée.* Justice de Dieu, à et par Dieu[10]. Le double sens est prémédité : pour plaider la cause de Dieu, pour s'instituer modestement l'avocat du Tout-Puissant et non abruptement le juge du Juge, il faut à tout le moins se mettre à niveau, avoir accès au tribunal suprême. En jouant sur le génitif objectif et subjectif qu'implique son « jugement DE Dieu », Leibniz intronise une idée de la responsabilité, promise à grand avenir : « C'est là un caractère essentiel de notre époque : les hommes ne sont guère plus conduits par l'autorité ou la confiance ; c'est seulement en suivant leur jugement personnel, leur conviction et leurs opinions indépendantes qu'ils consentent à collaborer à une chose », précise Hegel.

LE BIEN PAR-DELÀ LE MAL — OU LA THÉODICÉE APRÈS LEIBNIZ

« Notre méditation est une théodicée, une justification de Dieu que Leibniz a tentée sous forme métaphysique, à sa manière, dans des catégories encore indéterminées, abstraites : le mal dans l'univers devait être compris et l'esprit qui pense réconcilié avec le mal. En fait rien ne pousse plus à une telle connaissance conciliatrice que l'histoire universelle. Cette reconnaissance ne peut être atteinte que par la connaissance de l'affirmatif, où la négatif s'évanouit dans la subordination et la défaite, par la conscience, d'une part, du véritable but final du monde, d'autre part de la réalisation de ce but en celui-ci, sans que finalement le mal soit maintenu à son côté. »

G.W.F. Hegel, *Leçons sur la philosophie de l'histoire*, traduction S. Gibelin, éd. Vrin, 1945, p. 27-28.

« Et quand on ne sait pas bénir, il faut apprendre à maudire... Mais moi, je ne suis que bénédiction et affirmation, tant que

tu m'environnes, ciel pur, lumineux, abîme de clarté. Jusqu'au fond de tous les abîmes, je porte alors mon affirmation qui bénit...
Mais ma façon de bénir, c'est de me déployer au-dessus de toutes choses comme le ciel qui leur est propre comme leur coupole arrondie, leur cloche d'azur et leur éternelle sécurité, et bien heureux celui qui bénit ainsi ! »

F. Nietzsche, *Ainsi parlait Zarathoustra*, traduction Geneviève Bianquis, Aubier, 1946, p. 329 : « Avant l'aurore ».

« Tout est bien qui finit bien. »

Hollywood (Code Hayes).

Comment accorder les faveurs de la providence avec les calamités terre à terre ? À cette antique question, que Bayle relança au XVIIe siècle, Leibniz répond en invitant celui qui la pose à une indispensable élévation. Du point de vue de Dieu, le forfait de Sextus qui viole Lucrèce représente un mal nécessaire, la condition sine qua non d'un ordre du monde globalement positif : « Le crime de Sextus sert à de grandes choses, il en naîtra un grand empire qui donnera de grands exemples. »

Lorsque Goethe, un siècle plus tard, condescend à éclairer la lanterne de son familier Eckermann, il lui propose une semblable vision macrocosmique :

> « J'adore celui qui a mis dans l'univers une telle énergie productive que la millionième partie suffit pour que le monde fourmille de créatures, et que la guerre, la peste, l'inondation et l'incendie s'escriment en vain à la dépeupler. Voilà mon Dieu*. »

Attention ! la misère du monde n'est pas occultée, elle n'est que remise à sa place — reléguée secondaire. Ne crois pas que nous nous contentions, à la manière stoïcienne, d'ar-

* À Eckermann, 20 février 1831.

guer de la finitude des mortels, pauvres êtres coincés dans un coin du tableau, incapables d'évaluer l'ensemble. Il ne nous resterait alors qu'à gratuitement obtempérer aux cabrioles des pseudo-sages qui s'emploient à justifier ce qui, à notre portée, demeure injustifiable. Plaider la « cause de Dieu », assumer la « théodicée » implique davantage, il faut que la raison du mal, ce somptueux secret du créateur, soit révélée à la créature.

Les penseurs antiques, sceptiques et stoïciens en particulier, concevaient la finitude en termes d'espace. La petitesse des êtres microscopiques se reconnaît alors écrasée par la grandeur de l'univers. Au contraire, c'est en plongeant dans le temps que l'homme, chez nous, rencontre ses limites.

Le rapport au mal, sans disparaître, subit une mutation. Dans l'inquiétude du désir, l'*uneasiness* de Locke, Leibniz reconnaît le malaise que provoque un manque difficile à supporter. Il souligne, et c'est nouveau, la positivité d'une pareille affection. « L'inquiétude est le principal, pour ne pas dire le seul aiguillon, qui excite l'industrie et l'activité des hommes ; car quelque bien qu'on propose à l'homme, si l'absence de ce bien n'est suivie d'aucun plaisir ni d'aucune douleur et que celui qui en est privé puisse être content et à son aise sans le posséder, il ne s'avise pas de le désirer, et encore moins de faire des efforts pour en jouir[12]. » Il n'y a pas de solution de continuité entre douleur et plaisir. L'une épice la quête de l'autre. Qui plus est, la relation, loin d'être simplement utilitaire, de moyen à fin, s'avère immédiate et esthétique. La peine nous tient en éveil et nous maintient en haleine, elle porte en elle une « affinité du plaisir et de la douleur ». Celle, rappelle Leibniz, qu'éprouve Socrate, lorsque « les pieds lui démangent », une fois débarrassés de leurs chaînes. « Dans le fond, sans ces demi-douleurs il n'y aurait pas de plaisir. »

L'analyse psychologique le constate, plaisir et douleur sont rarement « purs » l'un de l'autre. Sous cette évidence factuelle, le philosophe pointe une appartenance de droit. La peine « éveille », elle interdit l'« engourdissement », cette noyade ontologique qui guette, sans cesse, l'être immergé dans le temps. C'est parce que le Christ est en agonie, dit

Pascal, c'est parce que la chair est en agonie, ajoute Leibniz, que nous devons et pouvons ne pas nous assoupir.

De même que je me rapporte à moi dans le temps, je m'aiguillonne par la douleur. Notre « pacte » avec le diable, notre être dans la maladie et la douleur, doit se lire au ras des phénomènes, comme une autoaffirmation de l'existence. Inutile de sauter au-dessus de son ombre pour survoler sa propre souffrance ! Évitons de la légitimer d'un point de vue extérieur, ultramondain. Le sens de la douleur se déchiffre à même la douleur, comme une lutte pour la vie. « Car nous ne sommes jamais sans quelque action et mouvement, qui ne vient que de ce que la nature travaille toujours à se mettre mieux à son aise[13]. » Leibniz ne se satisfait plus de postuler une autre monde qui nous éclairerait par ses lumières d'outre-tombe, c'est au cœur des phénomènes qu'il quête l'affirmation qui les fonde, en scrutant leur nature déployée comme une force originellement active — *vis primitiva activa*. Cette force se manifeste sous le double aspect d'une pulsion sourde — *appetitio* — et d'une perception — pas nécessairement réfléchie. Chez les êtres doués de raison, la vie biface s'explicite dans la dualité de l'entendement et de la volonté. C'est à partir de Leibniz que le primat de la « volonté » surdétermine toute la pensée allemande. Il ne témoigne pas d'un « volontarisme » suspect, voire anti-intellectuel ou irrationnel, il balise plutôt une manière nouvelle d'user de sa raison pour décrypter optimistement le réel.

Les phénomènes se présentent chaotiquement, les perceptions se suivent et ne se ressemblent pas, ou peu. Aucun ordre déductif n'abolit la contingence du manifeste, à première vue nulle logique n'organise sa cohérence... Et pourtant la science est possible, remarque Leibniz. La mise en ordre du désordre est l'œuvre d'une raison qui ne se borne ni à contempler passivement, empiriquement, les phénomènes ni à les déduire de règles formelles, mais qui ose les construire : « Je considère les quantités infinitésimales comme des fictions utiles[14]. » Le miracle de la physique mathématique, c'est que ces « fictions » s'avèrent plus réelles que les images de la réalité, longtemps, traditionnellement tenues pour vraies. Lorsque le mathématicien Leibniz invente un calcul inouï faisant intervenir des grandeurs « évanouissantes », le physicien Leibniz procède au constat encore plus inouï qu'un tel calcul s'applique et que les quantités disparaissantes s'évanouissent effectivement dans le monde des choses. « Les opérations parfois impossibles donnent naissance à des objets dont la construction est possible, ou dont l'interprétation se trouve dans la nature : nombres négatifs, fractionnaires, incommensurables, imaginaires. » On l'a vu, de même qu'il faut interpréter le langage à partir de l'affirmation qui l'habite, de même la raison s'engage jusqu'à « l'origine radicale des choses » lorsqu'elle atteint la volonté obscure *(appetitio)* qui organise les multiples facettes de leur apparaître *(perceptio)*. L'être et le connaître sont traversés par une même puissance positive, un *Streben*, un élan, dira Goethe. Celui qui peine avec fougue, celui-là, nous pouvons le sauver, « *Wer immer strebend sich bemüht, der können wir erlösen* » (Faust). La Théodicée n'est pas le va-et-vient entre l'homme et le Dieu, demeurés extérieurs l'un à l'autre. Elle reconstruit le mouvement de la révélation qui restitue aux choses le fond têtu qui les affirme — *appetitio* — et au fond les phénomènes où il s'exprime — *perceptio*.

La raison mathématique se mire, anticipée, dans la nature. Cette grande découverte de Leibniz accomplit la physique moderne, inaugure la domination technique d'une planète soumise à nos « fictions utiles ». Selon Hegel, l'esprit revient à lui, semblablement, dans cette seconde nature que constitue l'histoire de l'humanité. Tu sais, comme moi, mieux que moi, combien d'exégètes a suscités cette philosophie de l'histoire. Hégéliens de gauche et de droite, étatistes et révolutionnaires, marxistes et anarchistes, annonciateurs d'une épopée qui touche à son terme ou qui place le XXe siècle sous l'horizon d'une rivalité entre l'Asie russe et l'outre-Occident américain. Je t'abandonne leurs querelles de spécialistes et, parfois, de chiffonniers. Un seul détail m'intéresse. Il échappe souvent, car il est admis sans examen. Il tient dans le sort qu'assignent, en chœur, les divers interprètes à ce-qui-ne-va-pas. Mot à mot, « ne pas aller » peut se traduire par le verbe *gehen* : aller, marcher, flanqué d'un préfixe négatif : *ver*. Or *vergehen* signifie, en bon allemand, passer, disparaître. Comme tu l'as appris, le problème des infiniment petits reçoit, chez Leibniz, un traitement essentiellement mathématique que Hegel trouve insuffisant[15]. Mais, derrière ces différences de méthodes, je te prie de relever la commune fascination. L'escamotage rigoureux, auquel semble procéder le calcul en identifiant à zéro une différence plus petite que toute différence assignable dans une série, vaut découverte de la pierre philosophale. Pour Leibniz, c'est ainsi que se manifeste la loi de « continuité » qui gouverne la création. Pour Hegel, c'est le moment où les relations qualitatives prennent le relais des quantitatives, où la physique mécaniste cède le pas devant la chimie des affinités électives. Qu'est-ce à dire ? Dans le mystère des « quantités évanouissantes », c'est le rapport de la mort et de la naissance qui vient à la lumière[16].

Armée du calcul infinitésimal, la raison ose se jeter à l'eau, paraît perdre le contrôle de son calcul, joue d'une double approximation. Elle travaille dans l'incertain, plonge dans sa nuit et tombe juste. Elle a soulevé le rideau, pointé son nez dans la coulisse, agrippé l'inconnu, et s'est retrouvée en lui. Pour rendre compte d'une cabriole aussi curieuse, Hegel convoque les concepts clefs de sa philosophie. Par exemple : *aufheben* — dépasser, au sens simultané de jeter, conserver, sublimer. Par exemple encore : *Auflösung* — à la fois résolution et dissolution. À l'improviste, le mathématicien découvre que la folie de calculer est moins folle qu'elle ne paraît et que sa passion professionnelle, son plaisir à délirer, dit Goethe, *Lust zum Wahn*, se récupère « ruse de la raison », *List der Vernunft*, répond l'écho hégélien.

À une échelle autrement gigantesque et pathétique, jouant des égoïsmes, des crimes, des guerres, pour dans son tourbillon dévastateur accomplir une œuvre civilisatrice, l'histoire « apparaît comme l'autel où ont été sacrifiés le bonheur des peuples, la sagesse des États et la vertu des individus » (Hegel). Le jugement céleste de l'« esprit » est ainsi vérifié sur terre par le fer et le sang, de la même façon que le prologue olympien de Goethe trouve confirmation de sa sagesse à travers les calamités que déchaîne le couple Faust-

Méphisto. « Ce n'est pas l'Idée qui s'expose au conflit, au combat et au danger ; elle se tient en arrière hors de toute attaque et de tout dommage et envoie au combat la passion pour se consumer. On peut appeler ruse de la raison le fait qu'elle laisse agir à sa place les passions[17] ». Le sens de l'histoire, c'est l'histoire d'un sens qui s'affirme et se confirme par des moyens insensés.

Communication, science, histoire : les percées décisives de la civilisation occidentale sont comprises comme les versions concordantes d'une « théodicée », qui confronte à l'injustifiable une justice supérieure qui le légitime et l'épuise. « Le mal dans l'univers, y compris le mal moral, doit être compris, et l'esprit se faisant doit se réconcilier avec le négatif [...] Cette conciliation ne peut être atteinte que par la connaissance de l'affirmatif dans laquelle le négatif se réduit à quelque chose de subordonné et de dépassé et s'évanouit » (Hegel). Au bout du compte les morts ne comptent pas.

Tel est le mystère auguste et solennel, multiplement varié mais toujours répété, que la pensée allemande ne cesse de célébrer dans tous les recoins de la condition humaine : le mal et le négatif sont repoussés, réduits, ratatinés — « grandeurs évanouissantes ». C'est Iphigénie, prête à sacrifier ses amis à sa pureté ; elle, dont la pureté consiste à abolir les sacrifices humains. C'est *dx/dy* qui s'égale et ne s'égale pas à zéro. C'est encore César, qui réussit l'instauration de l'empire en ratant sa prise de pouvoir[18]. En fin de partie, la spéculation justifie le conte de fées, une disproportion subsiste entre l'input, nos passions individuelles, et l'output, le travail de la raison et de la civilisation. Dans l'entre-deux, la fameuse boîte noire, où les prestidigitateurs opèrent, est devenue presque diaphane, mais pas tout à fait. L'individu ne se sacrifie, certes, qu'à lui-même, il est égoïste et passionné, mais son « évanouissement » garde un vague parfum de miracle. L'Être singulier meurt. Les institutions, les États, les cultures passent, fugitifs. Le mal trépasse, mêlant victimes et bourreaux dans l'ossuaire des individualités. Seul subsiste le substantiel, seul reste l'Esprit, seul demeure le sens. La déraison et la turpitude plient devant la « connaissance de l'affirmatif » et vont échouer dans l'insignifiance et l'oubli. Au sculpteur Falconet, qui posait au sceptique libertin, votre Diderot objectait : « L'individu passe, mais l'espèce n'a pas de fin et voilà qui justifie l'homme qui se consume, l'holocauste immolé sur les autels de la postérité. » L'individu moderne ne sacrifie jamais qu'à sa propre éternité. À l'espèce ? dis-tu. À une espèce non pas animale, mais spirituelle, à l'immortalité du sens, qui s'éprouve par la mise à mort des non-sens. « La disparition, le néant, loin de constituer la fin dernière, sont périssables et disparaissent à leur tour[19]. »

Harmonie pré- ou post-établie, cercle herméneutique, ruse de la raison, autant de convictions fondatrices pour la philosophie allemande. Voilà pourquoi les effondrements séculiers en Allemagne n'ont jamais bouleversé de fond en comble notre âme musicale et religieuse. La part politique demeure, comme le suggère Goethe, fin connaisseur de Napoléon, le règne de la tragédie. Elle se termine mal, car nous y rencontrons le destin, c'est-à-dire nous-mêmes sous la forme d'un autre. Seuls l'art, la religion et la pensée pensante sont ces antidestins qui nous élèvent à la reconnaissance de nous-mêmes, au Gai Savoir.

Nous cultivons, alors, la connaissance de soi comme le bonheur de l'esprit — le *Geist* — qui dans le miroir de l'univers fête son assomption jubilatoire. Nous sommes en ces moments d'élection à mille lieues de la tragédie, nous suivons Dante guidé par Béatrice.

Über alle Gipfel ist Ruh.

On traduit : « Sur tous les sommets règne la paix. Sauf que le vers est aussi intraduisible que célèbre. Goethe télescope les cimes (*Gipfel*, le lieu du sublime), la sérénité (la paix qu'atteint tout mouvement parvenu au lieu de son repos naturel), l'être (*ist*). Et même, par un ironique et involontaire effet d'après-coup, les deux premiers mots entonnant l'hymne national.

Lettre IX

À la recherche du lien social

Une querelle transcontinentale — Péguy contre Jaurès — Chalamov contre Dostoïevski — Kant contre les postkantiens — L'extase époptique — Vie, travail, parole : trois ascenseurs pour le septième ciel.

De Paris

Enfin ta missive s'interrompt. Rien n'eût été plus aisé que de la prolonger à l'infini, quitte à nuancer tes propos. Tu aurais pu, en extra, souligner l'injustice qui règle le concert des penseurs pensants. Le Dieu de Leibniz n'est-il pas « une rigole fangeuse », où confluent toutes les contradictions, à en croire Hegel ? Pas gêné, le chef dialecticien ! après avoir moqué l'inépuisable « faux fuyant » ou le « roman métaphysique » leibnizien qui renvoie à plus haut la solution des problèmes d'ici-bas, Hegel substitue, sans rire, à l'harmonie préétablie de son prédécesseur une symphonie postétablie pas moins extraordinaire. Affirmer que les hommes font, sans savoir qu'ils la font, leur propre histoire — c'est-à-dire une histoire unique et pleine de sens —, n'est-ce point rêver d'un orchestre-humanité, où chacun suit son inspiration, sans partition ni souci des improvisateurs voisins ? Pourquoi postuler que, d'un pareil pot-pourri, émane une mélodie céleste, et pas quelque innommable cacophonie ? Ce miracle musical embarrassa les épigones et successeurs rivalisant à la direction d'un orchestre halluciné.

Pareillement s'étourdirent vos herméneutes, de Schleiermacher à Habermas, via Gadamer, qui tinrent pour indubitable que deux êtres qui se causent s'entendent. Et, s'ils s'entendent, ils se comprennent. Et, s'ils se comprennent, ils ont, en douce, effacé leurs différends, pour s'accorder, implicitement et réciproquement, le primat de la recherche du vrai sur la diffusion du faux. Et chacun d'accrocher sur la poitrine de l'autre la médaille du bon voisinage, à l'écart des disputes malveillantes. En bref : entendre, c'est s'entendre ; communiquer revient à communier. Ignorez-vous donc les ennemis jurés, qui cherchent à se connaître et à se prévoir au mieux l'un l'autre, afin de s'entr'assassiner plus commodément ? « La haine habite l'adversaire, en développe les profondeurs, dissèque les plus délicates racines des desseins qu'il a dans le cœur. Nous le pénétrons mieux que nous-mêmes, et mieux qu'il ne fait soi-même. Il s'oublie et nous ne l'oublions pas* » (Paul Valéry).

Le préjugé de l'optimisme ne se cantonne pas sur les hauteurs philosophiques inexplorées par un public non alpiniste. Les lettres, les arts, la politique l'entretiennent. Une foule immense accompagna en sa dernière demeure le poète phare, gloire nationale, et prophète de la réconciliation finale :

L'archange ressuscite et le démon finit ;
Et j'efface la nuit sinistre, et rien ne reste,
Satan est mort ; renais, ô Lucifer céleste[1] *!*

L'Europe s'inonde, trois siècles durant, d'hymnes édifiants qui célèbrent le triomphe du jour sur la nuit. Vous ne détenez pas, chers amis allemands, l'exclusivité des rêves bleus et saint-sulpiciens. Mais vous en êtes les porte-parole philosophiques incontestés sur tout le continent. Cette originalité incline les prêcheurs de tout poil et de tout pays à quérir chez vous leurs ultimes arguments. Mme de Staël en 1800, les « normaliens » en 1900, beaucoup de nos contemporains firent pèlerinage outre-Rhin pour saupoudrer de sérieux les élévations de l'âme et corseter d'une cuirasse académique leurs poitrines palpitantes.

---

* Heinrich von Kleist partageait pareille ironie, témoin son épigramme, qui joue sur le double sens de *versprechen* (promettre et commettre un lapsus) : *Was ? Du nimmst sie jetzt nicht und warst der Dame versprochen ? Antwort : Vergib, mein Lieber, man verspricht sich ja wohl.* « Quoi ? Tu étais promis à cette dame et tu ne l'as point prise ? Réponse : Mon cher, pardon, il arrive que la langue vous fourche. »

IDÉES SANS FRONTIÈRES

« En 1826, Victor Cousin écrivait à Hegel : “Hegel, dites-moi la vérité. J'en transmettrai à mon pays tout ce qu'il peut comprendre.” Hegel déclarait ironiquement : “M. Cousin m'a pris quelques poissons mais il les a bien et loyalement trempés dans sa propre sauce.” En dépit de toutes les rebuffades, la fascination éprouvée en France vis-à-vis de la philosophie allemande se poursuivit à travers toute cette période. Kant, dont Cousin proclamait qu'il était l'une des sources de la Révolution française, devint l'un des pères tutélaires de la pensée française, pas uniquement parce qu'il faisait partie des auteurs au programme dans les écoles, mais parce qu'il exerça une influence décisive sur la plupart des philosophes à partir de Renouvier, si bien qu'il devint en France le second des philosophes, juste derrière Descartes. Marx, Hegel et Nietzsche constituèrent, particulièrement entre les deux guerres mondiales, une des principales sources d'inspiration...

Il est à peine possible de démêler la contribution allemande à la philosophie française — au sens le plus large du mot — parce qu'elle s'est répandue absolument partout. Elle fut beaucoup plus importante que celle de l'Angleterre, dont la présence fut davantage ressentie dans la littérature, car elle pénétra jusqu'aux racines la manière de penser française. L'union philosophique était en fait si étroite que certains écrivains français des années 30 en perdirent jusqu'à leur goût de la clarté et qu'une obscurité tortueuse devint à la mode — et le resta — dans certains cercles. Quand les Français se lassaient d'une influence allemande, ils la remplaçaient par une autre, elle aussi allemande, même si parfois ils déguisaient le fait. Ainsi vers 1900, Nietzsche devint-il le symbole qui permit de se libérer de Kant.

Théodore Zeldin, *Histoire des passions françaises* (vol. II, *Orgueil et intelligence)*, p. 131-132.

Jaurès opposait au « chacun pour soi » des Français la moralité modèle des Allemands. « Luther a esquissé cette conception de la liberté vraie, qui en économie politique deviendra le socialisme[2]. » Dans les rangs victorieux des partisans de Dreyfus, de tels prêches, apparemment unanimistes, semèrent très vite la zizanie. Réfractaire aux courts-circuits simplificateurs, Charles Péguy s'attira les foudres des théoriciens officiels de la gauche. Condamné pour « anarchisme moraliste », il réplique vertement : « À la place de la providence chrétienne, allons-nous instituer la providence laïque, sous les espèces du monisme métaphysique ? » Il enfonce le clou : « On serait aussi fondé à dire : si tous les hommes sont frères, aucun ne peut prétendre à opprimer les autres ; ou bien : si tous les chrétiens sont frères en Jésus-Christ, aucun ne peut prétendre à opprimer les autres ; ou bien : si tous les Français sont fils de la même patrie, aucun ne peut prétendre à opprimer les autres ; ou bien : si tous les socialistes ont le même comité général, aucun ne peut prétendre à opprimer les autres. Il faut avoir la candeur d'un enfant et l'insolente confiance que vous aimez pour oser proposer de tels remèdes. L'histoire tout entière, publique et privée, de l'humanité s'élève contre cet enfantillage dangereux. Les ressentiments domestiques, les haines intérieures ont une aigreur qui les rend plus redoutables que la plupart des autres mauvais sentiments. » Ces mots furent proférés au début de ce siècle. Les avatars guerriers, colonialistes, totalitaires qui succédèrent valident la dénonciation de l'angélisme, enfantillage dangereux. Satan n'a toujours pas avalé son bulletin de naissance et de renaissance.

La remise en cause de l'optimisme déborde infiniment les malentendus culturels français et allemands ou les débats, interminables, familiers à la gauche internationale. Fort de son expérience, affranchi par dix-sept années de goulag, Varlam Chalamov relève une scotomisation de très longue durée. Dostoïevski lui-même, auteur fétiche de tout dissident russe, aurait manqué la vérité du crime et celle des criminels, « car un truand n'est pas un homme qui a commis un vol. On peut voler, et même voler systématiquement, sans être un truand, c'est-à-dire sans appartenir à cet ordre abject et clandestin », le monde du crime. Et Chalamov de s'insurger : « De Gutenberg jusqu'à nos jours, le monde du crime a toujours été pour les écrivains, comme pour les lecteurs, un livre scellé de sept sceaux. Les auteurs qui se sont attaqués à ce thème extrêmement sérieux l'ont traité avec insouciance, se laissant séduire et mystifier par l'éclat phosphorescent de la pègre qu'ils ont parée d'un masque romantique, entretenant ainsi chez le public une idée complètement fausse de cet univers abject et répugnant qui n'a rien d'humain[3]. »

Interroge cet aveuglement universel. Qu'est-ce qui rend l'inhumain impensable pour les humains ? Pourquoi tant d'expériences collectives d'une cruauté inouïe parviennent-elles à peine à persuader que chaque malfrat ne loge pas en son sein un Jean Valjean qui s'ignore ? Loin des anges déchus, les docteurs Mabuse témoignent d'une inventivité en matière de dévastation qui leur appartient en propre. Pourquoi poétiser voluptueusement leur goût du sang et de la mort ? Pourquoi un tel acharnement consacré à transfigurer des crapules ? « Aucun des romans de Dostoïevski ne contient de description de truands. Dostoïevski n'en a pas connu, et s'il en a rencontré, il s'en est détourné en tant qu'écrivain. » Il est temps de soumettre la civilisation, et les philosophies occidentales, à l'interpellation de Chalamov le bagnard : jusqu'à quand détournerons-nous les regards devant le mal ?

Même si elle paraît à la mode et comme imposée par l'actualité, la question du Mal n'est pas neuve. Elle précède les idéologies, qui feignent l'ignorer, et les religions, qui prétendent lui répondre. C'est la plus vieille antienne du monde. Et Kant de sourire, avec à-propos et ironie : « Que le monde soit en proie au mal, voilà une plainte aussi ancienne que l'histoire ou que la poésie davantage ancienne, et même aussi ancienne que le plus ancien des antiques poèmes, la religion des prêtres[4]. » Kant prend aussitôt le soin de relever que toutes ces antiquités poétiques et religieuses retirent d'une main ce que l'autre accorde, car elles postulent que « le monde commence par le Bien, par l'âge d'or, la vie au paradis, ou par une vie plus heureuse encore, en commun avec des êtres célestes. [...] » Le philosophe, cependant, n'est pas dupe : la concession n'est qu'apparente, et ces « poèmes », Bible et théogonies dans un même ensemble, évoquent une

« chute dans le mal », dont la précipitation, l'accélération et l'accablement sont tels qu'il nous semble parvenir au terme, proche MAINTENANT, du « dernier jour ». « Mais ce maintenant, remarque Kant, avec esprit, est aussi vieux que l'histoire. »

Escorté de méchancetés, de trahisons, de douleurs et de mensonges, le mal est un fait. Évident. Indépassable. Inscrit dans la condition humaine. C'est un préalable à partir duquel on peut penser, mais dont l'existence ne saurait être, sans ridicule, purement et simplement biffée[5]. Pour la philosophie kantienne, il existe quelques faits fondateurs, supposés inattaquables, *Faktum der Vernunft* ; ainsi la science physique mathématique ou la « voix de la conscience ». L'existence du mal dans le monde constitue une donnée première de même calibre. Je suis, quant à moi, tenté de la tenir pour davantage considérable. Newton, aujourd'hui, ne reconnaîtrait plus son monde : la voix de la conscience babelise, elle, a bien de la peine à se faire entendre, mais les exemples de l'existence terre à terre du mal pleuvent. La question de Chalamov, voilà la pierre sur laquelle édifier notre église et interroger celle des autres.

N'as-tu pas, dans ta dernière lettre, exécuté avec trop de désinvolture et un brin de cuistrerie la critique voltairienne de l'optimisme leibnizien ? Certes, notre ironiste national sacrifiait, allègre, aux exigences de la satire et simplifiait indûment une pensée qu'il possédait par ailleurs assez exactement. J'ai le sentiment qu'il vise juste. Délaisse un instant l'épouvantail Pangloss et considère toute la philosophie qui suinte derrière la caricature. Car, au fond, qu'est-ce qu'un optimiste ? Non pas le locataire béat du meilleur des mondes, mais celui qui s'estime garanti du pire, parce qu'il dispose en permanence d'un billet de logement exécutoire pour le moins mauvais des abris. En somme, est optimiste qui jure le pire impossible. Leibniz, souviens-toi, réglait l'affaire rondement : Dieu assume seul, et une fois pour toutes, le passage de l'impossible (le contradictoire) à la coexistence des possibles. Dieu calcule, élimine le pire, le chaos des incompossibles, puis entame la moins mauvaise des créations convenables. Une fois ce hors-d'œuvre concocté, l'univers physique des bonnes et des mauvaises rencontres devient un univers préréglé de compossibilités. Impossible d'y rencontrer l'impossible. Dieu l'a pulvérisé préalablement. Quand l'homme vient au monde, le pire est d'ores et déjà derrière lui.

Débarrassé de ses atours théoriques et abscons, le scénario est à notre pointure. L'optimiste à la mode n'affirme pas tout est bien, rien n'est mal. Il joue les modestes. Il suggère que nous sommes nés après l'orage. Mes chéris, la tempête c'est jadis, les grandes idéologies sont mortes ! Soupir de soulagement : l'actualité est désormais promise aux compossibles, tout peut arriver, sauf l'annonce que le rien pourrait arriver. L'affirmation optimiste se nourrit de la négation de la négation : l'incompossible est réduit à néant. Dieu en a fait Son affaire un jour avant le premier jour, à moins que l'histoire n'en ait assumé l'éradication dans une préhistoire barbare. Bienheureux que nous sommes ! Le mal radical et la destruction omnipotente existent, oui, oui, oui ! Mais très loin dans le passé. L'optimiste au sens large harmonise au sens large. Il marie la perception à l'imperception, l'infini au fini, le maximum au minimum, un et autre, bien et mal, jour et nuit, à la seule condition que l'harmonie soit sauve, c'est-à-dire gagnante à vie. Nous sortons du néant, ex nihilo. L'optimiste comprend : de naissance, nous en sommes définitivement sortis.

Leibniz introduit la première mouture, encore naïve, parce que agissant à découvert, d'une pensée qui, remarque Schelling, par la suite, « préféra supprimer ce qui la gênait et résoudre totalement l'incompréhensible en raison ». Voltaire n'eut que le tort de personnaliser trop vite un dispositif intellectuel autrement conséquent et que Schelling repère, dès 1815, trônant autour de lui, quitte à l'ignorer en lui : « L'idéalisme constitue le système général de nos temps. » Avec astuce, il désigne ainsi moins une manière de voir et d'apprécier (plus tard, on dira une conception du monde — *Weltanschaunung)* qu'une manière de ne pas voir, « la négation ou la non-reconnaissance »... De quoi ? La non-reconnaissance d'une « tendance positive à l'obscurité », d'une « résistance active à toute pensée », d'une « force éternelle de la négation ». Il faut comprendre que l'optimiser selon Voltaire, ou l'idéaliser selon Schelling, c'est l'art d'occulter le plus systématiquement possible « cette folie d'autolacération, d'autodestruction [qui] constitue encore de nos jours le fond intime de toutes choses[6] ». Les idéalistes, « par leurs incessantes effusions sur l'harmonie du cosmos et son admirable unité », IDÉALISENT le monde, c'est-à-dire le VIDENT de « l'effrayant et [du] terrible qui sont le vrai fond substantiel de la vie et de l'existence ».

L'idéalisme est la méthode finale de l'optimiste pas sot, auquel n'ont pas échappé les bavures qui déparent l'œuvre des hommes et de Dieu. Il minimise les fêlures de la création. Il les réduit à des accidents mondains, mais pas mondiaux, terrestres mais point célestes, comme les passions, selon Hegel, perturbent l'événement singulier sans dérégler l'ordre général.

GRANDEUR ET MISÈRE DE L'IDÉALISME

L'esprit philosophique, par sa nature, ne saurait être généralement répandu dans aucun pays. Cependant il y a en Allemagne une telle tendance vers la réflexion, que la nation allemande peut être considérée comme la *nation métaphysique par excellence*. Elle renferme tant d'hommes en état de comprendre les questions les plus abstraites, que le public même y prend intérêt aux arguments employés dans ce genre de discussions.

Chaque homme d'esprit a sa manière de voir à lui, sur les questions philosophiques. Les écrivains du second et du troisième ordre en Allemagne ont encore des connaissances assez approfondies pour être chefs ailleurs. Les rivaux se haïssent dans ce pays comme dans tout autre, mais aucun n'oserait se présenter au combat sans avoir prouvé, par des études solides, l'amour sincère de la science dont il s'occupe.

Il semblerait qu'un système de philosophie qui attribue à ce qui dépend de nous, à notre volonté, une action toute-puissante devrait fortifier le caractère et le rendre indépendant des circonstances extérieures ; mais il y a lieu de croire que les institutions politiques et religieuses peuvent seules former l'esprit public, et que nulle théorie abstraite n'est assez efficace pour donner à une nation de l'énergie : car, il faut l'avouer, les Allemands de nos jours n'ont pas ce qu'on peut appeler du caractère. Ils sont vertueux, intègres, comme hommes privés, comme pères de famille, comme administrateurs ; mais leur empressement gracieux et complaisant pour le pouvoir fait de la peine, surtout quand on les aime, et qu'on les croit les défenseurs spéculatifs les plus éclairés de la dignité humaine.

Madame de Stael, *De l'Allemagne*, ouv. cité, p. 430, 464-465.

Le sens global et insubmersible attribué à l'univers oblige à assigner en résidence surveillée et subordonnée la flamme destructrice.

Les aide-mémoire et les manuels désignent sous l'étiquette « idéalisme allemand » les pensées philosophiques qui, minimisant le mal comme s'il était un accident de parcours, gouvernèrent le XIXe siècle européen et qui, probablement, dominent encore le nôtre, par le truchement de leurs disséminations existentialistes, marxistes, heidegériennes et postmodernistes. Toute appellation est imprécise, chaque nom de baptême comporte sa part de hasard. J'en accepte l'arbitraire et me contente de spécifier, sous le vocable « idéalisme », moins un système d'idées qu'un système optique. Touchant l'organisation des concepts, chaque penseur incline à ignorer les contradictions qui l'habitent, quitte à relever, sans pitié, celles de ses collègues. Aussi bien, sous la cohérence ou l'inconséquence intellectuelles des systèmes officiellement répertoriés, examine plutôt leur mécanisme de perception ou d'imperception commun. Il ne s'agit pas de savoir si et comment Leibniz, Schelling et tutti quanti concevaient l'être et l'Être suprême, le bien, le beau et l'unique vérité. Il s'agit, pour moi, de repérer comment, appuyé sur ces phares de la spéculation, notre contemporain fait pour ne pas faire et voit pour ne point voir.

Si l'on admet avec Kant que, depuis l'origine, poètes, religieux et philosophes doivent affronter le défi de l'existence exaspérante et persistante du mal, scrutons de quelles façons les siècles postkantiens ont évacué la plus immémoriale hantise d'un mortel s'appréhendant mortel.

Pangloss, parangon de l'optimisme bêta, décrète de but en blanc l'inexistence du mal. L'optimisme philosophique allemand, plus raffiné je te l'accorde, l'escamote en douceur.

Tes grands esprits, mon cher, promulguèrent l'évanouissement stade suprême et solution finale pour tous problèmes. Leibniz inaugura le procédé, baptisant « quantités évanouissantes » les opérations, jusqu'alors contradictoires, que les nouvelles procédures de calcul infinitésimal et intégral rendaient effectuables. Les jeux de mots sur *Grund* — fondement — et *Abgrund* — abîme — soumettent au prestige d'une semblable prestidigitation le dynamisme de l'Histoire (Hegel), les mystères de la mythologie et de la religion (Schelling), aussi bien que la vie de famille. Les enfants sont la « mort des parents » (Hegel, encore), dans la mesure exacte où les parents se prolongent et revivent en leur progéniture. Les grands penseurs allemands découvrirent ainsi la pierre philosophale qui convertit les noirceurs d'Éros en extases rédemptrices.

Leur baguette magique garantit que les plus cruelles tempêtes guerrières et révolutionnaires conduisent à la terre promise. Mort et résurrection, annonce Dionysos. Marche et crève, répercute en écho l'enthousiasme national et la foi qui promet d'escalader le ciel.

À la philosophie « négative », où Schelling regroupait Aristote, Descartes et Kant, devait succéder une philosophie « positive », tâche spécifique de la pensée allemande. Pour accomplir ce titanesque travail de régénération mentale, il fallait retrouver le secret de l'ésotérisme antique et des parcours initiatiques, qui mènent de l'inquiétude sans rivages aux ravissements sans limites. Au départ, « rien qu'effroi, terreur, tremblement, angoisse et stupeur ». À l'arrivée, l'initié « aperçoit de splendides plaines et prairies, visions accompagnées de voix et de danses, de chœurs, de sonorités nobles et sacrées, d'apparitions divines ». Cet instant final et victorieux rétablit une « relation paradisiaque », où le mortel s'affranchit de sa finitude et accède à l'« époptie », ou vision parfaite de la perfection[7].

Ne va pas imaginer que je veuille réduire tes maîtres penseurs à de vulgaires magnétiseurs de foire. Foin des gourous californiens ! Les philosophes allemands ne vendent ni formules ni pharmacopées ouvrant illico les portes du septième ciel. Leur subtilité condescend rarement à ces indignes procédés. Ils prennent soin, au contraire, d'afficher une relative modestie en matière de vision prophétique et d'époptie. Marx lui-même refuse, à l'occasion, de faire bouillir les marmites de l'avenir et Nietzsche cultive un scrupuleux recul. Il ne se prend pas un instant pour le Surhomme dont il annonce l'annonciateur Zarathoustra.

L'époptie moderne, à la différence de l'antique, n'est pas un système optique qui accommode sur le bien (dont la vision pleine et entière est sans cesse remise à demain). C'est, en revanche, un système tourné sur le mal pour en réduire les dimensions et brouiller la vision. Dialectiques de l'histoire, ruses de la raison, extases initiatiques et actes de foi font assaut de bons procédés pour transfigurer les malheurs de l'existence en avatars fugitifs, coincés entre un avant qui les ignorait et un après qui les rédimera. « Cet effort en vue d'une connaissance surplombant toutes choses [...], explique Schelling, cet effort est lui-même le témoignage irrécusable de ce que la conscience humaine s'est trouvée originellement placée dans cette connaissance[8]. »

Observe combien seul l'effort importe. Ce ne sont plus les visions du Bien et du Plérôme qui comptent, mais le travail pour y accéder. En lui et par lui, avant même qu'il soit mené à terme, nous « surplombons » l'angoisse et l'errance présentes.

Pourquoi se soucier, m'objecteras-tu peut-être, des concepts farfelus qui gravitent dans des cervelles illustres, certes, mais défuntes ? Ils reposent en paix dans des livres respectés, mais massivement ignorés. Je te l'accorde, l'influence des philosophes et des penseurs, quels qu'ils soient, se révèle des plus réduites. Elle frise l'insignifiance. Moins que leur pouvoir d'agir ou de faire agir, ma curiosité vise la transparence qu'acquièrent chez d'immenses spéculatifs les pulsions, qui, souterraines et obscures, hantent le grand public.

JUMELAGE : PHILOSOPHIE ALLEMANDE ET POLITIQUE FRANÇAISE

« Le saint-simonisme est-il jeune-hégélien ? Certainement pas si l'on suppose par là une connaissance philologique précise des textes hégéliens ou si l'on pense aux raisonnements économiques repris de Saint-Simon lui-même. Tout ce qui tient en revanche à la philosophie de l'histoire, à son ouverture sur l'avenir, à son dépassement dans une philosophie de l'action et de la pratique sociale, au passage de la métaphysique à l'éthique par l'intermédiaire de concepts spinozistes, voire schelligiens, tout cela trahit un parallélisme avec le jeune-hégélianisme plus tardif qui ne peut s'expliquer que par une pénétration réelle de la philosophie allemande dans la vie intellectuelle sous la Restauration et la monarchie de Juillet. Les agents de cette pénétration sont dans leur majorité les élèves de Victor Cousin parmi lesquels on compte beaucoup de saint-simoniens. Les relations privilégiées de Cousin et de Gans, de C.L. Michelet et de Lechevalier, permettent même de se demander si les signes avant-coureurs du jeune-hégélianisme en Allemagne et la doctrine saint-simonienne ne sont pas deux phénomènes parallèles issus simultanément d'un échange oublié. Toujours est-il que l'Allemagne du jeune Marx verra lui revenir, sans la reconnaître comme sienne, une doctrine qu'elle aura contribué à élaborer et à laquelle elle cherchera à se confronter pour assurer définitivement son passage à la pratique. Une réalisation de l'hégélianisme que le saint-simonisme avait déjà prônée. Si l'idéalisme allemand a rêvé ce que la révolution française a accompli, le saint-simonisme se veut explicitement un réappropriation du rêve théorique par la pratique. »

Michel Espagne, dans *Regards sur le saint-simonisme et les saint-simoniens*, Presses universitaires de Lyon, 1986, p. 68.

L'optimisme philosophique allemand manifeste l'euphorie de fond qui travaille la civilisation européenne durant trois siècles. Que nous content les plaisants héros de l'Idée ? Schelling, je viens de le citer, suggère que la vérité, recherchée par la philosophie avec tant de passion, existe du seul fait de la passion mise à la rechercher. Cette preuve par l'acharnement déployé procède, comme tu dis, de l'autoaffirmation performative ou, en termes moins galants, de l'idiotisme de métier. Puisque je m'y consacre, ce à quoi je me consacre est indubitable. Le raisonnement peut paraître boiteux ; car, lorsque je baye aux corneilles, les oiseaux ne s'envolent pas illico de ma bouche.&nb

Il n'empêche. L'Europe éclairée passe outre. Elle prend si suprêmement au sérieux sa parole, son travail et sa vie, qu'elle les sanctifie aussi allègrement que le penseur canonise sa pensée. Puisqu'on ne veut pas parler pour ne rien dire, force est de postuler que le langage signifie plutôt qu'il n'égare, et qu'en lui la vérité l'emporte sur la tromperie. Puisqu'on ne travaille pas pour ne rien faire, on conclut tout de go que la production est plus forte que la destruction. De même la vie est-elle censée se conserver, se perpétuer, se propager, donc vaincre et repousser la mort.

Le langage qui pour l'essentiel ne ment pas. Le travail qui ne se laisse pas détruire. La vie qui se reproduit éternellement. Voilà les trois « transcendentaux » qui fondent l'épistémé de l'Europe moderne[9]. Voilà les points d'ancrage de sa culture scientifique et littéraire. Voilà les valeurs fondamentales dont se réclament ses idéologies, mêmes perverses. Les discours racistes excipent d'une vie supposée pure et indestructible, dont les qualités incorruptibles se transmettent par héritage biologique. Les prétendues transparences d'une langue maternelle, qui ne dupe pas, nourrissent les exclusions nationalistes et les préjugés intégristes. Le culte du travail, forcément créateur, déchaîne à son insu des puissances éminemment dévastatrices. Rien n'y fait. Trois primats semblent indéboulonnables : celui du parler vrai sur le dire faux ; celui des rapports de production sur les rapports de destruction ; celui de l'élan vital sur les pulsions létales. Tels sont les trois piliers porteurs d'un optimisme global que ta philosophie couronne. Le doute n'est pas de saison.

Par trois voies, l'humanité croit surmonter sa fragilité. En produisant des conditions matérielles d'existence. En communiant dans les règles de la communication. En se reproduisant. Travail, langage, vie sont autant d'activités génériques par où l'individu périssable touche, hic et nunc, à ce qui le dépasse. Embrassant un avenir et un passé qui échappent, les êtres éphémères semblent aspirés par un tourbillon d'éternité.

La clef du mystère spéculatif, la voici : le faible mortel croit mourir alors qu'il s'évanouit, s'affranchit de son enveloppe misérable pour renaître à une éternité générique. Ni la vie, ni la langue, ni le savoir-faire ne passent avec son existence. Le philosophe moderne ajoute son grain de sel : un aussi grand mystère ne se limite pas à la dernière minute de la dernière heure, il recommence à chaque instant. L'homme sans cesse s'évanouit dans le passé et revient à lui-même, à partir du futur qu'il projette en tant qu'être parlant, vivant, produisant. Voilà pourquoi, Schelling, après Hegel, ne dessine pas un Dieu d'outre-monde et d'ultra-vie, « un être mort immobile », mais réfléchit en lui « la plus haute vie même ». Entre l'épiphanie divine et l'existence humaine, le générique fait passerelle.

Dieu et l'homme s'enseignent réciproquement à vivre, l'un par incarnation, l'autre par l'alchimie de l'évanouissement. « La croyance au pouvoir général de la matière de s'élever et de se résoudre en propriétés spirituelles [...] se rattache à l'espoir le plus cher et dernier des hommes : celui d'être soustraits à l'anéantissement total. Tout ce qui se passe autour de nous n'est si l'on veut qu'une alchimie ininterrompue[10]. » Soustraits à « l'anéantissement total ». That's the question !

Souviens-toi de ce mythe platonicien qui assure aux âmes pures la récompense d'un ballon d'oxygène philosophique : au terme de leur périple terrestre, avant une prochaine réincarnation, privilège leur est accordé de pointer le nez hors du cosmos, afin de contempler l'éternité des vérités ultracélestes. Ce court, mais sublime moment visionnaire ressuscite, dans le platonisme moderne, à l'instant où l'homme débordant d'énergie créatrice, poétiquement possédé, brûlant d'amour, fusionne avec son être générique et s'éternise.

Autrement dit, l'homme pond les fruits de sa chair, de son génie, de ses mains. Autrement dit, l'homme colle à l'Homme. De même que les fautes de grammaire ne tuent pas la grammaire. De même la guerre des sexes perpétue la procréation. De même la concurrence des producteurs élargit la production. De même, l'activité générique, terre ferme, socle enfin trouvé de l'optimisme, se subordonne Méphisto, comme promis, et détourne ses annihilations ponctuelles au service de la pérennisation de l'ensemble.

Dans le miroir transcendantal du Travail, de la Vie et de la Langue, la condition humaine paraît prémunie, dans son essence comme dans son existence, contre le risque d'un « anéantissement total ». Grand-papa, dis-moi, c'est quoi l'idéalisme ? Rien de plus simple, mon enfant, « voici ce que j'appelle de l'idéalisme : apercevoir un lever de soleil chaque fois qu'on allume une chandelle * ».

Trois c'est trop. L'immunité quasi divine, accordée au genre humain en tant que genre, ne laisse pas de rallumer quelques querelles. Dès qu'on privilégie un registre « transcendantal », on a tôt fait d'attribuer au médium élu toutes les vertus, en soulignant les vices qui grèvent les supports concurrents. Pour Nietzsche, le tout est essentiellement vie, l'existence ici et maintenant doit être vécue comme éternelle, *haec vita sed sempiterna*. Cela l'autorise à vouer aux gémonies le travail foncièrement servile et corrupteur, voire le langage plus souvent menteur que véridique. Pour Marx, le saint des saints, c'est l'autoproduction de l'humanité par elle-même. Du coup, il dénonce, comme autant de fétichisations abusives, le culte du langage-temple de la vérité ou de la Nature-sanctuaire de la vie. Par déformation professionnelle, les professeurs savourent l'« honneur des hommes », le « saint langage » (Valéry) et se montrent d'autant plus résolus à chapitrer le « productivisme » ou les « pulsions vitales ». Le pataquès se complique encore, car chacun, dans la sphère qu'il privilégie, s'empresse de distinguer la manière authentique ou inauthentique de la célébrer : haro sur le bourgeois qui fétichise le travail sous la forme de l'or ! Sus aux chrétiens dont la mauvaise foi idolâtre une vie qu'ils sacrifient à Dieu pour qu'Il la retourne éternelle !

---

* Friedrich Nietzsche, *La Volonté de puissance*, t. II, p. 378.

La mêlée générale promet d'être inextricable, car son enjeu n'est jamais remis en cause. Tous supposent que l'indubitable existe. Tous pensent que l'individu se reconnaît faillible mais commémorent son genre, qui, par quelque côté, communique avec le vrai et l'éternel. Si le langage flanche, sans garde-fou contre le mensonge, le producteur collectif, en dernière instance, produit le vrai. Et, si les deux déçoivent, la souveraineté de la vie tiendra lieu de recours ultime.

Inlassablement les Européens éclairés se crêpent le chignon et se disputent la palme de la plus haute garantie contre « l'anéantissement total ». Sans examiner un instant si la présupposition d'une telle assurance n'est pas une simple vue de l'esprit. Pourquoi existe-t-il quelque chose plutôt que rien, interroge-t-on parfois, à toute vitesse, comme en passant, sans jamais interroger l'évidence, peut-être trompeuse, de ce « plutôt ». Quelque chose existe, certes, à commencer par nous-mêmes qui l'affirmons ; mais pourquoi présupposer que nous existons « plutôt que rien » ? Pourquoi pas « à côté » ou « en attente » du rien ? Dans la certitude de ce « plutôt », qui coule de source et semble aller de soi, est déjà mise hors de cause, comme à l'abri, notre essence inaltérable et notre existence générique.

Le propre de l'optimiste est d'imaginer que nous sommes « plutôt que rien ». Il s'estime fondé en raison. L'optimisme au carré des grands spéculatifs entreprend de démontrer qu'une si flatteuse opinion est vraie. Ils ne se contentent pas d'enregistrer un fait — Jean et Jacques meurent, mais l'homme demeure. Ils ne se satisfont pas de la pérennité biologique qui, d'Aristote déjà à Diderot encore, soustrait le genre commun à la vulnérabilité des espèces et des individus qu'il contient. Une semblable éternité animale leur paraît, à juste titre, incertaine et peu glorieuse. Ils argumentent plus fort et visent plus sublime. La charge de la preuve, touchant l'immortalité humaine, entendons sur-animale, incombe à l'activité générique, retenue pour caractériser l'homme dans son humanité :

1. « Au commencement était le verbe. » Dès que les individus risquent un mot, ils s'investissent dans une langue, pas seulement maternelle, mais maternante, participant alors d'une vérité qui les dépasse. Depuis Leibniz, la parole est conçue comme une autoaffirmation performative du vrai. Les propositions, pour différentes et polémiques qu'elles se posent, ne se présupposent pas moins fondées. Chacune s'autorise valide du seul fait qu'elles ne s'opposent que *salva veritate*. Les plus vicieuses sont contraintes de rendre hommage à la vertu des expressions sensées. Pour usée et vaine qu'apparaisse la parole quotidienne, elle recèle la possibilité d'une parole parlante, dont le privilège, mathématique chez les leibniziens, fut transféré dès Herder à l'art, à charge pour chaque peuple de redécouvrir en sa langue un poème originel et une sagesse implicite. Ainsi « la langue chinoise est un dictionnaire de morale, c'est-à-dire de politesse et de bonnes manières[11] ».

2. Au commencement est l'action. À condition de distinguer l'agir pragmatique — reproduction mécanique soumise à des règles — et l'opération législatrice qui institue ces règles. L'optimisme actif dépasse l'alternative de la contemplation passive et de l'agitation servile. Selon Marx, « la coïncidence de la transformation du milieu et de l'activité humaine, c'est-à-dire la transformation de l'homme par lui-même, ne saurait être saisie et rationnellement comprise que comme praxis révolutionnaire[12] ». La pratique authentique porte en elle-même la théorie, tout comme le langage pur ou purifié véhicule le sens. L'effectivité de l'acte ne s'oppose nullement à l'idéalité de la spéculation. Selon Nietzsche, l'action générique est de part en part idéalisation, ivresse créatrice, victoire sur l'adversité. « L'essentiel, dans l'ivresse, c'est le sentiment d'intensification de la force, de la plénitude. C'est le sentiment qui pousse à mettre de soi-même dans les choses, à les FORCER à contenir ce qu'on y met, à leur faire violence : c'est ce qu'on appelle IDÉALISATION. » Dans l'action transcendantalement comprise, l'optimisme impose sa loi au monde. Quitte à risquer sa destruction, preuve par 1917.

3. Au commencement est la vie..., à son tour conçue comme générique, pour autant qu'elle assure en permanence sa propre survie. De même que l'organisme ne nie pas l'existence de la matière inorganique, que précisément il « organise », de même la vie essentielle ne masque ni ne fuit la mort qu'elle surmonte. « Dionysos écartelé est une promesse de vie, il renaîtra éternellement et reviendra du fond de la décomposition. » Ainsi, la douleur ne doit pas être dépréciée, mais appréciée. Ainsi doit-elle être optimistement optimisée, à titre de stimulant et piment de l'énergie vitale. Et pareillement la souffrance, la nostalgie, la mélancolie, toutes les passions tenues à tort pour tristes, quand elles exaltent par effet boomerang la vie la plus vivante. « Tu sens qu'il te faudra prendre congé, bientôt peut-être, et ce sentiment est un soleil couchant qui illumine ton bonheur. Prends garde à ce témoignage, il signifie que tu aimes la vie et que tu t'aimes toi-même, je veux dire la vie telle qu'elle t'a jusqu'à présent traité et formé, et que tu souhaites l'éterniser[13]. »

4. Au commencement est la révélation. Elle seule dote les activités précédentes — parler, agir, vivre — du privilège générique de manifester l'humanité de l'homme. L'optimiste simplet, exotérique, se borne à professer la foi de Pangloss : les bonnes choses l'emportent sur les mauvaises. L'optimiste spéculatif, ésotérique, dévoile le secret et le sacré des conduites profanes : le primat des biens sur les maux n'est plus comptabilisé, avec l'inépuisable ridicule de prétendre calculer l'incalculable. C'est à l'intérieur même de l'activité générique que doit jaillir la lumière. C'est en moi et par moi que la parole parlante surmonte le mensonge parlé. Ou que le producteur collectif domine le travail en miettes. Ou que la vie trouve et prouve, en s'opposant à l'inerte qui lui résiste, son droit à l'éternité. Les ruses de la raison (Hegel et Marx) et l'idéalisation de grand style (Nietzsche) convertissent les forces hostiles en énergies d'appoint. Elles transforment l'obstacle en tremplin. Elles lisent dans la menace fatale l'annonce de la victoire absolue.

Nul mieux que Schelling n'a su rendre compte du mystère qui motive la soudaine promotion métaphysique de conduites, somme toute, banales : je cause, tu travailles, il vit, pas de quoi fouetter un chat. Pas de quoi jouer à Dieu. Sauf si des actes ordinaires véhiculent une signification extraordinaire. Laquelle ne relève pas d'un autre monde, selon la tradition platonicienne classique, mais révèle l'autre vérité de ce monde-ci, comme l'entend le platonisme moderne. L'action générique se veut à double fond. Je communique, donc je communie. J'œuvre dans la peine, donc je crée magnifiquement. J'aime, donc je m'éternise.

N'allez pas croire que ces transports baignent dans la sérénité. Ils se développent dans la polémique et délimitent un espace agonal. L'extraordinaire ne se déploie pas en dehors de l'ordinaire, mais milite contre et renverse délibérément tous les rapports, en suivant la loi de la révélation *per contrarium*. « Chaque être ne peut se révéler qu'en son contraire, l'amour dans la haine, l'unité dans le conflit », stipule Schelling.

L'optimiste naïf croit indispensable d'occulter les tristes démentis que la réalité inflige. L'optimisme huppé nous tire de pareil embarras, expliquant que « là où il n'y a pas lutte, il n'y a pas vie [...] celui qui n'a pas en soi l'étoffe ni l'énergie du mal est également incapable du bien ». À l'occasion, Schelling, comme Hegel, baptise « dialectique » la complémentarité antagonique qui établit la manifestation du mal en condition sine qua non de la révélation du bien. Dieu a besoin du diable, car « le suprême triomphe de la vérité consiste précisément à ressortir victorieusement de la scission et de la séparation la plus extrême ».

5. Au commencement est l'histoire. À elle seule, la loi de la révélation dialectique risque de laisser l'optimiste chic en suspens. Il s'expose à balancer éternellement entre le noir et le blanc, le vrai et le faux, l'exaltation et la dépression. Il ne lui reste qu'à reconnaître que la relation à l'autre, si sanglante soit-elle, est idéalistement une relation à soi. Si l'inimitié est la condition — le « fond » schellingien — de l'intimité, celle-ci est la vérité, le principe supérieur de l'inimitié. Toute révélation s'accomplit comme révélation de soi. Seul le temps permet de penser l'unité de termes contradictoires, qui, dans l'instant, dans la crise, s'excluent en se livrant bataille. Seule l'histoire dévoile l'harmonie, qui sous-tend les déchirements, où l'humanité se cultive à ses dépens, perfectionne ses vertus en approfondissant ses vices et déploie ses civilisations en affinant ses cruautés. L'histoire est le cercle herméneutique où une langue retrouve, par le truchement distancié de son savoir philologique, la vérité poétique qui l'habitait à l'origine.

L'histoire se boucle sur elle-même et rabat sacro-saintement la posthistoire des producteurs librement et rationnellement associés — où le mal n'existe plus — sur la préhistoire d'un communisme primitif et spontané, où le mal n'existe pas encore. L'histoire ne poursuit aucun but, elle ne va nulle part. Elle est révélation pure d'elle-même, donc elle va de soi à soi et ne passe que par soi. L'histoire est éternel retour (Nietzsche), vérité qui se fait sujet (Hegel), autoproduction d'une humanité qui « ne se pose jamais que des problèmes qu'elle peut résoudre » (Marx).

Dis, papa, qu'est-ce que l'optimisme philosophique ? C'est poser que poser des problèmes revient à supposer leur résolution présupposée... C'est faire la roue dans un cercle herméneutique chaque fois qu'on parle, chaque fois qu'on agit et qu'on aime. C'est imaginer que le pire est le miroir indispensable de la perfection, dans laquelle il finit par se fondre. C'est spéculer que Dieu doit susciter Satan pour Se manifester, puis l'enterrer pour triompher. C'est avec une coquetterie savante conclure que le mal est l'unique mode de connaissance du Bien — *ratio cognoscendi* —, tandis que le Bien est raison d'être du mal — *ratio essendi*. Pangloss avait raison mais ne comprenait rien à sa raison : « L'éternel n'est là qu'en vertu de sa volonté, mais il ne dépend pas de sa liberté qu'il se choisisse une autre succession de la révélation », écrit Schelling, qui poursuit, « dans l'évolution, le plus bas précède nécessairement le plus haut [...] ainsi faut-il nécessairement que la colère précède l'amour, la sévérité la clémence, et la force la douceur[15] [...] ». L'histoire avance « par les mauvais côtés », dit Marx. Les charniers, cher ami sont autant de stations obligatoires du retour à soi.

Au départ, Dieu est feu. À l'arrivée, Dieu est esprit. Entre-temps, Pangloss se cultive et saisit la nécessité de cette succession, il laisse les morts compter les morts, il fait taire les orphelins, puisqu'il a appris philosophiquement à faire parler les armes.

Lettre X

Et Voltaire inventa la télévision

L'Europe de Lisbonne à la Kolyma — Comment la littérature s'avère plus philosophique que la philosophie : preuve par *Candide* et *L'Archipel du Goulag*.

De Paris

Tu sais combien je goûte vos grands esprits. Je l'avoue sans aucune ironie, je ne crois pas attenter à leur gloire, loin de là, en repérant comment, sous couvert de leur autorité, notre XXe siècle triompha du siècle de Pangloss. Heidegger propose la seule interprétation d'ensemble de l'idéalisme allemand qui rende justice à son destin planétaire. En décelant une métaphysique de la volonté — à la manière de Nietzsche : volonté de puissance et volonté de la volonté —, il vise juste. Mais court. Cette volonté s'avère, en première et dernière instance, volonté de révélation : « car une dislocation éternelle, un éternel chaos, une torture et une angoisse éternelle sont impossibles », dit Schelling[1]. Et pourquoi impossibles ? Parce que « toute contradiction trouve d'elle-même sa fin ». Et pourquoi garantir la solution ? Parce que l'origine de tout « ne peut renoncer à son désir de révélation ». Et pourquoi ? Sinon parce qu'elle « veut que l'opposition soit, afin qu'elle puisse en tant qu'unité éclore d'elle ». Si Heidegger avait poussé l'analyse de son héritage jusqu'à ce désir immémorial*, indépassablement présupposé, de se révéler, il eût du enclore sa propre conception du « dévoilement de l'être » dans une annexe de l'idéalisme allemand. Son sens du sacri-

* Schelling dit *unvordenklich*.

fice ou de l'autocritique était trop mesuré pour l'exposer à telle extrémité.

Il n'est pas acquis d'office que la vérité l'emporte sur la tromperie en matière de langage. Ni que la création soit plus forte que la destruction. Ni que la vie vainque la mort. Le postulat optimiste d'une infaillibilité générique, surplombant les faillibilités individuelles, mérite d'être pesé et contre-examiné. Longtemps les litiges portèrent sur le mode de transport, pas sur le but du voyage. On critiqua la validité des billets d'entrée dans l'au-delà générique, sans contester ni interroger cet énigmatique au-delà. Il fallut la Première Guerre mondiale pour que l'Europe universitaire, distinguée et dominatrice, se découvrît mortelle. Elle constatait que les nations et les civilisations, pas moins que les individus, tombent sous la menace d'un « anéantissement total ».

De Verdun à Hiroshima, l'épée de Damoclès se rapprochait dangereusement et devenait l'arbitre évident du commerce des nations. C'était une réplique à l'échelle planétaire de la faux qui guette depuis toujours les humbles nuques. Malgré la flagrance de l'expérience létale, le cordon ombilical de l'éternité générique ne fut jamais complètement coupé. Lorsque Valéry proclame que les civilisations sont « devenues » mortelles, il ne garde pas moins l'espoir qu'« une idée de l'homme » est encore propre à les affermir. Le genre humain, flageolant dans son existence, demeure assuré de son essence. Il fallut Auschwitz, il fallut les horreurs inimaginées de la Seconde Guerre mondiale, pour qu'à son tour l'idée de l'homme vole en éclats.

Un instant décomposé, le citoyen du XXe siècle se suspecte faillible et vulnérable jusque dans l'idée qu'il se fait de lui-même. Il demande « si, sur cette vieille terre d'Europe, oui ou non l'homme est mort[2] ». Après Verdun, l'Européen interrogeait les ruines et déchiffrait sa fragilité. Après Auschwitz, les ruines interrogent un survivant qui déchire l'image optimiste qu'il offrait de lui-même. Il se remettra, m'objectes-tu. Peut-être, mais dans quelle mesure et à quel prix ?

L'essence idéale de l'homme, dont tant d'intellectuels déplorent l'évaporation, ne se réduit pas au bouquet qu'affectionne l'humanisme académique. Il ne suffit pas de nouer les qualités essentielles et des énergies existentielles pour définir l'humanité du genre humain. Il convient encore moins de trier le trivial et l'important, l'accident et le permanent pour tracer le portrait-robot de l'Adam originel. L'idée idéaliste de l'homme était une idée au sens fort. « Le beau vocable *idea* des Grecs ne dit en fait rien d'autre que notre mot allemand *Gesicht* (vision et visage), et ce en sa double acception, puisqu'il signifie aussi bien le fait de voir, le regard lui-même, que ce qui se passe en sa vision (ce qui est vu) [3]. » Philosophiquement, l'Européen, l'Occidental, et bientôt tout un chacun, se dévisage dans les décombres qu'il sème. Il perd la face. Il s'appréhende, au physique et en métaphysique, « gueule cassée », comme ces grands blessés de 1918 qui finirent leurs jours buralistes ou marchands de loterie ! Le saint langage retroussé en slogans meurtriers, le culte du travail chapeautant les camps d'extermination, la vie rongée par les génocides, les trois valeurs transcendantales, les trois tallismans génériques font fiasco. Ils s'avèrent pour le moins falsifiables, périssables.

Est-ce à dire que l'optimisme soit mort ? Pas du tout ! L'optimiste a ses ficelles ; il dispose de multiples recours ; il manœuvre une machine à promouvoir du sens. Elle broie les mauvaises nouvelles et les transforme en bonnes. Pareille opération, quelque peu alchimique, procède, on l'a vu, selon deux voies. L'une naïve, l'autre savante. Première méthode, celle de la négation pure et simple : l'information déplaisante n'est désolante qu'en apparence ; en elle se dissimule l'annonce d'un bienfait. Deuxième méthode, celle plus subtile de la dénégation : l'événement pénible est enregistré comme tel puis recadré comme un détail dans un ensemble satisfaisant ou comme condition nécessaire d'une perfection plus achevée. 1755, trente mille morts d'un coup, face au séisme de Lisbonne, Jean-Jacques Rousseau joue des deux types d'arguments, pour maintenir, dur comme fer, sa foi en la providence divine : 1. Cette pseudocalamité doit être perçue comme un cadeau du ciel ; elle évite aux malades de subir les médecins ; elle épargne aux mourants les affres d'une longue agonie et les frais de notaire. 2. Le châtiment nécessaire donne une providentielle leçon d'écologie : un malheur grâce auquel l'homme apprend à vivre[4].

Rousseau fait passerelle entre les absurdités moliéresques des Pangloss et les hautes spéculations de l'idéalisme allemand, qui lui rendra hommage. Il glisse d'un registre à l'autre, en toute bonne foi, sans cesser d'appliquer l'unique postulat qui régit l'optimisme sous toutes ses facettes : le mal n'existe et n'est perceptible que dans l'horizon du bien. *Sub specie boni*. Amen.

Par ses prouesses de 1940 à 1945, l'histoire battait tous les records en matière de massacres, mais les raisonnements à la Rousseau refleurirent aussitôt. Dans l'euphorie de la victoire antinazie on supposa gracieusement que la barbarie se cantonnerait dans un passé définitivement dépassé. Puis, manichéisme de la guerre froide aidant, on attribua, non moins généreusement, l'exclusivité du crime au camp d'en face. Pour les uns, Staline expliquait Hitler. Pour les autres, Hitler justifiait Staline. Puisqu'il convenait de réduire le scandale pour garder au chaud un idéal pur de toute compromission, la droite décréta que la dictature concentrationnaire était fille de la gauche, et la gauche s'entêta à démontrer l'inverse. Voilà pourquoi, mesdames, messieurs, un tintamarre sans fin couvrit souvent la voix de Soljenitsyne. L'homme fit figure d'éléphant dans nos magasins de porcelaine optimistes.

Lisbonne, le goulag, même trauma. Par deux fois un séisme on ne peut plus profane et terrestre finit par balayer le ciel. Hier, le Dieu bénévolent et bienfaiteur menaçait de déclarer forfait. Aujourd'hui, le Dieu de l'histoire risque de ne plus savoir où poser les pieds. La quantité des victimes joue, mais davantage la qualité de l'événement. Le premier novembre 1755, la capitale du Portugal s'écroule. C'est jour de Toussaint. Les églises écrasent les fidèles en prière, le firmament leur tombe sur la tête. Voltaire contre Rousseau. Et Kant (encore providentialiste) contre Kant (bientôt critique). Goethe a six ans, c'est rétrospectivement qu'il date de ce jour sa naissance à l'inquiétude morale : « Soixante mille hommes [il exagère], l'instant d'avant tranquilles et bien portants, furent précipités en même temps dans le néant. »

En 1974, l'information proprement factuelle et quantitative ne paraît pas déterminante ; à gauche comme à droite, l'élite sait tout. Sauf que Soljenitsyne pointe les « i ». La Kolyma sévit dans l'horizon indépassable, à en croire l'Occident éclairé, du marxisme. Si Lisbonne, s'écroulant pile le jour de tous les saints, met en cause la providence divine, comment un univers concentrationnaire couronné socialiste et soviétique n'objecterait-il pas à deux siècles de progressisme si partagé ? Les camps nazis, passe encore, furent rapidement classés comme barbarie locale, bavure, accomplissement d'une société exploiteuse, *Sonderweg* ou démence ponctuelle. Les camps communistes se réclament pour leur part du sens de l'histoire et des dimanches pédagogiques de la vie, lesquels, conviens-en, s'en trouvent immanquablement maculés.

Négligeant de dorer la pilule, Soljenitsyne ne brusquait pas les seuls marxistes orthodoxes ou fanatiques. L'Occident des années soixante, dans son ensemble, pariait pour la convergence Est-Ouest des « sociétés industrielles ». L'économie placée au poste de commandement par les libéraux autant que par les diverses chapelles socialistes, l'héritage entier des systèmes du siècle passé pesait dans la même direction mentale : on pronostiqua, sous la coexistence politique pacifique, la fusion lente des « infrastructures » ou des « technostructures ». Même l'ultra-gauche souscrivait, quitte à renvoyer dos à dos les deux blocs, jugeant identiques au fond l'« esclavage » du travail salarié à l'américaine et l'esclavage du travail concentrationnaire à la soviétique. Ford = Vorkouta ! Le premier volume de *L'Archipel du goulag* fit pavé dans la mare. Il fracturait le consensus bien-pensant.

Les professionnels de l'optimisme vitupérèrent. Ils sont légion, qui, à la traîne de Pangloss, font office de ne pas désespérer Billancourt, font métier de ne pas inquiéter Auteuil et Passy, caressent les ouailles, flattent l'électorat et tranquillisent la clientèle. Plus surprenant à première vue fut le front uni des universitaires de renom ou assimilés. À la notable exception de Michel Foucault, tous, en France, crient haro sur le baudet. Régis Debray apostrophe « les pleureuses du printemps » et Jean-François Lyotard les « médias » qui leur font écho. Gilles Deleuze dépose dans les librairies un texte remis gratuitement aux fidèles : il dénonce de « gros concepts, aussi gros que des dents creuses », il anathémise ceux qui « vivent des cadavres » et se permettent d'évoquer « une martyrologie, le goulag et les victimes du goulag ». En apparence, il se revendique de gauche et se fâche « face à une droite qui défend son magot ». En vérité, l'objection vise plus profond, elle glorifie le « vrai » philosophe, celui qui travaille dans la nuance et la délicatesse, elle fustige les bousilleurs du bon ton, qui dérogent en brandissant ces « références massues ». Soit un demi-siècle déjà de camps et des massacrés par dizaines de millions. Évocation indécente ! Deleuze s'exaspère : « L'humeur rive gauche est à l'Apocalypse. »

Ladite « humeur » débordant quelque peu les quais de la Seine, le premier tome de l'*Archipel*, en traduction française, touche le million d'exemplaires vendus. Le mur de Berlin chute dans les têtes parisiennes, quinze ans avant de s'effondrer sous les coups de pioche de la réalité. En 1970, l'intelligentsia d'ici était peu ou prou marxiste. En 1977, elle se rappelle à peine l'avoir été. Néanmoins, pour nombre de bons auteurs, la référence à l'*Archipel* demeure grossière et malvenue en philosophie. Jacques Derrida réitéra la dénonciation du « ton apocalyptique[5] ». Son texte cryptique, comme à l'ordinaire, expédie, au bon entendeur, son bras d'honneur : « On sait que les écrits apocalyptiques se sont multipliés au moment où la censure était très forte dans l'Empire romain. » Dans l'empire brejnévien, suivez mon regard, la censure ne se portait pas mal non plus, donc, ne pas s'étonner d'une dissidence exaspérée et... dix ans plus tard, à chacun son dada, Derrida retourne chez papa Marx. Soljenitsyne n'aura été, pour lui, qu'un mystique à la Swedenborg et *L'Archipel du Goulag* la version au goût du jour des « rêveries d'un visionnaire ».

Nos postmodernes, officieusement revenus de tout et officiellement choqués par rien, s'abandonnèrent à leurs vapeurs. Pudique jusqu'à la pudibonderie, leur regard chaste s'absente des violences du siècle, comme jadis la gentry victorienne glissait éloquemment sur les choses du sexe. D'où vient une si universelle et très élitaire réticence devant les combats à mains nues et tête découverte menés contre le dernier empire totalitaire européen ? La solitude des écrivains contestataires de l'Est fut philosophique. Ils pâtirent de l'incompréhension compacte et parfois sournoise des collègues de plume. Et pour cause ! Ils ébranlaient bien davantage qu'un appareil politique et un régime concentrationnaire. Ils contredisaient une foi fondamentale, à laquelle l'Europe du XIXe siècle sacrifia si souvent son intelligence critique, en attendant que sur sa lancée notre siècle déraille.

De quelle foi s'agit-il ? Pas seulement le nazisme, pas seulement la cruelle dogmatique communiste ou les fureurs théologico-ethniques qui prendront le relais. Il s'agit d'une croyance plus ancrée qui nourrit notre passivité très générale devant ces pulsions morbides. Tout se passe comme si la plupart des Européens demeuraient habités par la certitude gélatineuse que rien d'intrinsèquement corrompu ou d'irrémédiable ne saurait advenir.

Lisbonne fait scandale, non par son horrifiante réalité, mais parce que aucune Jérusalem céleste ne descend du firmament pour rédimer le désastre. Voilà une apocalypse bien peu prometteuse, tronçonnée, rognée de son happy end. La lecture de *L'Archipel du goulag* n'est guère plus édifiante, les marmots affamés, violés, gelés crèvent sans ailes dans le dos. Cette fois, les bonnes nouvelles n'arrivent plus à chasser les mauvaises. Le pire n'est pas compensé par le bien qu'il est censé produire.

Soljenitsyne abandonne à Goethe et à Hegel l'illusoire « ruse de la raison », qui en douce, dans les coulisses, devrait transmuer le malheur en bonheur. Pareille prestidigitation théonigologique n'est pas dans la manière de l'écrivain déporté. Il ne console pas. Il plante son lecteur devant l'enfer et lui glisse : connais-toi toi-même, le piège c'est toi, le piégé c'est toi, et le seul qui puisse tenter d'en sortir, toi encore. Ivan Denissovitch incarne l'anti-Faust. Aucun sésame postmoderne n'entraîne vers le haut, seul demeure le sentiment aigu et salutaire d'une responsabilité irréductible.

La ruine d'une cité est cruelle. Le système carnivore de la déportation est obscène. Rien ne le rachète, et son insupportabilité croît à mesure que ceux qui le subissent s'en découvrent origine.

Avant Copernic le monde tournait autour de la Terre, laquelle portait en son centre un foyer de corruption et d'ordure que le cosmos contenait, comprimait et refoulait par quelque grâce théologique. Lors des séismes et des éruptions volcaniques, l'abomination faisait surface, l'espace se creusait vertigineux et l'ordre du monde devenait problème. l'*Archipel* renouvela le vertige. La folie des puissants et la persévérance perverse des bas-fonds, qui se donnent rendez-vous à Auschwitz et à la Kolyma, démentent la prophétie optimiste d'un sens de l'histoire. L'apocalypse sèche, la mort sans transfiguration, que crache *L'Archipel du Goulag*, induit un retour sur soi, une révolution copernicienne dans l'intelligence de la condition humaine. À moins que la résistance aux fanatismes totalitaires ne demeure encore une question trop grosse pour nous, force est de pressentir : Voltaire, Soljenitsyne, même combat !

Je n'ignore aucunement combien la religion d'un Soljenitsyne contredit Voltaire. Là n'est pas la question. S'ils s'empaillent sur les idées du Bien, que chacun cultive pour son compte, une même idée du mal les rapproche, d'un mal irrémédiable et irrécupérable, qu'il est vain et criminel de justifier pour le « bien de la cause ». Tu te souviens, l'idéalisme allemand avait pris son envol grandiose sur le tremplin de la *Théodicée*, où Leibniz répondait à l'interrogation « d'où vient le mal ? », ressuscitée et formulée par Pierre Bayle à l'orée de l'Europe moderne.

En vérité le tourment de ce grand esprit était plus terre à terre et plus direct que la réponse du philosophe de l'harmonie. Le persécuté de toujours, dont les autorités françaises exécutèrent en partie la famille pour punir ses écrits, tourne et retourne, à longueur d'in-quarto, l'énigme qui torturait sa « conscience errante » : comment vivre intellectuellement, religieusement, moralement, pratiquement, face et avec un mal qui révulse et auquel on participe ? Le XVIIIe siècle, tout au long des Lumières, s'arracha son *Dictionnaire critique*. Bayle citait l'ensemble des controverses religieuses et philosophiques devant la question des questions, celle du mal, qu'il laissa flotter dans le vide. Pareille absence de solution rendit encore plus cuisante l'obsession d'une présence évidente, houleuse, douloureuse et injustifiable.

Fondé, à l'anglaise, sur l'expérience sensible de la bonté humaine ou, à l'allemande, sur la démonstration théorique de la bonté de Dieu, l'optimisme des Lumières contourna le problème plus qu'il ne le résolut. Il vérifiait a posteriori l'ironie de Pierre Bayle : « Un chrétien se doit piquer principalement de soumission à l'autorité de Dieu. Ne pas croire ce qu'on voit doit être souvent sa devise, aussi bien que croire ce qu'on ne voit pas[6]. » Soumission à Dieu ou aux idoles du Progrès, au nom du christianisme ou dans l'illumination absolue des Lumières, peu importe la nuance, car, possédés de cette volonté nouvelle de « ne pas croire ce qu'on voit », nous délaissons le terrain connu du platonisme classique. *La République* appelait l'apprenti philosophe à sortir de la caverne et à lever les yeux vers le soleil du Bien. Le Bien, cette idée des idées, difficile à apercevoir, quasi insaisissable, conviait à mieux voir ce qu'on voit, à passer de l'erreur à la vérité, quitte à suivre cette dernière jusqu'à croire ce qu'on ne voit pas.

La dénégation exigée par le platonisme moderne est davantage violente, le mal qu'il enregistre doit être refoulé jusqu'à croire qu'il n'existe pas, ce qui revient à « ne pas croire ce qu'on voit ».

Après avoir suivi Locke pour réfuter le « pessimisme » de Pascal et prêté l'oreille, non sans un sourire narquois, au leibnizianisme militant de sa chère Mme du Châtelet, Voltaire buta à son tour sur l'expérience de Bayle. Et c'est ainsi qu'il inventa la télé-philosophie.

Soixante-dix volumes in-8°, 92 in 12 furent publiés après sa mort. Auxquels il faut ajouter les cent cinquante volumes de sa correspondance incomplète. À peine suffit-il d'une vie entière pour lire les innombrables textes dont Voltaire inonda la sienne ! Cet homme multimédia prend la plume comme on passe un coup de fil. Il virevolte d'un sujet à l'autre à la manière d'un jeune zappeur devant sa première télé. Il parle de tout comme le journal du matin et de rien comme un magazine du dimanche. « La vie n'est que de l'ennui ou de la crème fouettée. » Tantôt critique, plaintif et murmurant, tantôt péremptoire et chien savant. Son ramage étourdit, puis par surprise force à réfléchir. Voltaire vous noie dans ses pages.

Il s'est voulu miroir du monde. Il s'est taillé reflet parfait, poli et diaphane, du coup il s'est multiplié, obscurci et énigmatique, témoin fidèle, cristallin et translucide de l'ombre et du chaos qui l'entourent. S'il s'embrouille, et même s'il embrouille, il se sauve par l'esprit et la légèreté de ses traits. « J'affirme une idée aujourd'hui, j'en doute demain, je la nie ; et je puis me tromper tous les jours [...] En fait de systèmes, il faut toujours se réserver le droit de rire le lendemain de ses idées de la veille. »

Pour se dépêtrer des systèmes du monde, il fallut que ce mondain se déprenne de lui-même. 1748, l'heure de sa grande dépression coïncide avec la disparition de son amie. L'ex-réfutateur optimiste de Pascal se révèle hypocondre, il broie du noir, « je suis un des plus malheureux êtres pensants qui soient dans la nature ». 1755, Lisbonne s'écroule sur ses habitants. Le tremblement de terre creuse le malaise de Voltaire.

> *Éléments, animaux, humains, tout est en guerre*
> *Il le faut avouer, le mal est sur la terre**.

On mesure mal l'énorme hardiesse qui l'autorise à réfuter l'absolu *What ever is, is right*. Derrière l'euphorie du poète anglais Pope règne le culte d'une Nature tutélaire et protectrice. Derrière encore trône la providence divine chère à tant de religions. Derrière, toujours, gouvernent les harmonies des philosophes et le cosmos salvateur, où l'homme se croit à l'abri. Et Platon. Et Leibniz. Et Bossuet. Et Rousseau. Et Genève, et Rome et les gnostiques, et les orthodoxes... Rétrospectivement, comme prospectivement, Voltaire rompt avec le consensus des siècles et l'ensemble de la gent pensante. Il ne se reconnaît qu'un seul précurseur digne d'être cité, Pierre Bayle, le maudit, qui établit le principe de la tolérance et les droits de la conscience errante.

* Poème sur le désastre de Lisbonne.

Seul contre tous ? Voltaire retourne la situation. 1759, *Candide* sera sa machine de guerre. Le conte résume sa philosophie, aiguise sa pensée, l'installe dans l'éternel. Seul il est, seul il restera, mais comme tout le monde. Et, pour peu que chacun sache lire, avec tout le monde. Davantage qu'une revendication du droit à l'erreur, *Candide*, c'est *L'Iliade* et *L'Odyssée* de la conscience errante.

Voltaire casse le hochet de ses collègues, hommes de lettres, anciens maîtres jésuites, le bon Jean-Jacques, le sensible Diderot, voire les athées sensuels, qui, tous, cultivent les lumières du Bien et l'illumination du Bonheur. À la barbe de ses concurrents, qui disputent de la formulation matérialiste, déiste ou théiste, d'une Bonne Nouvelle, Voltaire ose le blasphème suprême : il sera le héraut de l'universelle mauvaise nouvelle.

Flanqué de son « métaphysico-nigologue » précepteur Pangloss, qui affirme « tout va pour le mieux dans le meilleur des mondes » en se cassant la gueule, Candide traverse l'Europe qu'un million d'assassins enrégimentés met à feu et à sang. La guerre de Sept ans prolonge la révélation du cataclysme de Lisbonne : physique, naturel, politique, social, le mal existe. Il se laisse plus facilement rencontrer que le bon Dieu. Voltaire vient d'inventer la télévision, les informations télémondiales. Les aventures de Candide courent chaque soir aux nouvelles du « 20 heures ». Que vous annonce en effet le petit écran ? Que les avions partent à l'heure ? Fi donc ! L'important c'est l'inattendu, l'inentendu, telle secousse sismique aux antipodes, une famine dans la Corne de l'Afrique, une purification ethnique au cœur de l'Europe, une tuerie, des villes rasées, des morts de froid, une ribambelle d'accidents. Preuve que l'ordre du monde selon Pangloss n'est pas au rendez-vous, mais bien les cruautés des uns, les lâchetés des autres et le chaos général, dont les rémissions sont d'autant plus appréciables qu'elles paraissent fragiles et éphémères.

Aux chimères soporifiques des optimistes s'agit-il d'opposer les mauvaises humeurs d'un pessimisme grincheux ? L'assurance bien-être une fois résiliée, convient-il de se vitrifier dans le mal-être ? Nenni ! Voltaire, une fois encore, retourne la situation. La voie du paradis est coupée. D'accord. Aucun Bien commun, aucune table des valeurs incontestable n'unifie les peuples européens ? Qu'importe ! À mesure que les idéaux pâlissent, les malheurs crient de plus en plus fort pour qui a de l'oreille. Faute de s'assembler pour, on peut s'unir contre et tenter de bloquer les avenues de l'enfer. Dans l'éclipse du souverain Bien, la cruauté se mit à scandaliser par elle-même et le mal par la répugnance qu'il suscitait : « Vous me mandez que vous vous ennuyez, et moi je vous réponds que j'enrage. Voilà les deux pivots de la vie, de l'insipidité ou du trouble », écrit Voltaire à Mme du Deffand.

Ainsi le philosophe enragé devient engagé, il inaugure le combat pour les droits de l'homme. Affaire Calas : « Il est avéré que les juges toulousains ont roué le plus innocent des hommes. Jamais depuis la Saint-Barthélemy rien n'a tant déshonoré la nature humaine. Criez et qu'on crie ! » Voltaire invente l'opinion publique, en forçant le citoyen à ne pas fermer les yeux quand l'intolérance taille, ici et maintenant, dans la chair. Ne pas cacher le mal, ne pas le travestir, ne pas l'enfouir sous des idéaux euphoriques, le mettre à nu. « Sans la philosophie [Voltaire parle de la sienne], on aurait deux ou trois Saint-Barthélemy par siècle. Le fanatisme allume la discorde et la philosophie [toujours la sienne] l'éteint. » Les fanatiques changent de dogmes et de drapeaux, suivant les temps et les lieux, mais peu de manières. Dans les guerres de religion laïques du XXe siècle, Voltaire aurait écrit un nouveau *Traité sur la tolérance*.

Vu d'Allemagne et souvent même de la Sorbonne, Voltaire fait un piètre philosophe. Ses opinions dernières sur Dieu, l'âme, le monde et la nature humaine paraissent, aujourd'hui encore, infiniment ployables, interprétables et probablement contradictoires. Bien que Hegel, Schelling et Nietzsche lui aient rendu hommage, son autorité respire l'équivoque et le douteux. Elle relève, pour une tête allemande, d'un brio d'écriture plus que de pensée. Kant n'affiche que rarement la référence voltairienne, mais toujours en bonne part. Il préfère attribuer son propre réveil antidogmatique à Hume, l'alter ego anglais, qui devient ainsi un porte-parole plus respectable, car plus émoussé, d'un esprit critique de même farine. La légèreté et les fulgurances de l'ironie nuisent à la réputation savante de Voltaire. C'est pourtant en elle que s'affûte son arme philosophique principale. D'aucuns estiment que l'art de bien conter n'est qu'affaire de pur style et que les paillettes dissimulent une doctrine confuse et débile. Ils font fausse route, pour Voltaire le « fond » réside dans la « forme ». À l'orée du conte, surpris dans les bras de Cunégonde, le héros est expulsé du meilleur des mondes, le château de Thunder-ten-Tronckh. « Candide chassé du paradis terrestre marcha longtemps sans savoir où... »

Le récit voltairien prend le contre-pied du conte de fées, il vaticine sans retrouver le paradis perdu, il enfile les aventures à l'aventure. Il ne se boucle pas sur lui-même comme l'histoire hégélienne ou la mythologie schellingienne. Il se garde de conclure selon une logique rédemptrice. L'esprit voltairien tire vers le « mauvais infini », selon Hegel, il se divertit d'asticoter une condition humaine sans queue ni tête, à la différence du *Geist*, dont la fin retrouve l'origine dans le « bon infini » d'une circulante herméneutique. L'apparente incohérence principielle du conte philosophique articule précisément la philosophie de ces contes, où la manière de dire et ce qui est dit attestent l'universalité d'un séisme, lequel ébranle simultanément les êtres et le sens. « Les maisons s'écroulent, les toits sont renversés sur les fondements et les fondements se dispersent. »

Lisbonne a déclenché en Voltaire une inquiétude sans frontières : la fureur des choses et des hommes ne se laisse pas localiser, dévitaliser et surmonter par une activité supposée immune et immuable. La Vie est susceptible d'être attaquée à la racine, preuve par la vérole dont Voltaire propose une macaronique généalogie. Le Saint Langage véhicule l'erreur et le mensonge. Il trompe d'autant mieux, répète l'impertinent dans le sillage de Pascal, qu'il ne trompe pas toujours. Quant au Travail, si la conclusion du conte le recommande — « cultivons notre jardin » —, c'est modestement, comme la seule parade à une adversité sans cesse menaçante, plutôt qu'au titre d'un divin rapport de production transcendant toute destruction imaginable.

Au lieu de prophétiser une remise en ordre — générique et transcendantale —, *Candide* met en lumière une violence très générale et pour ainsi dire métaphysique, qui moque et réfute cruellement les optimistes anciens et modernes. La philosophie allemande évoque continuellement ce fameux « renversement du platonisme », que même Nietzsche, selon Heidegger, manque. Voltaire en livre la clef spontanément. Car l'esprit français récuse dès l'origine les platonismes. En premier par son *was*, CE qu'il fait entendre : l'affirmation du primat du désordre sur l'ordre. En second, par son *wie*, sa méthode, qui s'avère essentiellement littéraire. Voltaire montre plus qu'il ne démontre. Il étale volontiers son incompétence théorique et académique pour mieux distiller les sucs d'une insolence aussi universelle que les pestes qu'elle met à nu.

Voltaire, pas moins philosophe que Leibniz, l'est autrement, à la française. Il semble exploser tout feu tout flamme, sans antécédents ni écho. Diderot demeure optimiste, Rousseau mélancoliquement plus encore. Candide casse le consensus et gagne. Il s'appuie sur des positions depuis longtemps conquises, il se dote du regard perçant de mes chers classiques. Souviens-toi de Montaigne, Descartes, Pascal. Une fois retombée l'exaltation platonicienne de l'humanisme renaissant, ces trois écrivains (même à Paris leur statut de philosophe prête à controverse) donnèrent à la pensée son style, sa rigueur et ses titres de noblesse.

Dans l'incendie des guerres de religion, ils repèrent très tôt la montée du nihilisme européen, soit : folie grammairienne (Montaigne) ou servitude volontaire (La Boétie), ou aveuglement intérieur, ou cruauté des mieux partagées. L'harmonie des sphères, la liaison micro-macrocosmique, l'enveloppe protectrice d'une providence onto-théo-logique leur semblent un bric-à-brac chimérique, vous diriez *Schwärmerei*. Ils font face, sans respect pour les masques du jour ou de la tradition : « On ne s'imagine Platon et Aristote qu'avec de grandes robes de pédants. C'étaient des gens honnêtes et comme les autres riant avec leurs amis. Quand ils se sont divertis à faire leurs *Lois* et leur *Politique*, ils l'ont fait en se jouant [...] S'ils ont écrit de politique, c'était comme pour régler un hôpital de fous, et s'ils ont fait semblant d'en parler comme d'une grande chose, c'est qu'ils savaient que les fous à qui ils parlaient pensaient être rois ou empereurs » (Pascal, pensée 331).

Oui, tu as bien lu. Qu'est-ce que la condition humaine pour un classique ? Pas un cosmos harmonieux, pas un cocon, mais un asile d'aliénés. (Kant parfois approuve.) L'honnête homme se découvre à distance respectueuse du paradis, aux portes de l'enfer dont il s'élit mobile sentinelle. « Si mon âme pouvait perdre pied, je ne m'essaierais pas », explique l'auteur des *Essais*. Pour penser, il faut perdre pied, réitèrent le doute hyperbolique des *Méditations* cartésiennes et le vertige ou l'effroi des *Pensées*.

En délaissant les vieilles terres fermes, la pensée conquiert sa liberté. L'amour de soi déçoit. Le monde se révèle faux-semblant. Dieu peut être trompeur, ou absent, ou caché. Et alors ? Nul n'a lieu de désespérer, puisque chacun se retrouve libre de se déprendre de soi, de désapprendre les errances mondaines et de ne pas faire le dieu.

Si être radical, c'est fouiller l'origine, saisir à la racine, il existe deux manières de procéder. L'une sanctifie la nature, sacrifie à la religion de l'enracinement et titube dans les célébrations de planteurs de choux, dont se gaussait Rabelais. Telle est, je le crains, la préférence de la philosophie moderne. L'autre issue est de tirer à soi, de creuser jusqu'au fondement, quitte à arracher et transplanter. La méditation est la pratique méthodique d'un déracinement, non point subi ni imposé, mais volontaire. L'art de voyager avec Candide en livre une version grand public.

La stratégie du voyageur est de facture ancienne. C'est l'audace d'explorer des réalités déplaisantes, de faire tomber les masques, de démystifier les mythes et de se déprendre de ses illusions. C'est l'« impiété » du regard poétique que Platon condamne en Homère, Hésiode et Eschyle. Proclus, le dernier grand platonicien de la Grèce finissante, explique que la condamnation de toute la culture philosophique et littéraire préplatonicienne vise sa méthode fondamentale, son *teratologein*, l'art de porter à la parole le monstrueux et l'horreur, les faits absurdes, étrangers, contre nature, terribles et terrifiants[7].

La culture grecque, avant Platon, perçoit le mal, et le perçoit omniprésent. Les mythes sont « indécents », parce qu'ils attribuent aux Célestes « tout ce qui dans notre esprit est associé en idée avec le pire et relève de l'inférieur, du bas ». Rappelle-toi le fameux chœur d'*Antigone*, « multiples les réalités qui terrorisent, mais la plus terrorisante c'est l'homme ». Mesure à ces paroles combien les imprécations de Platon témoignent, a contrario, d'une vérité essentielle : l'idée du mal, et non du bien, introduit l'Occident à l'intelligence du monde.

Le mystère du renversement français et littéraire du platonisme est moins inextricable qu'il ne paraît. Si la crise éclate avec Voltaire, elle était préparée de très loin par Rabelais, amorcée dès le *Roman de Renart*. L'insolence de l'écrivain frondeur se passe de la philosophie cataloguée comme telle pour moquer vigoureusement, voire victorieusement, l'optimisme dominant parce que les platonismes anciens et modernes sont des réactions, et pas une donnée première de la civilisation occidentale. Renverser le platonisme revient à renverser un renversement. Désapprendre Platon — j'entends le Platon sage, dénué d'ironie qu'enseigne la tradition —, c'est réapprendre Homère, Eschyle et Sophocle, ironiser avec Socrate ou Montaigne, réanimer la philosophie implicite que véhicule la littérature. Le différend entre le bel esprit et le *Geist* reproduit une fracture culturelle vieille de vingt-cinq siècles. L'Allemand traditionnel commence par dire oui et affirme platoniquement l'existence d'un ordre. Le Français trouve parfois l'audace de commencer par non et fait alors face, avec Hésiode, au chaos. L'un se veut berger de l'être et l'autre sentinelle du néant.

Bien à toi.

Lettre XI

La rencontre du poète et du penseur

Pas de Canossa — La Seconde Guerre mondiale n'a peut-être pas eu lieu — Qui ne sonde ses gouffres ne pense pas, ou plus — Heidegger, cœur de pierre et plaque tournante — Celan, rose de personne.

De Berlin

Je doute que ton apologie de Voltaire parvienne à convaincre et à convertir mes concitoyens, tous membres de la République fédérale des poètes et des penseurs. Ton roi de comédie française ne fait pas le poids. Il a beau centrer sur l'Allemagne le plus philosophique de ses romans, nous ne lui en serons jamais gré. Dût-il décrire, avec une avance de quelques siècles, la bulle de bons sentiments où s'enferment les locataires de notre économie sociale de marché dès qu'ils disposent d'une garantie de retraite et de quelques notions de psy. Nous coulons des jours aussi heureux que jadis au château de Thunder-ten-Tronckh, cependant ton sarcastique prophète demeure méconnu parmi nous. Lorsque, de surcroît, tu le dotes d'une inattendue prescience touchant la génération spontanée des « despotes éclairés » et le respect fort peu éclairé que notre bon peuple leur a prodigué, cette critique de l'optimisme en politique ne cesse d'écorcher nos oreilles et nous paraît respirer moins la sagesse que le mauvais esprit.

Les premiers voltairiens que nous connûmes furent des chevaliers d'aventure qui, intellectuels ou crève-la-faim de seconde zone, n'arrivaient point à percer dans le Paris de Louis XV. Ils venaient quérir fortune dans les provinces germaniques, où la concurrence des corrompus passait pour moins rude. Ils snobaient nos petites cours provinciales, sautaient nos précieuses et nos bas-bleus, filoutaient le bourgeois[1]. Pas de quoi assurer bonne réputation à vos Lumières, d'autant que ces *missi dominici* tire-manches furent relayés par les tambours de la Révolution un peu lestes, les émigrés chapardeurs et les cuirassiers de Napoléon franchement outrecuidants. Voilà comment Voltaire devint chez nous le privilège des happy few et l'abomination des grandes masses. Je me suis laissé dire que vos professeurs en philosophie se sont finalement rendus à nos raisons et substituent joyeusement Gadamer à Rousseau, Habermas à Diderot et, à Voltaire, Heidegger.

Je regrette, comme toi, le dédain philosophique qui entoure *Candide*. La violence, qui parfois, ici, explose interloque l'univers et, après coup, nous-mêmes qui interrogeons, génération après génération, les terribles vers du Schinderhannes d'Apollinaire.

Et toute la bande
S'attendrit à l'allemande
Avant d'aller assassiner.

En qualifiant « à l'allemande » la manière de s'attendrir et non d'assassiner, le poète montre plus de finesse que les historiens, les penseurs et les prêcheurs qui enferment Auschwitz dans une histoire locale, ce fameux « chemin singulier » — *Sonderweg* — censé conduire le peuple allemand d'aberration en aberration jusqu'au génocide final. Tel scénario dédouane à bon compte et les peuples voisins et les tard venus qui expédient au musée l'uniforme des grands-pères. Pareilles exotisations spatiales et temporelles du crime contre l'humanité me semblent aussi dangereusement aveugles que les multiples banalisations qui assimilent tueries, massacres, bains de sang et Solution finale. Plus inquiétants que les sinistres salauds qui ont organisé les camps de la mort sont les braves gens qui laissèrent faire, en s'attendrissant avant, pendant et après, taillant les roses, fêtant les poètes, cultivant la pensée pensante et les bonnes manières. L'assassinat n'est pas, n'a jamais été une spécialité allemande. Les optimismes qui lui ouvrent la voie, si.

Née entre le Rhin et l'Oder, la maladie de maître Pangloss ne s'est pas cantonnée longtemps dans cette nouvelle Jérusalem de l'idéalisme. Entreprenante et contagieuse, elle a communiqué la bonne nouvelle à l'Europe moderne, au point d'en infecter désormais la planète entière. Si l'optimisme religieux, puis métaphysique et idéologique balise une voie originale allemande au sortir des guerres de religion, force est de constater aujourd'hui qu'un tel choix mental se propage sur les cinq continents. Partout domine l'incitation à évacuer, sinon de la réalité du moins de nos pensées, les choses qui fâchent.

Publicités, incantations électorales et littératures roboratives s'accordent à privilégier le bon côté des événements qu'elles célèbrent ou annoncent. Et quand des sectes, des Églises ou leurs docteurs moroses professent chutes, déclins, épouvantes et catastrophes, ils lancent aussitôt quelque remède miracle. Enfers imaginaires et cataclysmes fictifs sont brandis comme des épouvantails propres à valoriser les propos gratuits, les propositions inachevées et les promesses en l'air. Cette stratégie manichéenne des plus communes permet à l'optimiste de rebondir : les malheurs crèvent les yeux, l'univers leur prête main-forte, mais moi, qui les dénonce, j'incarne la pureté, l'innocence et la lucidité. Mille façons de vitupérer la réalité en s'excluant du compte confirment négativement la foi d'un Pangloss contemporain qui, campé bravement sur ses positions, insinue : s'il ne reste plus qu'une raison d'être optimiste, je serai celle-là.

Les optimistes réels se montrent plus subtils que leur caricature-fiction. Ils ne nient pas l'actualité du malheur mais la dénient ; tout en la reconnaissant, ils la réduisent et la tiennent pour quantité négligeable, « évanouissante », tu l'as dit. Accidents mineurs dans l'espace ou épisodes transitoires dans le temps, les infortunes passent pour insignifiantes au regard du grand ordre du monde, cosmique ou historique. Les hautes voltiges de Hegel, de Leibniz et de Schelling ne détiennent pas l'exclusivité des escamotages bienheureux. Les plaies et les bosses de la vie quotidienne sont à leur échelle soumises à des prestidigitations guérisseuses, cousines des thérapies savantes de la « ruse de la raison ».

L'alchimie de la douleur, qui fait accepter passivement la souffrance des autres, et parfois même rechercher activement la sienne, constitue le nec plus ultra du catéchisme optimiste.

L'opération de cache-tampon reçut des noms divers, eu égard au génie respectif des langues. L'allemand pointe la *Verneinung*, dénégation, par laquelle, selon Freud, un sujet admet sans l'admettre une réalité dûment enregistrée, qu'il tient cependant à gommer. En français, Jacques Maritain ressuscite le verbe « excogiter » — excogitation est plus usité — par quoi l'on pourrait désigner une accumulation surabondante et comme hémorragique de pensées destinées, par leur volubilité et leur trop-plein, à enterrer ce autour de quoi elles vaticinent. Les Grecs baptisaient euphémisme une opération complexe, qu'on rend trop simple à n'y entendre qu'une émission de paroles de bon augure. Il s'agit plus précisément, remarque Benvéniste, « de renverser l'effet d'une évocation sinistre ». Le verbe *euphémein* s'emploie à l'impératif : ne parlez pas de malheur ! Ne prononcez pas des paroles de mauvais augure ! D'où l'euphémisme peut consister à se taire — on garde un silence respectueux — autant qu'à énoncer de bonnes paroles — qui couvrent les mauvaises. Ces conduites de détour expriment un effroi premier qu'elles surmontent, sans le forclore, s'efforçant sans cesse d'en suturer la blessure, par là ravivée.

Voltaire n'a pas été sans pressentir la complexité retorse du dispositif optimiste, puisque dans la deuxième partie de *Candide* surgissent le manichéen Martin (le monde fut forgé pour nous faire enrager) et le seigneur vénitien Pococurante (« rien ne peut lui plaire »). L'optimiste malheureux et l'optimiste désespéré. Tous deux représentent les doublets symétriques et inverses de Pangloss. Nos trois pantins prennent également les choses de haut. Ils contemplent le tout d'outretout et statuent a priori, en se croisant les bras. Le système optimiste ne veut voir que du « bleu », il exige le bien, et rien que le bien. Si celui-ci vient à manquer, un rejet s'impose, intégral. Le pessimiste absolu est un optimiste impénitent qui s'ignore. Il est désabusé de tout, sauf de son exigence que tout soit parfait. Les trois personnages ont beau professer des thèses contradictoires sur le monde — est-il bon ? est-il méchant ? —, Voltaire laisse entendre qu'un principe sous-jacent fait de chacun la réplique en miroir des deux autres. Puisque pas un d'entre eux ne s'engage franchement dans et pour une quelconque réalité, ils flottent, étrangers, autour du monde extérieur et au-dessus de leur monde intérieur. Ils désirent peu, aiment moins encore, leur vie est « sans souci », comme le rappelle le nom du seigneur vénitien ou le palais de Frédéric.

La grande famille des optimistes, dégrisés (Martin) et nihilistes (Pococurante) compris, communie dans une même idée du monde meilleur, conçu comme celui qui donne le moins de soucis. *À qui* le souci ? Pangloss et ses homologues inversés forment à leur insu une communauté d'irresponsables, qui délègue à un Être suprême — Dieu leibnizien ou mauvais démiurge manichéen — le soin d'un univers qui, divin ou diabolique, demeure l'affaire du seigneur, pas la leur. Pas la nôtre. Par où l'impératif final de Candide, « cultivons notre jardin », s'oppose radicalement au quiétisme des trois lascars, qui abandonnent la régie d'un « jardin » étranger à un Étranger ultime, supposé tour à tour bienveillant, méchant ou simplement absent. *De quoi* le souci ? Quelle que soit l'appréciation qu'on propose de son travail, le Plus Haut, censé se soucier de tout, est au premier chef jugé sur sa gestion des choses qui ne vont pas, à charge pour lui de nous sauver des calamités extérieures et intérieures. Qu'il paraisse agir ou déclarer forfait, il lui revient, a priori, de régler le problème du mal, à huit mille lieues au-dessus de toute terre habitée. Le gai savoir optimiste, qui habite Pangloss mais aussi Martin et Pococurante, énonce : le mal n'est pas notre affaire. Au jardinier suprême d'organiser la répartition du purin, la collecte des excréments et l'économie des ordures.

Eût-il détecté plus précisément que le principe de l'union sacrée optimiste est l'irresponsabilité devant le mal, Voltaire, je te l'accorde, aurait anticipé et pris à contre-pied trois siècles de pensée dominante. Il lui eût fallu, toutefois, en rabattre sur son anticléricalisme militant et reconnaître que le point décisif n'est pas l'image du propriétaire céleste, qu'on encense ou vitupère, mais l'idée qu'on projette (ou qu'on refuse) du mal. L'affirmation ou la négation de Dieu, comme vengeur, sauveur, rémunérateur ou horloge du monde, compte moins que l'excommunication générale du diable à laquelle procéda l'Europe bien-pensante le jour où elle constata scientifiquement combien Lucifer était dépourvu de pieds fourchus et exempté d'haleine sulfureuse.

À partir de l'instant où Voltaire décrète la superstition ou le fanatisme religieux source de tous les maux — « écrasez l'infâme » — il s'autorise une simplification aussi arbitraire que celle coutumière aux contempteurs de l'athéisme : éradiquez l'impie ! Dans les prosélytismes concurrents du libre-penseur et de l'homme de foi miroite la même promesse insensée d'un monde tout beau, tout rond, purifié des méchants. Tu comprendras qu'ainsi Voltaire ne fit pas le poids face à notre grand idéalisme ; votre bel esprit paraît, en définitive, se réclamer d'un programme semblable et prêcher, avec plus de naïveté, une identique rédemption de Satan. Du coup, son travail critique sur l'optimisme tourne court et permet aux théoriciens de redoubler d'euphorie, en s'offusquant des pailles dans les raisonnements du conteur qui, lui, au moins, refuse de cautériser les tristesses de l'univers.

Les Allemands succomberaient-ils à des overdoses répétées d'optimisme ? Est-ce ainsi qu'il faut comprendre l'accueil enthousiaste réservé au Führer ? *Heil ! Heil !* Poitrines haletantes, sourires extasiés, bras tendus et vivats fervents ? Le diagnostic n'est pas faux, mais un tantinet court. Beaucoup rétorquent qu'il faut incriminer davantage un manque de confiance en soi. Aurait-elle cru en ses propres forces, la population n'eût pas chargé Hitler de tous les espoirs à venir pour les siècles des siècles. D'autres répliquent : si nous nous sommes trompés d'idéal, nous n'avions pas tort d'idéaliser, il aurait suffi de troquer un optimisme contre un autre sans bousculer nos états d'âme. Pour toucher au vif, tu dois pousser l'analyse et ne pas croire les optimistes sur parole. Ils prétendent sacrifier à un programme positif et se déterminer en fonction d'un ordre du monde, mais peut-être leurs motifs s'avèrent-ils moins grandioses.

Ce formidable optimisme ne serait-il qu'une passion de seconde zone ? Moins un élan sublime qu'une fuite éperdue, une réaction qui n'ose s'avouer telle, un rejet teigneux ? Une panique ? Devant quoi ? Devant la panique. Généalogiquement, notre optimisme me paraît condenser une peur au carré conjuguant l'appréhension de la fureur divine (ô Luther !) et les souvenirs prosaïques, mais terribles, des dévastations guerrières. On dit qu'à la paix de Westphalie, en 1648, notre pays venait de perdre six habitants sur dix. L'Allemagne fut pendant des siècles la terre des grands massacres. Installée à proximité d'un gouffre, récusant son souvenir, refusant de le sonder, elle s'expatria dans les nuages du meilleur des mondes, réfugiée au nirvana de l'idéalisme. Comprends combien notre élévation vers l'Être suprême doit à notre effroi de tomber dans un non-être extrême.

Pour contrebalancer cet optimisme né des angoisses, nourri, gonflé, perpétué par elles, Voltaire paraît bien léger, extérieur et pas tout à fait concerné. Nos poètes, par contre, affrontèrent ces ivresses et ces foudres. Parfois au prix de leur vie et de leur raison, souvent avec une lucidité tranchante et désabusée, dont nos maîtres penseurs, enclins aux béatitudes, manquent. C'est Kleist évoquant le séisme de Santiago, comme Candide celui de Lisbonne. C'est Büchner ironisant pour clore son *Léonce et Léna* : « Et l'on n'aura plus qu'à s'étendre à l'ombre en priant Dieu de nous combler de macaronis, de melons et de figues, de nous accorder des gosiers mélodieux, des corps à l'antique et une religion [...] commode. » Et Heine, encore :

> « J'ai vu une fois une caricature qui représente une oie fichtéenne. Le foie de la pauvre bête est devenu si gros qu'elle ne sait plus si elle est l'oie ou le foie. Sur son ventre est écrit Moi = Moi.[2] »

Paul Celan prit la relève dans les années quarante. Il reste à mes yeux le plus grand poète depuis la Seconde Guerre mondiale. Il porte à incandescence la contestation séculaire. Résolument, sans épargner personne, ni lui-même. Il se tue en sautant dans la Seine, un jour de 1970. D'emblée, il se réclame d'un lyrisme nouveau, rétif à tout déguisement, à toute « poétisation » de la réalité, méfiant quant à l'exaltation du Beau, délivré du torturant désir d'harmonie, affranchi de l'inclination à l'euphorie — *Wohlklang*. Il repousse ce fatras qui, autour de lui, continue à moduler sans souci, quand le plus terrible éclate. En matière de terreur, Celan était formé et informé. Ses parents, juifs de Czernowitz, en Bucovine (comme ton père), furent enfermés dans un camp allemand. Le père mourut d'épuisement, la mère d'une balle dans la nuque. Le poète la chérissait, elle lui avait transmis le goût de la langue allemande et le culte de l'écriture.

Celui qui arrache son cœur de sa poitrine, la nuit, tend sa main
[vers la rose.
L'épine et la feuille sont pour lui.
Elle dépose la lumière dans son assiette,
elle remplit ses verres d'effluve,
elles frémissent pour lui, les ombres de l'amour.
Celui qui arrache son cœur de sa poitrine, la nuit, et le fait
[tournoyer au ciel :
vise toujours juste
lapide la pierre,
le sang de l'horloge sonne pour lui,
le temps bat l'heure dans sa main,
il pourra jouer avec de plus beaux ballons
et parler de toi et de moi.

Après avoir expérimenté les camps nazis et locaux, le poète s'enfuit de la Roumanie communiste et vécut à Paris. En octobre 1960, il reçoit à Darmstadt le prix Georg-Büchner. Il remercie par un discours, rare texte en prose qu'il nous lègue. Il cite la formule plaisante de Büchner que je t'ai rappelée et souligne qu'il tient à la version « religion commode » plutôt qu'à celle de « religion à venir » (*kommendes*, préférée en d'autres transcriptions). La religieuse commodité déjà honnie par Büchner incarne aux yeux de Celan le ferment de notre surdité optimiste. Elle rend notre culture inattentive et insensible au terrible. Traducteur de Shakespeare, de Mandelstam, de Char, de Dostoïevski..., grand lecteur des philosophes et des mystiques, Celan travaille sur des registres divers, et, s'il professe qu'un poète ne peut composer qu'en une langue, sa maternelle, pour lui l'allemand, son inspiration puise dans la multiplicité des cultures et des savoirs comme en autant de sources.

Peut-être n'ignorait-il pas — mais s'il s'agit d'une coïncidence involontaire elle n'en est pas moins révélatrice — qu'une des méditations occidentales majeures sur le mal épingle cette volonté de commodité pour l'opposer au désir de justice. Nous sommes autour de 1085. Un philosophe chrétien qui, alors, pose la question du mal, réfléchit nécessairement sur le diable, mais il ne disserte ni sur ses cornes, ni sur sa queue, ni sur son odeur. Il interroge sa « chute », c'est-à-dire la possibilité pour un être pensant de se définir devant et contre Dieu, ou encore de vouloir le mal en dépit du bien, de choisir le néant face à l'être. L'inventeur du célèbre « argument ontologique », plus tard, on dira « preuve ontologique », Anselme, n'arrondit pas les angles. À la différence d'autres saints — avant lui, Augustin, après, Thomas d'Aquin —, il ne se permet pas de glisser subrepticement du bien-pour-moi au bien-en-soi. Jamais il ne tombe dans le paralogisme qui va de la prémisse : tout ce que je veux me paraît bon, à la conclusion : je ne peux vouloir que le bien, poursuivant jusqu'au corollaire : si je veux un mal, c'est involontairement, par erreur, inconsciemment. Fichte lui-même, peu respectueux de la théologie cependant, n'évitera guère ce cercle qui définit le voulu comme bon et finit par réduire le bon au voulu : « Il n'y a pas d'homme qui aime le mal parce qu'il est mal, il n'aime dans le mal que les avantages et les jouissances qu'il promet. »

On veut toujours son bien, certes, mais Anselme n'en conclut pas qu'on veuille le Bien. On ne veut jamais son mal, mais Anselme n'en déduit pas qu'on ne puisse jamais vouloir le Mal. Au contraire. La « chute du diable » (la capacité pour l'ange Lucifer de déchoir en choisissant la perversion) réside précisément dans cette déhiscence entre désirer la justice (le Bien) et (ne) désirer (que) la commodité (son bien). Opter pour la justice *(justicia)* ou opter pour le commode *(commodum)*, tel est le choix dressé, selon Anselme, devant le Premier Pécheur ; alternative aussi rigoureux que le « *To be or not to be* » qu'affronte Hamlet. Et pas moins émancipatrice, puisqu'elle commence par affirmer la liberté de celui qui est à l'épreuve. Le méchant apparaît responsable si, et seulement si, il ne lui est pas impossible, contradictoire, de vouloir le mal qu'il fait. Aimer son bien est inévitable, mais cela ne fait pas aimer le bien, et cela n'évite pas d'aimer le mal. Anselme tranche, aussi rigoureux que vos classiques : l'amour-propre — ou la poursuite du commode — n'implique aucunement l'amour de l'Être ou la charité ; il permet de les contredire ou de les contrefaire. L'un des tout premiers intellectuels européens — Anselme ne pensait plus à l'intérieur de l'Empire romain ni dans le cadre d'un hellénisme tardif — démolit par anticipation l'argument optimiste du méchant malgré lui, censé ne pas pouvoir vouloir les crimes qu'il commet. Anselme, *ergo* Chalamov, *ergo* Celan : le refus des théories de l'irresponsabilité devant le mal est ancien, voire originel en Occident.

La critique du « commode » se trouve, le plus souvent, dérivée et réduite en condamnation du consumérisme. Tous les malheurs de l'homme moderne viendraient prétendument de ce qu'il s'aliène à quêter les colifichets pour garantir sa félicité, laquelle inévitablement lui fausse compagnie. Celan n'ignore pas qu'une voiture ne fait pas le bonheur. Il crédite la triviale contestation de la société de consommation d'une toute petite graine de vérité. Il ne s'en contente pas. Les illusions « commodes » qui bercent les contemporains ne se limitent pas à la frénésie de la circulation marchande. Les rêves et les fleurs bleues de la sentimentalité « poétique » traditionnelle, les harmonies célestes et les sucreries sulpiciennes, les slogans politiques et les prêches savantissimes sont des manières de s'étourdir et de s'assourdir autrement efficaces. Devant l'ampleur des désastres du siècle, il faut se rendre à l'évidence : l'art, la religion, la pensée, ces absolus célébrés incontestables par l'idéalisme allemand, ont failli. Loin de prévenir et de retenir l'Européen moyen, ils facilitèrent sa fuite, ils accompagnèrent ses démissions. À charge désormais pour l'Art, la Religion et la Pensée d'opérer un retour sur soi et de faire le ménage.

Cette exigence autocritique détermine la nouvelle idée du lyrisme qu'impose Paul Celan, celle des fleurs sans couleur, emblèmes d'une présence, « ici est la rose, ici tu danses » (Hegel), mais d'une présence sans plénitude, qui se réveille communauté dans l'absence plutôt que parousie, extase, enthousiasme.

La plus blanche des colombes s'envole : j'ai le droit de t'aimer
La porte légère bat dans la fenêtre légère
L'arbre immobile est entré dans la pièce immobile.
Tu es si près : comme si tu n'étais pas ici.
De ma main, tu prends la grande fleur :
Elle n'est pas blanche, ni rouge, ni bleue — mais tu la prends.

Le poète blasphème. Ouvertement. Il revendique parfois le terme. Son œuvre entière consomme l'attentat, sinon aux pudeurs, du moins aux puretés révérées par le XIXe siècle et ses héritiers — que nous sommes. Rien n'échappe aux flèches de Paul Celan, ni l'art, ni le bon Dieu, ni, comble d'insolence, la pensée pensante et son patriarche.

Juillet 1967. On imagine sans peine la kyrielle d'objections qui assaillent Celan lorsqu'il décide de rencontrer Heidegger. Le philosophe vivant le plus célèbre du monde n'arborait pas un curriculum vitae sans taches. Loin s'en faut. Bien qu'il s'efforçât de les gommer, ses appels publics en faveur de Hitler, son adhésion au NSDAP restaient dans les mémoires et divisaient l'Allemagne académique. Les uns tenaient ces péchés pour véniels, eu égard au prestige de l'œuvre. « Heidegger a été le plus grand des penseurs et le plus petit des hommes », écrit Gadamer. Les autres tranchaient pour une condamnation intégrale de la pensée et de l'œuvre du professeur très politiquement compromis. L'école de Francfort sonnait l'hallali, oubliant que son chef, Adorno, avait lui-même, un court moment il est vrai, ciré les bottes du chef de la Hitlerjugend.

La querelle dite « des historiens » se prépare. Chacun se refait une vertu en accablant le camp d'en face. Dans ce brouhaha paniqué, Celan fait exception. Il n'ignore rien, ne veut rien oublier, mais n'excommunie pas.

Celan se rend en Forêt-Noire, à Todtnauberg, dans la retraite du Penseur. Il demande, oh, très discrètement, des comptes. Sur une page du livre d'or que le célèbre vieillard présente à ses visiteurs de marque, il écrit : « [...] avec, dans le cœur, l'espoir d'un mot à venir, le 25 juillet. Paul Celan. » Par le poème qu'il compose une semaine plus tard, il réitère.

Son espoir, à présent, dans le cœur :
la venue
d'un mot —
d'un pensant.

Ce « mot » — d'explication ? de compassion ? d'excuse ? de repentir ? — n'a pas franchi les lèvres du philosophe, qui fit mine de ne rien comprendre. Après la mort des deux interlocuteurs, Mme Heidegger confia dans une lettre à Mme Celan que son mari ne savait ni que Celan était juif ni que sa famille avait disparu dans la tourmente nazie. Si l'ignorance de Heidegger est feinte, elle témoigne de son embarras. Si elle est authentique, elle est embarrassante pour les admirateurs d'un hôte qui pousse le narcissisme jusqu'à l'autisme, peu curieux du poète qu'il reçoit en grande cérémonie. Heidegger eût-il lu quelques lignes seulement qu'il eût su. La biographie désespérée de Celan affleure à même les vers.

Solidarité syndicale et corporatiste oblige, la plupart des philosophes et penseurs diplômés, pas uniquement chez nous, opinèrent que la visite valait hommage rendu par le « poète juif » au « penseur allemand[3] ». Certains regrettèrent que Celan n'eût point trouvé réponse à sa « prière ». D'autres supputèrent que Heidegger lui avait répondu par avance dans son commentaire de Hölderlin : car « là où est le danger, là croît ce qui sauve ». D'autres encore se plurent à apprécier le silence signifiant, car la méditation ontologique n'a « pas un mot à perdre » devant une interpellation par trop ontique, circonstancielle et subjective. Le poète serait venu chercher l'apaisement en approchant un Grand Penseur dont les Grandes Pensées lui seraient passées au-dessus de la tête[4].

Ami de Paul Celan, l'helléniste J. Bollack avoue être demeuré perplexe très longtemps. Celan n'allait pas à Canossa. Pas question de se prosterner aux pieds du pape de la pensée. Il n'attendait aucune guérison, ni quelque adoubement. Au contraire, il entendait pousser Heidegger dans ses retranchements et le mettre au pied du mur. Est-ce à dire qu'il espérait forcer la réponse et revenir avec le « mot » ? C'eût été naïf et méconnaître la stratégie jamais démentie du maître, qui, volume après volume, explicite la radicalité de son refus de toute amende honorable. Comment Celan, très au fait des tours, détours et retours de la pensée heideggérienne, aurait-il un instant escompté que le choc d'une brève rencontre renversât une position si soigneusement concoctée ? Après s'être longtemps étonné et interrogé, Bollack conclut que le poète anticipait et recherchait le fiasco, afin de nous faire buter sur le silence du philosophe. Ce silence, d'où sa poésie prend sens, est la pierre sur laquelle il bâtit l'église invisible de sa pensée.

Ils crient : vous blasphémez !
Nous le savons depuis si longtemps.
Nous le savons depuis si longtemps. Et après ?
Vos moulins de la mort moulent la farine blanche de la pro-
[messe,
Vous la servez, à nos frères et à nos sœurs —
Nous agitons la chevelure blanche du temps.
Vous nous rappelez à l'ordre : vous blasphémez !
Nous le savons bien[5]*, [...]*

Il faut lire l'aventure en sens inverse. L'ascension pénible de l'humble poète dans l'éther de la spiritualité pure dissimule une opération de retour vers le bas. Après avoir requis Heidegger dans sa « hutte », sa retraite, Orphée-Celan lui inflige la descente aux Enfers. Il l'invite à une banale promenade automobile puis pédestre dans les marais alentour. Périple qui vire, poème aidant, à la solennelle réouverture d'un passé méticuleusement refoulé. Les lieux où pataugent le poète et le penseur sont cryptés, ce qui ne saurait paraître étrange à deux fidèles de Hölderlin.

L'endroit, Todtnauberg, la montagne du pré des morts, évoque également l'organisation nazie Todt, qui gérait tant de camps de « travail ». Les hauts plateaux marécageux (Hochmoor), où se termine la balade, rappellent nombre de poèmes de Celan et le chant des déportés — « loin dans l'infini s'étendent de grands prés marécageux ». Ainsi Heidegger se retrouve-t-il le nez collé sur son passé ; soit il comprend et ne trouve rien à dire, soit il ne comprend pas et ne trouve, une fois de plus, rien à voir. Dans les deux cas, il se mure, et Celan réussit sa démonstration. Est mis en évidence le blocage de longue durée qu'on ne saurait imputer à la bêtise ou à l'inattention occasionnelle. C'est un château fort mental que vise, encercle et attaque la stratégie poétique de Celan.

Que reproche Celan à Heidegger ? D'avoir été nazi ? D'avoir, par ses discours et par son silence agréé les horreurs commises entre 1933 et 1945 ? De s'être trompé ? Nenni ! Le poète ne tente aucune descente de police rétrospective. Il ne se livre pas à des règlements de comptes posthumes, il accepte la discussion d'homme à homme, de poète à penseur, avec un être dont il n'ignore rien et qu'il ne traite pas en pestiféré. À la différence d'Adorno et de Lukacs, ou, quelques crans en dessous, de Farias, il n'incrimine pas l'intégralité de l'œuvre, il ne raye pas de ses lectures ni de ses références ce que Heidegger écrivit avant son engagement fasciste, ou pendant, ou après. Il discute l'interprétation de Hölderlin sans l'annuler sous prétexte que l'auteur est un nazi en carte. Certes, il voit la faute. Celan marque le coup et refuse d'être photographié aux côtés de Heidegger, cependant, comme Sperber ou Jaspers, il n'entend pas enfermer le fautif dans sa faute. La subtile mise en demeure du 25 juillet 1967 ne porte pas principalement sur le passé de Heidegger, aussi accablant fût-il, mais sur le présent. Celan tente de mettre en lumière une incapacité actuelle. Elle commence à la fin de la guerre et se poursuit jusqu'à la mort.

Plus honteuse que la honte d'hier est cette obstination qui travaille à la taire. Plus inquiétant est le silence d'après coup, dont il faut se demander s'il est le simple fruit d'une impuissance à élucider le crime ou le signe discret d'une complicité qui n'en finit pas de tirer en longueur. En braquant son projecteur sur l'ici et maintenant, en révélant combien le rapport au passé devient plus décisif que ce passé même, Celan coupe court aux ruminations politiquement correctes. Ne tentons pas, tard venus ou survivants, de nous couronner « meilleurs » que Heidegger. *Chi lo sa ?* Mais apprenons à penser autrement qu'il ne donne à penser et à voir.

Trêve de forfanterie ! Si après trente, quarante, cinquante ans, les épouvantes de la Seconde Guerre mondiale demeurent aussi peu méditées, cet impensé menace d'être reconduit du côté de l'avenir. Lorsque le sens critique — fût-il du plus grand philosophe — s'installe aux abonnés absents, une toujours inquiétante réalité risque de se croire tout permis. Comment contrôler, même partiellement, ce dont nous n'avons pas idée ?

Lorsque Heidegger revient sur l'enthousiasme inconditionnel suscité par Hitler, il n'attribue pas « sa grose bêtise » à un mauvais choix, celui du nazisme contre la démocratie. De cette dernière, il affirme jusqu'à sa mort ne rien pouvoir dire. Il suggère que la « bêtise » est le fait du Führer, à l'écart duquel il convient de restituer et de cultiver « la vérité interne et la grandeur de ce mouvement (national-socialiste) ». Heidegger s'affronte, alors, à Nietzsche, et son explication pivote autour d'un sous-entendu : Hitler s'est montré trop (naïvement) nietzschéen et Nietzsche trop moderne, autrement dit trop (naïvement) « cartésien ».

Statue du commandeur, Hölderlin incarne l'authentique germanité et se voit érigé en pendant symétrique de Zarathoustra et du penseur de la volonté de puissance. Hitler court à sa perte pour trop emprunter à l'adversaire. Faute de s'être dressé radicalement contre l'Occident et les Lumières, le Führer les combat avec des armes mentales qu'il leur dérobe et qui se retournent contre lui. Il tombe dans un piège dont seul le professeur souabe eût pu le garantir. La défaite du nazisme signe l'occidentalisation de la planète : aucun crime ne saurait, aux yeux heideggériens, échapper au règne universel de la technique. Et les juges de Nuremberg expédient, à tort, au ban de l'humanité un semblable, un frère : « L'agriculture est maintenant une industrie alimentaire motorisée, quant à son essence même, la même chose que la fabrication des cadavres dans une chambre à gaz et les camps d'extermination, la même chose que les blocus et la réduction de pays à la famine, la même chose que la fabrication des bombes à hydrogène[6]. » LA MÊME CHOSE ! Tous les malheurs du monde mis sur le même plan et renvoyés dos à dos ! Les Juifs et les légumes ! La mécanisation agricole et la Solution finale ! Quelle issue dès lors chercher au carnage, si l'effort pour l'éteindre est par avance supposé l'étendre ? Que faire ? Surtout rien, « seul un Dieu... », répond oraculairement le penseur de l'Être, dans une interview à grand tirage diffusée post mortem.

Un heideggérisme diffus et confus devint ainsi le dénominateur commun de marxistes déçus, d'ultraconservateurs rongeant leur frein, d'écologistes fondamentalistes et d'universitaires assimilant leur goût pour la retraite à un Retrait de l'Être. Justification spirituelle et plaque tournante des irresponsabilités fin de siècle, Heidegger ne pouvait séduire Celan.

Lettre XII

La rencontre du poète et de personne

Devinette : étant donné qu'il existe deux étymologies pour le terme « religion » :
1. re-ligare, relier : la religion est le lien social par excellence ;
2. re-legere, recueillir, retour sur soi : la religion est recueillement, scrupule, inquiétude,
cochez l'option qui revient à Paul Celan.

De Berlin

La question d'Auschwitz est sans issue tant qu'on se contente d'interroger, avec une ingénuité qui sonne de plus en plus faux : qui a produit ces horreurs ? Comme par un malin hasard, la traque au producteur criminel s'égare dans toutes les directions. On dénonce Hitler le fou, la petite bande qui l'entoure, les revanchards d'après 14, les enfants perdus d'une civilisation infidèle à ses principes, le « sacre du printemps » et les intellectuels révoltés, le révolutionnaire « rouge » et le nationaliste « noir », l'athéisme, une longue tradition antisémite, le grand capital, l'Allemagne depuis le *Berserkir* (Viking), des légendes nordiques ou les cruels Harii de Tacite, l'Europe coupable de la mort de Dieu, sans oublier l'Occident et ses racines hellènes.

Posée sous la forme « qui a fait ? », « qui a produit ? », la question permet d'accommoder à loisir sur l'infiniment petit : la sexualité infantile du futur Führer, sa vocation de peintre raté..., ou l'infiniment grand : l'histoire de l'humanité avec ses origines douteuses. Et d'encombrer tout l'entre-deux. On aurait tort de supputer que ce débat interminable n'aboutisse à rien, puisque, d'entrée de jeu, il semble créditer celui qui explique et ceux qui écoutent d'un certificat de non-responsabilité. Moi, je ne suis pas un peintre raté ; Hitler est un autre. Quand les grands esprits historico-mondiaux accusent la civilisation dans son ensemble, ils font le même boulot, ils innocentent leurs lecteurs et l'homme de la rue, justifiés de baisser les bras devant d'aussi impressionnantes machines à moudre la fatalité. Qui a produit les calamités de ce siècle ? Sous la multiplicité des réponses arbitraires, la conclusion reste immuable : pas nous !

Il suffit que Celan change la cible pour que les non-dits du tumulte savant apparaissent. Il ne demande pas « qui a produit ? », mais « qui a laissé produire ? ». Il nous mène d'une éthique de la production (qui fait le mal ?) à une éthique de la réception, impliquant un concept élargi de la responsabilité : qui laisse faire accepte, fût-ce tacitement, que le mal diffuse et gagne*. On sait que les nazis tablaient sur la nuit et le brouillard, avouant que, même à leurs zélotes, ils ne sauraient exposer la Solution finale dans sa cruelle nudité. On a étudié avec soin les torsions de langage et le culte bureaucratique de l'euphémisme qui permit à l'administration du IIIe Reich d'accomplir sa besogne dans une apparente normalité : il n'est pire sourd que celui qui ne veut pas entendre. On aurait tort pourtant de limiter l'enquête aux idiolectes des appareils hitlériens. Le grand public à son tour, en Allemagne, en Europe et dans le monde entier, était tout disposé à ne pas deviner ce qu'il pouvait pressentir. Il préféra ne pas enquêter sur les informations qui filtraient. Il lui parut naturel de détourner les yeux, le nez bouché et les oreilles ailleurs.

Le travail de dissimulation fut rondement et doublement mené. Côté spectateur comme côté acteur. Les « terrifiants secrets » sont jalousement gardés par les camps en guerre. Les démocraties ne pipent mot. La Croix-Rouge ne trouve rien à redire. La question « qui a voulu Auschwitz ? » prête à d'infinies tergiversations. Je n'ai pas voulu cela. Je ne savais pas. Je ne me suis pas rendu compte. Je croyais bien faire. Ces procédures d'irresponsabilisation sont stoppées net dès

* Dès 1945 Hermann Broch pointait le « crime d'indifférence » comme le péché numéro un des Allemands pendant la période hitlérienne. Estimant que la majorité de la population n'avait été ni intrinsèquement nazie ni intégralement convaincue et fanatique, il lui imputa une « indifférence bestiale » devant les crimes commis en son nom. (Hermann Broch, *Briefe über Deutschland, 1945-1949,* Sutorkamp, Frankfurt, 1986, p. 25, 33.)

qu'on ne recherche plus qui a fait, mais qui a rendu invisible ce qui s'accomplissait. Non plus : qui a voulu ? mais : qui n'a pas voulu ne pas vouloir ? La responsabilité, à la fois plus précise et plus générale, porte, selon Anselme et Chalamov, sur l'admission implicite du crime, sur la part prise par ceux qui refusent d'y prêter attention. Pour Celan, Dieu compris :

Personne ne nous repétrira de terre et de limon,
personne ne bénira notre poussière.
Personne.
Loué sois-tu, Personne.
Pour l'amour de toi nous voulons
fleurir.
Contre
toi.
Un rien
nous étions, nous sommes, nous
resterons, en fleur :
la rose de rien, de
personne.
Avec
le style clair d'âme,
l'étamine désert-des-cieux,
la couronne rouge
du mot de pourpre que nous chantions
au-dessus, au-dessus de
l'épine[1].

On aurait tort de prendre pour une coquetterie théologique ou une profession de foi athée l'implacable mise en demeure. Avec une audace rare et un sang-froid poétique jusqu'alors ignorés, le poète porta à l'humble parole une immense révolution mentale. Les statisticiens et les sociologues la constatent sans la comprendre et la baptisent sommairement « déchristianisation ». Par vagues successives, après la Première Guerre mondiale, puis la Seconde, ponctuées de temps de latence propres aux circonstances locales, nationales ou confessionnelles, l'Europe brise sans retour avec sa manière traditionnelle de s'affirmer religieuse.

Tout se passe comme si la violence du siècle avait convaincu l'homme de la rue de la légèreté des institutions et de la fragilité vermoulue des garde-fous spirituels, tenus jadis pour garanties de survie. Cette inquiétude générale — elle s'étend depuis la chute du mur à l'Est européen — n'est nullement apaisée par la réponse passe-partout insinuant que, si Staline et Hitler avaient été de bons chrétiens, de doctes kantiens ou d'authentiques émules de Hölderlin, on eût évité les massacres. L'énigme en suspens demeure : pourquoi tant de civilisés, chrétiens, kantiens, pétris de Goethe et de Platon, tant d'idéalistes gorgés de morale et d'histoire n'ont point prévu, vu, prévenu, retenu, combattu l'ascension des pitres sanglants ?

Le très solitaire Paul Celan donne voix à l'ubiquitaire exigence de redéfinir, face à l'horreur produite ou tolérée, notre rapport à Dieu, au monde et à nous-mêmes. Sa poésie croise les questions du passant anonyme et celles du philosophe : ce sont les mêmes. Celan part sur les traces de Pierre Bayle : le mal existe, je l'ai rencontré, ma famille fut exterminée. Celan élargit comme Leibniz : d'où vient le mal ? et pose la question de l'être dans son ensemble, sans excepter la divinité (théodicée comme jugement DE Dieu). Mais ici s'interrompt son compagnonnage avec l'idéalisme allemand, dont les solutions optimistes, si nuancées soient-elles, le laissent sur sa soif.

D'où vient le mal ? Si la question est des plus agitées, le poète la pose selon son équation, sans se réclamer du *Geist* savant des Maîtres, pas plus que du *Volksgeist* consensuel, que les mêmes idéalisent dans le peuple et son folklore. La poésie de Celan se cramponne à sa respiration singulière. Elle ne se fonde jamais sur la langue d'un « nous » resté originel ou parvenu omniscient. Elle ne compte que sur ses propres forces. Elle balbutie à partir de sa détresse. Un très bref poème, extrait de *Part de neige*, exhibe une cristalline signature :

Le monde à rebalbutier,
chez lui j'aurais été hôte,
moi, un nom,

suinté en bas du mur,
sur lequel une plaie sèche en haut[2].

À première vue, il s'agit d'une profession de modestie, voire d'humilité. Le poète ne recrée, ni ne reconstruit, ni ne fonde le monde. Lequel le laisse en suspens, ballotté comme un simple hôte de passage. Il faut que l'hôte envisage sa disparition soulignée d'un futur antérieur d'usage rare en allemand. Le poète n'habite plus le cosmos, il n'en répercute pas les harmonies célestes, il ignore la musique des sphères, il néglige le carillon des unanimités populaires. Il s'anticipe comme un nom sur un mur, promis à effacement, n'existant qu'au travers de ses poèmes, à leur tour effaçables. L'être au monde de la poésie, c'est le balbutiement. Tel est le verdict que le « bégayeur de cailloux blancs » porte sur son œuvre et le dict du poète qu'il aime : Hölderlin.

Doit-on suspecter un goût immodéré de mortification, un dolorisme, une négation de soi, derrière tant d'insistance à refuser les palmes et la gloire du Parnasse ? La seule ascension promise est celle d'une plaie, lèpre vivante rongeant « vers le haut » un mur qui suinte, pierre funèbre, dans l'autre sens. Pas de démission morbide. La plaie, certes, reste plaie, et aucune ruse de la raison ne la métamorphose en stigmate et en promesse de bonheur à venir. Justement ! Dans cette douleur qui ne démord pas d'elle-même, le poète puise sa force, celle de balbutier le monde. Dans *Contrainte de lumière*, dernier recueil corrigé par Celan et publié après sa mort, il affirme que la voix poétique fait gagner un monde par sa blessure :

Wunder Gewinn
einer Welt

Mot à mot : « blessure-gain d'un monde ». Ou encore : « gain blessé d'un monde ». Sauf qu'il faut aussi entendre dans *Wunder* la merveille, la surprise, le miracle *(das Wunder)*. La merveille des merveilles, c'est que l'être soit, qu'il y ait un monde, profère Heidegger. Celan, qui s'en souvient, fait tenir ce miracle dans une coque de noix, l'amande de la blessure *(die Wunde)*. Le mot et la plaie sont le même, et dans ce même le monde rebalbutie, qu'aucun créateur ne crée plus. Le monde et le poète sont le même : une plaie ouverte qui doit rester ouverte.

La douleur de Celan interpelle, mais n'annonce aucune Bonne Nouvelle. Rien en elle n'introduit l'intervention d'un psy consolateur ou d'un théoricien qui la recadrerait dans un quelconque ordre du cosmos ou de l'histoire. La détresse est imprescriptible, c'est elle qui juge de haut les hauteurs et du plus profond les profondeurs méditantes. Elle encore qui profane la fleur bleue que Novalis érigeait en principe de poétisation universelle. Désormais le poème est le « lieu où les métaphores et autres tropes, tous veulent être conduits ad absurdum[3] ». Poème qui contre-poétise. Lumière qui éclaire comme une contre-lumière — *Gegenlicht*. Le style de Celan joue en permanence de l'inversion, du sarcasme, des renversements de sens et de perspective, parce que la détresse existe polémiquement. Sans complaisance, elle ne jouit pas d'elle-même comme d'une élection implicite. Sans égards, elle attaque de front les silences opaques et assourdissants qui la rendent possible et réitérable. Et la nostalgie d'un âge d'or, et l'espoir d'un avenir rédempteur participent de la fuite devant elle.

Heidegger, s'il avait osé lire Celan, aurait découvert une raison supplémentaire de se taire faute de pouvoir coincer une détresse rebelle entre un avant et un après qui l'ignorent. Le maître n'aurait pu répéter avec Celan l'opération, abruptement menée sur le pauvre Hölderlin, qui « commence par déterminer ainsi un temps nouveau. C'est le temps des dieux enfuis et du dieu qui va venir. C'est le temps de la détresse, parce que ce temps est marqué d'un double manque et d'une double négation : le “ne plus” des dieux enfuis et le “pas encore” du dieu qui va venir[4] ».

Celan connaît par cœur les procédures savantes qui récupèrent la douleur poétique et lui confèrent un sens qu'elle est supposée ne pas connaître. Elle passe pour témoigner de la dureté des circonstances et de l'actualité d'une crise, mais aussi bien elle proteste, donc remémore ou anticipe des temps heureux. Elle sur-témoignerait, fût-ce contre ses propres paroles, qu'elle n'est qu'un moment promis à dépassement, un mauvais moment à passer. Et, comme dit le populaire, il y a un temps pour tout. Hegel en grand virtuose, les marxistes en plus besogneux, les sociologues avec un imperturbable prosaïsme se livrent, allègres, à ce genre d'exercice d'enkystement et de rédemption du poète marqué par son temps, mais sauvé par le destin. De ce fatras consolateur, Celan se moque, qui érige sa douleur en mesure de toute chose, de son avant, de son après.

En tous
lieux, c'est Ici, c'est Aujourd'hui, c'est venu
des désespoirs
l'éclat
dans lequel entrent les Désunis avec leurs bouches
aveuglées.

Bien qu'elle ne puisse jamais qu'être personnellement éprouvée, la détresse vaut principe poétique parce que détresse, et à ce titre mondialement partagée.

Celan retrouve Villon et se range parmi les « filous », les « brigands » qui prennent les choses de très haut, du haut de leur avenir, du haut d'une potence promise ou rêvée.

> « *un air de filous et de brigands chanté à Paris emprès Pontoise par Paul Celan de Czernovitz près de Sadigore*[5]. »

Une telle parole se promet irrécupérable en confrontant tous les discours, récupérateurs, à la mort individuelle et collective qu'ils taisent. Tirant argument des silences du XXe siècle, Paul Celan transforme cet *argumentum e silentio* en contre-preuve, ou contre-épreuve ontologique, valable pour l'ensemble des siècles. Le métaphysicien classique s'efforçait de démontrer Dieu en faisant valoir que, si l'on conçoit l'être le plus grand qu'on puisse concevoir, on ne saurait lui dénier l'existence sous peine de le diminuer, donc de se contredire. Celan renverse le raisonnement et, avec davantage de rigueur, partant de la perception du mal le plus grand, conclut à la futilité des doctrines qui prétendent l'évacuer sans être parvenues à en maîtriser l'apparition. D'où l'injonction inouïe : « *Prie-nous, Seigneur !* »

Paul Celan conduit un raisonnement par l'absurde : si, par hypothèse, on admet les postulats de l'idéalisme optimiste et de la poésie poétique, ils condamnent le mal, aujourd'hui, demain, à l'inexistence. Or le mal, dans son inépuisable absurdité, crève les yeux. Donc, plus absurdes que le mal sont les systèmes optiques ou mentaux qui le dénient. Le nouveau lyrisme « rend hommage à la majesté de l'absurde qui témoigne de l'humain dans sa présence » (ou de la présence de l'humain[6]).

Réduite à la revanche des poèmes sur les pensées dévoreuses, la stratégie de Celan perdrait de son tranchant. Pas question de concurrence entre penseurs et poètes. Le poète s'affirme pensant. Si revanche il y a, elle s'exerce sur l'acte fondateur de l'idéalisme, par lequel Platon fermait aux poètes les portes de sa cité utopique. Cette exclusion initiale est subtilement relayée par les idéalismes modernes, qui intègrent l'artiste en le soumettant à une interprétation globale, laquelle s'envole loin au-dessus de sa tête et de son œuvre.

Le motif de l'interdit demeure : les poètes ont l'équivoque privilège de bien parler du mal, donc de mal parler du bien. Ils médisent des dieux, du monde, de leur prochain et d'eux-mêmes. Dehors ! Pour Celan, ce médire est le dict propre de la poésie. Il ne cherche pas refuge dans les particularités de sa biographie, ni ne se couvre des privilèges corporatistes d'une guilde des gens inspirés. Il place le système optique idéaliste tête-bêche, sans prétendre énoncer une énième réponse, sans poursuivre les querelles d'héritage, Schelling contre Hegel, Marx contre les deux et Bakounine contre Marx, Nietzsche encore et Heidegger contre lui, mais tout contre, etc. Plutôt que de plier sous la recherche infinie des solutions, Celan rétro-interroge la question : qui parle et de quoi parle-t-on ?

Le problème du mal doit être assumé par celui qui a mal, et non abandonné aux guérisseurs polyvalents. Sur cette lancée Celan ne croise pas seulement Beethoven, *durch leiden Freude*, la joie à travers la douleur. Il retrouve les grands tragiques grecs : Pâthei mâthos, c'est de l'épreuve, de la souffrance que naît le savoir*. Celan renverse le renversement platonicien et restitue une priorité que l'idéalisme s'acharne à oblitérer. Toute la doctrine, officiellement prêchée (non sans une discrète ironie) dans *La République*, promeut le primat du *mathein* sur le *pathein*, du connaître sur la souffrance. Si le philosophe doit être roi, c'est qu'il sait, donc il se trouve seul pour enseigner aux autres à souffrir justement et à sacrifier leur vie et leur jugement au bien commun de la cité. Adieu Œdipe ! Adieu Oreste ! Adieu tous ceux qui accèdent aux miettes du savoir par la méditation résolue de l'expérience douloureuse qu'ils traversent.

La seule douleur homologuée par la cité platonicienne est la misère de ne pas savoir encore. Tel est également le seul droit à la détresse que Heidegger accorde à Hölderlin, ainsi pétrifié dans un « pas encore » spéculatif. Tout idéalisme subordonne — là gît son optimisme radical — le *pathein* du commun des mortels au *mathein* des sages, riches d'alpha et d'oméga : le « grand mathème » de l'idée du bien éclaire et réchauffe l'ensemble des êtres. Ennui de cette harmonieuse construction, la douleur cause, crie et balbutie. La soumettre à la juridiction du souverain *mathein* implique qu'on la fasse taire. Voilà pourquoi sont virés ceux qui lui prêtent voix. *Pathein* contre *mathein*, c'est poème contre noème. Lequel précède l'autre ?

Quels sont les enjeux d'un tel retournement ? Dans notre très instruite Allemagne, on taxe volontiers d'irrationalisme la moindre entorse à l'étiquette, dès que le savoir établi et diplômé s'estime mis en cause. Notre université n'a-t-elle pas inauguré son prodigieux essor sous les auspices de l'idéalisme régnant, au début du XIXe siècle ? Ne se prend-elle pas pour l'incarnation, enfin trouvée, de la cité platonicienne ? Et lorsque, à grand renfort de lamentations et de demandes de crédits, elle étale ses imperfections, n'est-ce pas à l'aune de cette *République* qu'elle les mesure ?

Si, cependant, Celan déroge et dérange une si gratifiante harmonie, cet outlaw ne devient pas « irrationnel » pour autant. Il pose moins que personne au gourou et ne se connaît

* Eschyle, *Agamemnon*, v. 177-178.

pas de plus grande ennemie que la *Schwärmerei*, la songerie visionnaire. Il ne montre nul mépris pour la recherche scientifique et s'aide des connaissances qu'elle offre, quand l'occasion s'en présente. La linguistique lui est familière et ses connaissances en préhistoire étonnent ses commentateurs pointus. Il ne sacrifie pas, en revanche, au préjugé dominant, qui identifie raison et règne du mathème. Au contraire, il s'accorde avec un Socrate, pas encore rééduqué par Platon, clamant « je sais que je ne sais rien » et revendiquant une inscience supérieure aux savoirs établis suspects d'enfanter des anémones, fleurs de vent et de vide.

Originaires tous deux du *Kannitverstan*, le pays du « j' peux pas comprendre », Celan et Socrate ne sont pas plus « irrationnels » l'un que l'autre. Celan ne combat aucunement la raison, mais la sur-raison, la *Vernunft* opposée au *Verstand*, le *Geist* génial surplombant les esprits prosaïques, une philosophie « positive » mettant un terme à la quête qu'Aristote philosophe « négatif » annonce interminable. Celan s'affronte, en pleine connaissance de cause, avec lucidité, aux nœuds stratégiques des systèmes optimistes.

L'idée du Bien commande les optiques optimistes, elle est l'Idée des idées que Platon érige en principe unique de la pensée et de l'être. À la fois horizon ultime de toute connaissance et fondement inébranlable de l'ordre du monde. L'image mythique qu'il en propose illustre cette double fonction. Le soleil, astre suprême, éclaire (connaissance = visibilité) et « nourrit » (chaleur = vie = être). À ce titre, le bien est le mathème suprême — *megiston mathema* —, l'unité qui unifie les activités essentielles de l'homme. Les sciences remontent jusqu'à lui pour fonder leurs hypothèses ; la cité, qui se réglerait sur lui, existerait à l'abri des discordes et des troubles. Ce ne sont point les préjugés de l'opinion ni une image de la bonté propre au bon plaisir de chacun qui définissent le Bien. Seule la connaissance du Bien dévoile les harmonies authentiques et autorise qu'on trouve légitimement bon ce qui jusqu'alors semblait bon.

Platon prend soin de souligner combien l'Idée première est difficile d'accès, pour conclure à l'urgence d'entreprendre sa quête, toutes affaires cessantes : gloire à l'ascension des âmes chercheuses* ! L'harmonie préétablie, selon Leibniz, l'éternel féminin qui tire vers le haut, sous la plume de Goethe, le mouvement de l'Absolu ou l'Idéal des philosophes du XIXe prouvent combien le rayonnement de l'Idée du Bien permane dans les têtes modernes. En focalisant sur le Mal, Celan heurte les bienséances consensuelles.

Platon cul par-dessus tête ! Sans cesse espéré et toujours manqué par la modernité, pareil renversement oblige Celan à transformer radicalement et ce qu'il vise et la manière de viser. Il doit réinventer le comment de la recherche (en restituant au *pathein* sa primauté sur le *mathein)* et son horizon (en accommodant sur l'idée du mal). Dans le regard chaviré du poète, les mondes basculent : « Celui qui marche sur la tête, mesdames et messieurs, celui qui marche sur la tête, il a le ciel comme un abîme sous lui**. » La répétition l'indique, cette position, malgré son inconfort, autorise plusieurs modes de locomotion : celle du révolutionnaire qui reconstruit le monde à partir de ses principes (Hegel), celle du fils prodigue qui révolutionne la révolution et prétend remettre le monde à l'endroit (Marx), celle de Pascal qui profite du coup d'œil, « qui veut faire l'ange fait la bête ». La pirouette du poète est encore plus farouche, car elle interdit tout espoir de retomber sur ses pieds dans un cosmos restauré stable et harmonieux. Au psychisme ascensionnel de l'idéalisme allemand, aux élévations plus ou moins honnêtes d'élites en manque de sublime, Celan oppose une volonté rigoureusement descentionnelle. « Et sous moi, il fait ciel, il fait un temps d'étoiles[7]. » De bas en haut, les yeux fuient. De haut en bas, les vapeurs se dissipent. Le regard accroche des pans d'une réalité en loques, qu'aucune idée du bien ne régit désormais.

L'espace cosmique, clos sur lui-même, des Anciens abritait l'ordre, le calme, la volupté, que les platoniciens nouveaux préfèrent loger dans le temps. À charge pour l'histoire mondiale de rétablir la gouverne globale, en traversant et en transcendant les durs moments du négatif (Hegel), de crise

* Platon, *La République*, VI, 509b.
** Paul Celan, *Le Méridien*, *op. cit.*

(Schelling) ou de détresse (Heidegger). Le fameux sens de l'histoire — que chacun programme, en daubant ses pères et ses pairs, qui crurent à tort le détenir — n'est que la version moderne, c'est-à-dire temporalisée, de l'idée du Bien. Celan, expérience cruelle aidant, fait sonner archifaux les harmonies de l'Histoire, tandis que l'antique musique des sphères ne sort pas d'un définitif silence.

L'euphorie qui palpite dans l'idéalisme de nos maîtres penseurs éclabousse déjà un poème du jeune Schiller écrit en 1781, *Freudschaft*, amitié. Hegel se saisit des derniers vers pour conclure son grand œuvre, la *Phénoménologie de l'esprit*, en 1806. Le poème, qui doit beaucoup à Lessing et à Herder, glorifie une Histoire qui panse les plaies de l'Humanité en l'éduquant et en la civilisant. Elle va jusqu'à guérir Dieu de Ses mélancoliques solitudes. Grâce à elle, l'amour et l'unité triomphent :

Les bras enlacés et toujours, toujours plus haut,
Depuis le Mongol jusqu'au visionnaire grec
Qui donne la main au dernier Séraphin,
Nous accomplissons notre route, unis dans la même ronde,
Jusqu'à ce que, bien loin dans l'océan de l'éternelle clarté,
Sombrent en mourant l'Espace et le Temps[8].

Dans un petit texte sarcastique, Celan prend pour cible cette idylle trompeuse. Il célèbre la « pâte plurimillénaire » dont on confectionne la « galette des Huns ». Il chante « l'arioso du levain », comme Hegel fête le travail du négatif. Il glorifie la montée de la pâte « toujours, encore plus haut », en singeant les coryphées de la croissance économique, du progrès pédagogique et de l'assomption spirituelle.

Le premier et le dernier mot de cette épopée burlesque appartiennent à

une non moins ancienne
mâchoire assez vaseuse,
elle se remémore les premiers temps
elle leur montre les dents ainsi qu'à elle-même[9]

Ou bien la pâte retombe. Ou bien Attila dévore la galette. Le seul sens qu'on puisse reconnaître à l'histoire, c'est qu'elle n'en a pas, qu'elle ne mène nulle part. Elle demeure pré-histoire. De cette déconvenue, Celan ne bâtit pas un drame. Auprès de qui se lamenter et de quoi ? Fervent d'ethnologie, il ne tient pas les sociétés sans histoire — dites primitives — pour inférieures aux nôtres, qui s'inventent un destin ubiquitaire et omniscient à trop bon compte. Au lieu de montrer les dents au passé de notre passé, en prétendant l'avaler, le digérer, l'assimiler et le surpasser, pourquoi ne pas apprendre de lui, comme Lévi-Strauss. Pourquoi ne pas s'expatrier en lui et s'appréhender pas moins pré-historique que l'homme ainsi qualifié ? Un autre poème transporte à la fin des grandes glaciations, avant tout artisanat, avant l'art, pour rencontrer l'« inapaisé » notre semblable, le « sans lieu » notre frère, l'homme de la pierre à feu.

Au sortir du bain de boue et de sang de la Première Guerre mondiale, Heidegger énonçait une exigence simple et saine, qu'il négligea à l'issue de la Seconde. Aux yeux du relativement jeune philosophe des années vingt, un ébranlement aussi formidable ne devait pas laisser insensible la méditation pensante, sous peine de définitive disqualification : « Qu'en est-il de notre être au monde *(Dasein)*, si un événement *(Ereignis)* aussi considérable que la guerre mondiale passe pour l'essentiel au-dessus de nos têtes sans nous affecter *(spurlos)* ? » L'actualité terrible motive le rejet des idées d'avant 14. Elle légitime la rupture avec le néokantisme qui dominait, alors, l'Université allemande : si la philosophie idéaliste s'avère incapable de dresser le bilan d'une telle déflagration, qu'elle ne sut pas prévoir, tant pis pour elle ! La formule trop brève de Valéry touchant la mortalité des civilisations et les écrits du Heidegger d'alors — comme les révolutions artistiques et spirituelles dont le surréalisme n'est pas la moindre — répondent aux urgences d'une Europe en feu.

L'homme interpellé par l'événement peut-il s'élever à sa hauteur et se faire vigilant, *wach* ? Dans un texte-manifeste de la même époque, Heidegger définit la tâche de qui fait face à l'effondrement des certitudes d'antan : qu'il s'invente, ou redevienne, « sentinelle du néant » ! Que chacun explore en lui l'angoisse que le premier conflit « mondial » a partout réveillée. Nul ne doit se dissimuler la possibilité d'un anéantissement général, qu'une telle anxiété met à nu. Il faut « lâcher prise soi-même dans le Néant, c'est-à-dire s'affranchir des idoles [...] près desquelles chacun cherche ordinairement à se dérober[10] ».

Les bonnes âmes et les universitaires tranquilles ont, après coup, fustigé l'impératif philosophique de l'angoisse. Pour garantir leur bonne conscience, ils prétendirent que cela était préfasciste. Et prirent pour preuve l'itinéraire catastrophique de Heidegger : voilà, pontifièrent-ils, où la métaphysique de l'angoisse mène ! Voire ! Qui relit attentivement les proclamations nazillonnes du penseur en carte, qui s'arrête sur son fameux « discours » au Rectorat, s'aperçoit du contraire : loin de se maintenir dans l'angoisse de 1925, le Heidegger nazi de 1933 prend le contre-pied de ce qu'il recommandait ; il se raccroche aux idoles. Il s'ébroue dans l'optimisme et la foi du Grand Reich. Lorsqu'il se livre à l'apologie de l'idéal national-socialiste, il appelle la jeunesse allemande à une triple mobilisation, service du travail, service militaire, service du savoir. N'importe quel lecteur de Platon reconnaît en cette figure de l'ordre « nouveau » le démarquage de la hiérarchie classique de *La République* : artisans et commerçants, guerriers-gardiens, sages-philosophes, ou, encore, ventre, cœur, cervelle.

Loin de prendre en charge l'ébranlement contemporain et son cortège d'incertitudes, le nazisme de Heidegger l'évacue et retourne aux vieilles lunes idéalistes. En déchiffrant les projets de Hitler dans *La République* de Platon, le philosophe démissionne. Il partageait alors la réaction moyenne de l'Allemand moyen, pris de panique devant le gouffre tétanisant de la guerre et de la crise mondiales. C'est en se découvrant sans garanties que mes concitoyens plièrent sous le choc de la Mauvaise Nouvelle et se précipitèrent dans les bras réconfortants de qui assumerait à leur place les responsabilités qu'ils fuyaient.

Heidegger se vautra dans cette consolation meurtrière, il ne s'en est jamais remis. Lorsqu'il republie en 1943 sa leçon inaugurale de 1929, il la coiffe d'une postface, où il fausse le tir et annonce son « virage » *(Kehre)* : le néant est le « voile de l'Être », l'angoisse fait perdre pied mais ouvre à l'optimiste qui s'ignore « ce champ de l'essence de l'homme, à l'intérieur duquel il demeure chez lui dans ce qui demeure ». Dans sa *Lettre sur l'humanisme* (1946) il s'enfonce davantage : « sentinelle du néant » encore, mais « berger de l'être » d'abord.

Or, en tant que sentinelle, Heidegger a connu la faillite mentale qu'il reprochait à ses prédécesseurs idéalistes. Il n'a su ni prévoir, ni méditer après coup, la seconde catastrophe européenne. Les bergeries du berger ont égaré la vigilance du veilleur.

Le choix de Celan est parfaitement antinomique. Jusqu'au bout sentinelle du néant, le poète refuse la pose du bon pasteur de l'être. Il se garde d'entrouvrir quelque refuge, à l'écart de toute destruction possible — ou imaginable —, qui abriterait ce pâle décalque de l'Idée du Bien que Heidegger seconde mouture désigne comme Être, tout en le déclarant plus difficile encore à pressentir que ne l'était le grand mathème ensoleillé de Platon. La menace de la destruction allumée par l'effroi de la Première Guerre se redouble dans l'angoisse de l'autodestruction générale révélée par la Seconde. Rien n'échappe pour Celan à l'emprise du néant, lequel, loin d'étendre un voile protecteur, risque de tout envelopper. Jusqu'à extinction des feux.

Dans l'un des derniers poèmes, Gadamer perçoit avec finesse un testament où Celan lègue son impératif catégorique — l'être humain est « transfondé par le néant », à la fois traversé de part en part et prenant appui sur le néant, *durchgegründet vom Nichts*. Menace du rien plutôt qu'espoir de l'être, lutte avec le diable plutôt qu'amour de Dieu, Celan retourne la question chère à Leibniz et à Heidegger. Le poète n'interroge plus pourquoi l'être plutôt que rien, ce qui revient à interroger une réponse préalable. Il se demande pourquoi le rien plutôt que tout et n'importe quoi, comment le néant pourrait l'emporter, c'est-à-dire emporter l'ensemble.

Comme le suggérait et l'oubliait vite le premier Heidegger, les choses et les êtres ne se donnent comme pensables et existants dans un ensemble — un « monde » — que sur le fond de leur disparition possible.

L'impératif de Celan nous confronte à la menace de destruction massive et d'autodestruction radicale. Il n'entend ni l'atténuer, ni la gommer, ni l'oublier. Elle a eu lieu. Elle est toujours possible. À quoi bon se consoler ? À quoi bon prêcher que l'homme tient son destin entre ses mains, pour aussitôt passer outre ? Comme s'il suffisait d'éviter quelques fautes d'inattention. Comme si ces « mains » ne faisaient pas partie du destin qui met à mal ce qu'elles détiennent si précieusement. Gadamer rapproche, justement, le souci de Celan et le mouvement de profonde inquiétude qui secoua les arts modernes. Tous travaillent dans la dissonance. Tous décrochent de l'idéal symphonique du classicisme viennois ou goethéen, excentrés de l'horizon de conciliation et de consolation que Hegel prescrivait à l'esthétique : « Le postulat de l'harmonie a quitté la scène[12]. »

Les religions ne sont pas logées à meilleure enseigne, quelles qu'elles soient. Leur capacité d'élire la bonne nouvelle et d'énoncer d'imprescriptibles commandements est impitoyablement interrogée, relève encore Gadamer, qui ne pousse pas la réflexion plus loin. Et c'est tant pis pour lui ! Puisqu'il stoppe net ses questions et s'arrête en route, c'est moi qui m'étonne : l'idéalisme allemand n'avait-il pas compté jusqu'à trois sphères de l'absolu ? L'art, certes ! la religion, bien entendu ! mais également la pensée spéculative ! Gadamer, en fait, interrompt son analyse au moment où, ancien élève de Heidegger, il se sent visé.

Lorsque Celan oppose la vertu poétique du balbutiement à la mission heideggérienne de « fonder ce qui demeure », il bouscule un a priori jamais remis en cause par la pensée allemande et ses rejetons internationaux. Parler c'est entrer en dialogue, pensent-ils, donc se soumettre à la loi de l'amour, ainsi le jeune Schiller et son poème *Amitié*. Il n'en va pas autrement pour Walter Benjamin et ses fidèles, un siècle et demi plus tard. « Il existe un paradigme benjaminien, qui est en même temps devenu tout à fait allemand et qui détermine toute la théorie de l'école de Francfort, à savoir que la langue serait le terrain d'un accord non violent et même le seul qui soit. Quand la violence est partout, la langue est l'île utopique qui émerge, parce qu'elle comporte dans son principe un moment de non-violence[13]. » La remarque est pertinente, sauf qu'elle inverse les facteurs : c'est parce que Benjamin est allemand qu'il tient la langue pour une île utopique régie par la non-violence. La « caractéristique universelle » selon Leibniz, l'herméneutique deux siècles durant exhibent un postulat identique. Lequel, d'après Celan, promeut un leurre à la fois oiseux et dangereux. Le poète n'est pas le porte-voix d'une collectivité réconciliée avec elle-même. Rien ne sert de projeter ce « nous » sacré en arrière ou en avant de sa détresse présente. L'avant est pré-historique et il n'y a pas d'après dont il puisse disposer. « *Kein später*[14]. »

Exorcisons la magie du cercle herméneutique, qui assujettit les sujets parlants à une commune vérité, avant même qu'ils entreprennent d'en discuter. Celan ne sait pas à qui il parle. Il expédie ses vers comme une bouteille à la mer. Il n'exclut ni son propre naufrage ni celui de ses interlocuteurs. Il ne sait pas davantage qui lui parle. Il se laisse pénétrer par les non-sens, comme par les messages apparemment sensés. « Celui qui parle, cousin, ne s'adresse à personne, il parle parce que personne ne l'écoute, personne et Personne [...] Entends-tu, dit-il [...] Et Entends-tu, certes, Entends-tu ne dit rien, ne répond pas[15]. »

Gadamer affirme : « Tout mot porte en soi l'écho de toute la langue à laquelle il appartient et laisse entrevoir l'ensemble de la vision du monde qui lui est sous-jacent[16]. » Peu importe que cette substance sous-jacente soit instituée comme vision du monde, ou comme religion (Schleiermacher), ou comme sacré (Heidegger). Celan rejette en bloc l'idée que dans chaque mot la langue entière parle. Il n'imagine pas derrière le balbutiement solitaire un nous qui lui prête langue et main-forte. « Entends-tu ne dit rien ! »

Le premier commentaire que Gadamer consacra au poète est particulièrement révélateur. Il souffle sur son texte comme un vent de panique, l'herméneute ne retrouve ni le je, ni le tu, ni surtout ce nous qu'il s'acharne à préserver, « car nous vivons tous sous le toit du langage ». Et si Celan enseignait à vivre sans toit ? Et s'il respectait tant le langage poétique qu'il ne pouvait le transformer d'office en abri public ? Et si « notre expérience à nous tous », que Gadamer brandit comme une évidence de dernier appel, susceptible de tout expliquer, sans avoir même été discutée, si cette instance de jugement collectif n'était précisément que cet « îlot utopique » dont Celan dénie l'existence, de son premier à son dernier vers ?

Le dernier
mot qui vous ait regardé
doit maintenant rester seul avec toi[17]

Que découvre celui qui se libère du système optique optimiste ? Il accède à un paysage plus dégagé, à la fois plus neuf et plus ancien que la sphère dans laquelle tourne la grande pensée platonicienne. Il voit plus large. Il pense plus loin.

De quoi parle Celan ? De sa mère qu'il aimait tant ? D'Auschwitz ? Pas seulement. De la préhistoire, d'Ossip Mandelstam, du goulag, de la potence de Villon, tous sujets dont l'évocation sonne peu convenable, et guère poétique au sens convenu du terme. Qu'est-ce qui unifie d'aussi lancinantes préoccupations ? Souvenirs et pressentiments jamais indolores, autant de signes qui mettent au jour une condition humaine inamovible, confrontée à la permanence des fléaux. On s'est plu à enfermer Celan dans le rôle du poète « juif », participant de la mystique hermétique du Zohar. Stéréotype confortable ! C'est méconnaître trop légèrement ses déclarations explicites exactement inverses. Celan prend soin de citer la grande poétesse russe, Marina Tsvetaeva : « Tous les poètes sont des juifs[18]. » Celan n'a jamais couronné les poètes en génies surhumains, ils sont, au contraire, hommes parmi les hommes, moins cuirassés, plus démunis, plus nus. « La poésie ne s'impose plus, elle s'expose[19] », a-t-il formulé, pour une fois en français. S'il lui arrive d'identifier juif et homme *(Mensch)*, c'est sans aucun prosélytisme judéocentré ou mystique. Il invite à reconnaître les traits fondamentaux de la condition humaine à la lumière de la condition millénaire des juifs, particulièrement « exposés ». On est toujours le juif d'un autre et la Rose de personne.

La « révélation » qui manifeste la condition humaine dans son universalité n'est jamais quitte de l'angoisse. « L'exploration du néant précède le "non" qui lui est opposé dans un deuxième temps[20]. » Comment concevoir une révélation qui ne fantasme pas la réconciliation de l'esprit et de la nature, du ciel et de la terre, en annonçant la fin des barbaries et des conflits ? Celan est lisible si, et seulement si, nous sortons du cercle herméneutique de l'optimisme, si nous retrouvons l'audace de considérer ce qui est refoulé avec tant de soin. Qu'est-ce qui fait la grandeur des grandes choses, les *megala pragmata*, la vérité, la justice, la beauté, la bonté, qu'interroge Socrate ? Un paradoxe : ces points d'accord présupposés sont les ferments des plus grandes discordes. Qu'est-ce qui fait la grandeur, pour Thucydide, de la guerre du Péloponnèse ? Elle chamboule les antiques traditions, elle déracine les normes, elle affecte et infecte toutes les sphères de la vie sociale et fait surgir en bouquet le malheur universel : guerre étrangère, guerre civile, peste, folie publique et privée[21]. Dans l'intuition du « lait noir », l'offrande de vie convertie en promesse de mort, Celan réhabilite une perception centrale de l'histoire d'Occident : celle du fléau.

« Les germes de maladie et de mort volent en grand nombre dans l'air », écrit Lucrèce, en qui Hippocrate renaît poète. La pestilence ne connaît pas de frontières, elle surgit des portes du monde, à la source du Nil, aux limites de l'illimité. Le fléau se présente dans un espace ouvert, acosmique, qui rappelle le « mauvais infini » de Hegel, à ceci près que la redoutable infinité n'est pas imputable au mauvais esprit (incarné en l'occurrence par l'ironie absolue de Schlegel). La possibilité irréductible du fléau fait capoter toute réduction *ad nominem*. Microbes, virus, passions, délires et guerres n'ont pas attendu les mauvais esprits ; ils ironisent pour leur propre compte et transgressent sans foi ni loi. Au sortir de 14-18, Hugo von Hofmannsthal désigna comme « ironie des choses » le fléau qui fit exploser l'univers sans portes ni fenêtres, où sommeillait un *Geist* sans ironie.

S'il déverrouille l'espace, le fléau désordonne plus irrémédiablement encore le temps. « En temps de paix, les fils ensevelissent leurs pères ; en temps de guerre, les pères ensevelissent leurs fils[22]. » De la *Théogonie* d'Hésiode à la *Casa del Sordo* de Goya, la figure mythique de Saturne dévorant ses enfants hante la conscience occidentale du temps. L'imagination d'une durée qui fleurit et progresse vers sa perfection finale a bercé trois siècles européens, dont l'optimisme carillonnait la rééducation de Saturne : « La révélation est au genre humain ce que l'éducation est à l'individu », écrivait Lessing[23]. La planète est cependant en passe de comprendre comment, en matière de mastication, Saturne éduque ses éducateurs et particulièrement, mais sans exclusivité, les plus martiaux et les plus révolutionnaires.

Toutes les figurations en cercle ou en spirale d'un temps forcément ascensionnel, rêvées par l'idéalisme allemand, butent contre l'aphorisme d'Aristote, patron prématuré de Celan : « C'est dans le temps que toutes choses naissent et périssent, c'est pourquoi les uns ont dit que le temps est ce qu'il y a de plus sage[24] [...] » Aristote aurait-il eu communication avant tirage des bonnes feuilles de Hegel et Schelling ? « Mais le pythagoricien Paron le disait le plus ignorant, puisque c'est dans le temps que nous oublions, et son avis est le plus sensé. Il est bien évident que, par lui-même, le temps est cause de corruption plutôt que de génération. » Je souligne : « il est évident » que le temps s'avère destructeur avant d'être producteur. Celan énonce la même évidence, et nos doctes qui diagnostiquent là un pessimisme pathologique ou l'influence curieuse de la mystique juive en sont pour leurs frais : Celan réfléchit sur le temps comme le philosophe grec. Si ses interprètes ne s'élèvent pas à cette hauteur, c'est qu'ils hallucinent un concubinage du temps et de l'éternité propre à étancher leur soif d'euphorisants.

L'espace infini qui subvertit toute limite, et le temps, foncièrement annihilateur, qui déstabilise sont les conditions qui rendent possible et visible le fléau dans sa crudité. Nous avons vérifié sur le cas particulier de l'idéalisme allemand que tout système optimiste doit étayer le déni des fléaux par un remodelage spatio-temporel qui les rendent invisibles. Dans la sphère cosmique hermétique et immuable des Anciens aussi bien que dans le temps bouclé des révélations historiques modernes, la destruction se détruit elle-même avant d'attenter à l'englobant de toute chose. Comme les quantités incommensurables s'effacent, « évanouissantes », chez Leibniz. Comme les invasions mongoles du « fléau de Dieu » finissent par s'éparpiller, à la manière dont la vague formidable au départ retombe en milliers de gouttelettes (Hegel). Et allons donc ! Quel déploiement d'imagination pour rassurer les braves gens ! Quelle montagne de raisonnements entassés sur des siècles pour ex-cogiter le malheur ! Rien n'est épargné afin de garantir à la clientèle humaine un droit à l'immunité, à l'imprévoyance et à l'irresponsabilité. Rien, et surtout pas le déni de réalité.

Ironie des choses et millions de morts aidant, l'angoisse, que l'optimiste avait pour mission de bannir, le submerge et expose l'homme à la menace des fléaux. Tentative consolatrice de Heidegger : l'angoisse ne serait qu'un prélude, le néant qu'elle dévoile voile l'être. Celan n'a plus de goût pour les coulisses à mystère : derrière les fléaux il n'y a rien, « personne ne témoigne pour le témoin[25] ». Nul ne lutte à sa place. Aucun destin ne tire les ficelles, et les marrons du feu, et, des catastrophes, l'Être.

Les sentinelles du néant s'éclairent de l'incendie, elles partent de l'expérience du mal et de la répulsion qu'il diffuse pour, dans un deuxième temps, déterminer comme « bien » ce qui résiste à ce mal. Au contraire, les platoniciens anciens et nouveaux se choisissent bergers de l'être, ils partent de l'expérience d'un Bien et de l'attirance qu'il exerce pour, dans un second mouvement, définir comme « mal » ce qui manque à ce bien premier.

Bien déduit des maux, ou mal déduit du Bien ? La querelle court sur trois millénaires. Après *L'Iliade*, la tragédie la reconduit. Au début d'*Œdipe roi*, le bienveillant monarque de Thèbes nage dans le bien et exige, comme Agamemnon, des prophètes flatteurs. Tirésias, l'aveugle, lui répète l'avertissement de Calchas : nous sommes tous responsables de la peste, mais le plus responsable d'entre les responsables, c'est le chef, le roi, toi, Œdipe ! Ce dernier, qui se fait une fierté de gérer au mieux sa cité, s'estime injustement mis en examen et crie au complot politique. En fin de parcours, ayant découvert sa participation dans le malheur public, il se crève les yeux, perd la vue mais gagne la voyance des vigiles du néant.

La vérité perçue, dès l'origine grecque, comme non-oubli, *a-letheia*, requiert qu'on prête l'oreille à la vérité première de l'oubli, cette nuit inaugurale d'Hésiode, à partir de laquelle et contre laquelle surgissent nos vérités du jour. Celan aurait-il élucidé à son insu la fameuse énigme du *a* privatif de *a-letheia*, que Heidegger reconnut sans pouvoir l'éclairer ?

L'embarras est antique, « les Grecs s'accommodent mal de ce qui dans leur pensée est pourtant un fait récurrent : de ce que le négatif ait été posé en premier. » Certes le sens commun trouve-t-il normal d'affirmer avant que de nier, puisque la négation semble n'être qu'une réponse à la fausseté des affirmations qui la précèdent. De même, il ne paraît ni logique ni bienséant de souscrire au primat du négatif sur l'affirmatif. Sauf si l'optimiste s'avère moins raisonnable encore à clamer que l'on sait avant de chercher, que le *mathein* gouverne le *pathein*, que l'harmonie du bien gère les dissonances des maux. En réalité, la pensée grecque naissante ne baignait pas dans l'optimisme. « D'Homère à Solon [...] les cas abondent où la *philotès* — amitié — n'est que la négation de la haine[26]. »

L'affirmation suit la négation, comme l'amitié est précédée de l'inimitié. La *philotès*[27] d'Antigone est radicalement différente de la *Freundschaft* de Schiller. Lui commence comme il termine par l'amour. Elle débute par la négation, son amour s'énonce haine de la haine : « Je ne suis pas née pour haïr avec, mais pour aimer avec. » De même la philosophie, selon Socrate, n'est amour de la sagesse qu'à condition d'être expérimentée d'abord comme haine de l'erreur. L'interrogation polémique est l'inévitable préalable capable de faire lever chez l'interlocuteur, si l'épreuve ne tourne pas court, une possible, mais incertaine, sagesse de l'amour.

Que l'Histoire soit tragique, l'Occident n'a cessé de le redécouvrir. À tenter d'escamoter sa face saturnienne, terrible ou démoniaque, on ne parvient qu'à redoubler l'effroi. Rien ne sert de fuir en arrière, du côté des traditions immaculées ou d'un âge d'or originel. C'est la tentation de Thèbes ; la cité fondée par la déesse Harmonie a beau fermer ses sept portes, son enfermement endomaniaque empeste et précipite Œdipe dans l'endogamie. Rien ne sert de fuir en avant. Les Atrides voraces, prédateurs et conquérants brûlent Troie, mais Argos n'échappe pas à l'entre-dévoration. Ni l'invocation pieuse du passé ni l'évocation belliqueuse de l'avenir n'épargnent le face-à-face avec le mal.

Si Héraclite couronne *polémos* (le litige, l'affrontement, la querelle, le conflit, la guerre) père de tous et de tout, c'est que l'homme occidental existe de part en part polémiquement. Il a les yeux pour voir et le cœur, parfois, d'affronter les tempêtes qui menacent d'anéantir la collectivité comme l'individu. Les adversaires changent, muent, et chacun en recèle plusieurs dans l'arrière-cour de sa conscience. Par contre, l'adversité demeure. Portée par le progrès des arts, survoltée par ses réussites industrielles et militaires, l'Europe se crut, trois siècles durant, tirée d'affaire, et les grands penseurs brodèrent autour de l'immunité promise. L'Europe les prit au mot et tomba en enfer. Trois cents ans font une courte parenthèse, Celan s'est réveillé à la fois plus vieux et plus jeune que cette folie du Bien que j'espère passagère.

Longtemps, les Occidentaux se donnèrent des autorités politiques de styles divers, en fonction d'une exigence invariable, mais somme toute modeste : faire barrage aux fléaux. « Libère-nous, Seigneur, de la faim, de la pestilence et de la guerre » — *a fame*, *peste*, *bello*, *libera nos, Domine*. Les États modernes ont démagogiquement surenchéri et programment que les fléaux ne seraient pas seulement combattus, mais totalement supprimés. Faute d'y parvenir, ils incriminent à qui mieux mieux les « autres », les ennemis de l'intérieur ou de l'extérieur, quitte, dans les cas extrêmes, à les éradiquer en guise de consolation. Il y a polémique et polémique. Plutôt que de diaboliser l'adversaire du jour, il faut retrouver l'art difficile de déchiffrer l'adversité dans sa protéiforme permanence. Vive Celan ! Vivent les penseurs qui ne prétendent pas sauter au-dessus de leur ombre !

Lettre XIII

Heureux qui comme Ulysse habite poétiquement la terre

De Paris

Si je t'ai correctement entendu, on ne tourne pas irresponsable parce qu'on déborde d'optimisme. À l'inverse, l'optimiste est un monsieur qui s'est d'abord choisi vigoureusement, méthodiquement, irresponsable. Au commencement est la démission, le reste suit. On enfile après coup les tenues camouflées des optimistes optimistes, des optimistes pessimistes ou des optimistes nihilistes. À l'aune du meilleur des mondes — mystiquement préétabli ou destinalement voilé —, il paraît dérisoire de cultiver un « jardin » voltairien, autrement dit de se scandaliser d'un crime, de résister à tel fléau et d'entamer le combat sans garantie préalable de succès. Qui projette mesure de toute chose la suprême perfection se désintéresse trop aisément de l'éclat ténu mais irremplaçable d'un être éphémère et singulier.

Être responsable, c'est s'engager POUR une existence, CONTRE les menaces d'annihilation qui pèsent sur elle. L'optimiste positif ignore la menace, il n'est jamais contre. L'optimiste négatif ne reconnaît, campant dans son exigence absolue, rien qui vaille, il n'est jamais pour. Les deux écoles, celle de Pangloss et celle de Martin, se pérennisent confortablement en promulguant l'irresponsabilité intégrale.

Les Allemands ne détiennent nul monopole. La tentation de se rouler en boule n'épargne aucun contemporain. Votre originalité se borne à motiver et à fiévreusement justifier une passivité, qui, ailleurs, va silencieusement de soi. M. Jourdain, par la grâce de Molière et de son maître de grammaire, découvrit un beau matin qu'il produisait, en parlant, de la prose. Viens donc à Paris, où, passé docteur en pensée pensante, tu révéleras aux Français combien ils heideggérisent à ravir sans avoir lu une traître ligne du Maître. Depuis plusieurs décennies, la rétrospection solennelle est un sport national. Roses à la main, bouquets à la boutonnière, paupières humides et tête ailleurs, nous courons d'une résurrection à l'autre. À peine élu, un président inaugure son tour de propriétaire en remuant les tombes illustres. Avec une station obligée dans l'ossuaire des cerveaux célèbres. « À ses grands hommes, la patrie reconnaissante ! » Reconnaissance ? Re-co-naissance. Traduit du côté de la Versöhnung, l'hégélienne réconciliation, cela évoque également l'*Andenken*, la communion mémorisante dont s'obsédait l'ermite de Todtnauberg. La France se retrouve, se contemple, coïncide avec elle-même.

Elle vit son stade du miroir avec la fascination d'un petit d'homme découvrant à douze mois qu'une glace lui renvoie sa silhouette : il jubile dans l'assomption de soi, heureux de se mirer aussi autre que les autres. Le bambin réitère l'expérience, puis se fatigue ; sauf fixation pathologique, il passe outre. Pas la France. Elle fouille l'espace et le temps révolus. Aujourd'hui elle se compose en Clovis, demain en Robespierre. Elle se rêve coq gaulois, aigle romain et, à la faveur de quelque anniversaire, vous disputera le casque ailé de Germania.

J'ai commencé par tenir pareilles cérémonies pour innocentes maniaqueries, parfois aussi intéressantes que la visite guidée d'un musée prestigieux. Je soupçonne désormais que nous avons viré au Heidegger collectif. Votre professeur invoquait, au cœur du désastre, les mânes des poètes penseurs. Nous témoignons, les yeux dans les yeux des Grands Morts, d'un goût parent pour les évocations pompeuses et les tables tournantes : plus la France déprime, plus elle commémore.

D'un côté Hölderlin, Schelling et Hegel, de l'autre Victor Hugo et Jules Michelet. La fonction glorieuse de précepteur de la nation qui incombe, chez toi, aux théoriciens et aux méditatifs, couronne ici nos historiens. Tandis qu'au siècle dernier les Saintes Écritures de la Philosophie tapissaient le berceau du *Geist*, les exercices de « résurrection intégrale » pratiqués par la thaumaturgie historienne insufflaient à notre nation une âme sans problème éternelle.

Si tu t'intéresses aux idéologies de droite comme de gauche, feuillette nos successives « Histoire de France ». Chaque génération pond la sienne. La dernière en date vaut le détour. Son maître d'œuvre s'avoua, mi-marri, mi-ravi, rattrapé par la mode. À peine publiés, ses premiers tomes tournèrent au Baedecker des manifestations officielles. « Pour ne prendre que l'intervalle qui sépare le premier volume (1984) des derniers (1992), chaque année aura été marquée par une célébration éclatante ou étouffée : tricentenaire de la révocation de l'édit de Nantes, cinquantième anniversaire du Front populaire, millénaire capétien, vingtième anniversaire de Mai 68, bicentenaire de la Révolution française, centenaire de la naissance du général de Gaulle[1]... ».

En apposant un point final à son travail, l'historien s'interroge sur le sens inopiné qui connote ses recherches. Ruminant, inlassable, son héritage, arborant pour tout projet la sauvegarde de son « patrimoine », vocable qu'on croyait jadis « voué au notaire et au bas de laine », la France ne serait-elle désormais qu'un gigantesque « lieu de mémoire » ?

Tel est pris qui croyait prendre, au bout des huit livres de mille pages chacun, l'historien, récupéré par l'objet de son étude, s'interloque d'avoir si innocemment joué sa partition dans la grande affaire qui mobilise les énergies françaises en cette fin de siècle : la « commémoration de la commémoration », passage « d'une histoire active à une histoire acquise ».

Avec une mentalité de rentier et les délicatesses d'un antiquaire, la France officielle exécute à son insu les impératifs que s'assignèrent les penseurs allemands. L'historien hérite la difficile tâche de déterrer la volonté qui anime les siècles, il dévoile que cette volonté s'affirme volonté d'une volonté ou, plus précisément, Schelling dixit, volonté de révélation de soi. Soixante millions de Français et, en prime, soixante millions de visiteurs annuels vérifient, à longueur de pèlerinages, festivals, reconstructions son et lumière, journées du patrimoine, semaines du souvenir et années anniversaires, que l'Esprit loge intra-muros. Le divertissement ne tirerait pas à conséquence si un culte aussi intensif du révolu ne signifiait implicitement que plus rien désormais ne saurait arriver puisque le vif se laisse définitivement saisir par le mort.

Religieusement penché sur l'image qu'il trace dans les cendres, l'Européen tourne le dos à son avenir. La réplétion contemplative ne relève pas d'un idiotisme propre à la philosophie allemande ou à l'histoire française, les Européens dans leur ensemble se laissent facilement prendre au jeu des funérailles baptismales. Chacun se cramponne comme un damné à l'héritage qui lui donne identité, dût-il s'y arrimer comme au radeau de la *Méduse*.

En pleine crise dite de « la vache folle », la Grande-Bretagne fut montrée du doigt : elle avait livré, des années durant, à ses partenaires européens des farines animales qu'elle interdisait à ses propres troupeaux, disséminant la contamination et diffusant sans vergogne une infection mortelle chez ses voisins et amis. Le Premier ministre de Sa Précieuse Majesté se défendit en expliquant qu'il faut respecter l'identité et les caractères de chaque nation du Vieux Continent. Ainsi, écrivait-il, les Allemands, qui affichent par-dessus tout leur sens de la « Nature », paniquent devant la pollution et la défoliation de leurs forêts ; que nul, dès lors, ne s'étonne si leurs contestataires s'allongent nus devant les bulldozers pour empêcher l'extension des aéroports ! Les Français, poursuivait-il, s'enorgueillissent de leur « Exception culturelle » ; il convient donc de tolérer les quotas qu'ils infligent aux musiques étrangères, afin d'imposer leurs chansons autochtones, que personne ne goûte assez, pas même, visiblement, eux. Quant aux Anglais, qui placent leur honneur national dans le bifteck, on aurait grandement tort de mal prendre qu'ils défendent, becs et ongles, leur élevage bovin. Nul ne broncha. Ni la presse ni les collègues. Personne pour relever une apologie aussi transparente de l'irresponsabilité communautaire. À chacun ses célébrations, et le naufrage pour tous ?

Permets-moi un exemple franco-français pour illustrer mon propos. Comme tu le sais, mon pays a pris vingt années de retard sur ses voisins touchant la lutte contre les risques pathogènes que fait courir l'emploi de l'amiante dans la construction moderne. Enfin le scandale éclate et l'on décide en catastrophe la décontamination d'un gigantesque ensemble universitaire, sis sur les bords de la Seine, au cœur de la capitale. Cinquante mille personnes y sont réparties en facultés, dont, transplantée là, l'ancienne et très prestigieuse Sorbonne scientifique. Les tours de Jussieu furent construites dans les années soixante, il paraît étonnant que vingt-cinq ans aient été nécessaires pour déceler le danger. On cherche donc des responsables. On dénonce la négligence des politiques, l'insouciance des journalistes, l'affairisme des constructeurs. On accuse le lobby de l'amiante et les pseudo-experts dont il rétribua les silences. Chaque partie se défausse sur les voisines et le débat s'éteint faute de cerner les responsabilités. Le principal reste tu.

Cette faculté des sciences cristallise l'une des plus fortes densités de scientifiques au centimètre carré sur le territoire français. Note-le bien : aucun de ces savants ne s'avisa de tirer la sonnette d'alarme, pas la moindre pétition pour attirer l'attention des pouvoirs publics ou, à défaut, alerter l'opinion. Rien pendant vingt-cinq ans ! Un vague comité anti-amiante défraya la chronique locale, puis périclita pendant de longues années. Son existence éphémère indique que l'information était disponible et prouve, par son absence d'écho, une indifférence générale et compacte.

Les savants s'en fichaient. Pourquoi veux-tu que les administrations secouent leur inertie bureaucratique et les journalistes une ignorance de non-spécialistes, si les premiers intéressés, les mieux informés, les plus à même de comprendre, les diplômés, les décorés, les académisés, les enseignants de haute voltige et les chercheurs de renommée mondiale ne bronchent pas ? Il y va, des décennies durant, de leur vie, cancer possible de la plèvre à la clef, et voilà qu'ils se soucient comme d'une guigne de leur sort, de celui de leurs familles et de leurs étudiants. Quel magnifique alibi pour les ministres et les architectes qui, même s'ils sont impliqués, ne logent pas à la même enseigne que les habitués du lieu.

Les brillants cerveaux, dûment sélectionnés et homologués par l'institution universitaire, gérèrent leur faculté amiantée avec un calme olympien. Personne ne songea à les mettre en cause. L'opinion décocha les flèches traditionnelles sur des boucs émissaires non moins traditionnels. Sus au grand capital en quête de profit maximal ! Haro sur une classe politique inapte ou corrompue ! Quant au Cosinus spécialiste qui marine dans la poussière d'amiante, sans lever le nez des dossiers et ordinateurs, son prestige ne fut nullement écorné et sa compétence scientifique ou simplement éthique plane, immaculée, au-dessus de la mêlée et des soupçons. Je n'entends pas, en évoquant ces faits, incriminer une élite, au demeurant aussi honorable que les autres, je constate très généralement combien l'idée d'une responsabilité directe et personnelle tend à déserter notre horizon mental.

J'ai analysé ailleurs l'énigme de ces médecins de haut niveau, instruits des modes de transmission du sida, et pourtant parfaitement indifférents aux risques encourus par les transfusés, même lorsque eux-mêmes comptaient dans le lot. Pareille scotomisation, ouvrant sur le suicide autant que l'homicide, illustre la vanité d'un partage trop simple entre l'égoïsme des uns et l'intérêt des autres. L'irresponsable travaille aussi contre lui-même ; son aveuglement coiffe à l'occasion une conduite sincère et désintéressée. La fuite mentale devant les conséquences d'une action ou d'une inaction constitue le péché mignon des sensibilités contemporaines : l'inclination à la démission affleure à la faveur d'un curriculum vitae de grand philosophe, dans la versatilité courante de nos dignes politiques, l'insouciance placide des légions de professeurs Nimbus ou l'information souvent bâclée dont se satisfait le public. Qu'importe ce qui arrive, du moment que je me persuade de n'y être pour rien ! L'irresponsabilité absolue est en passe de s'élever but commun et fin dernière de l'humanité européenne.

Tu sais combien les preuves de l'immortalité de l'âme sont fragiles. Depuis que les doctes proposent de les administrer aux ignorants, ceux-là ne laissent pas de buter sur l'extrême faiblesse de l'argumentation. Socrate conclut qu'aucune garantie préalable n'épargne le « beau risque ». Et, deux millénaires plus tard, Pascal stipule qu'il s'agit d'un « pari ». L'Européen moderne tourne la difficulté : il sera immortel par défaut. Au lieu de persister à vouloir se goûter éternel, il occulte soigneusement sa mortalité et se complaît à vivre, hic et nunc, une béatitude jusqu'alors réservée aux Olympiens. Qu'importe la durée, tant que je suis, la mort n'est pas. Le trait d'Épicure, amputé du second volet qui fait toute sa paradoxale subtilité (tant que nous sommes, la mort n'est pas, lorsque la mort est, nous ne sommes plus), vire à la trivialité gratuite, la mort n'est pas. Autrement dit : n'y pensons plus. Autrement dit : ne pensons pas. Tu m'objecteras peut-être que c'est sauter d'un paradoxe à l'autre, vu le casse-tête promis à un être pensant qui veut s'abstenir de penser. Il existe des accommodements, le physicien qui s'absorbe dans sa recherche fondamentale respire l'amiante sans réfléchir. Les œillères de la spécialisation le préservent d'inquiétudes saugrenues.

À vrai dire, l'idiotisme du métier n'est pas une garantie suffisante, un réveil inopiné menace de prendre au débotté nos contemporains, lesquels s'attachent à prévenir une pareille déconvenue par une stratégie mentale plus générale. Le cérémonial de la commémoration pour la commémoration, auquel s'adonnent si plaisamment les Français, établit la recette requise. En célébrant tel lambeau d'un passé immanquablement glorieux, nous humons notre éternité. Nous « réalisons » votre philosophie. Nous sommes l'esprit absolu qui, à la fin de la *Phénoménologie de l'esprit*, dernier chapitre, dernières lignes, élève jusqu'à lui le « calice des esprits » et trinque à sa propre santé.

Une fois la ruse des sons et lumières substituée à celle du concept, l'histoire divine relayée par la divinisation de l'histoire, la fantasmagorie de nos narcissismes n'en demeure pas moins justiciable du grain de contestation glissé par Kleist dans le « théâtre de marionnettes » de l'idéalisme allemand. Lorsque l'Esprit se mire Esprit et déguste sa propre infinité, il finit mal. Qui s'immerge dans la grâce divine se noie pantin.

« De même que, dans un miroir concave, l'image, après s'être éloignée à l'infini, revient brusquement devant nous, la grâce, elle aussi, réapparaît quand la connaissance a, pareillement, parcouru l'infini ; si bien qu'on la trouve à l'état le plus pur, et dans telle conformation humaine dépourvue de toute conscience, et dans celle qui possède une conscience infinie, c'est-à-dire chez le pantin ou chez le dieu[2]. »

Prie tes compatriotes de ne pas inconsidérément moquer notre manie des solennités. Nous, dieux ou pantins en voie de panthéonisation, sommes juste en avance. Rendez-vous dans une ou deux dizaines d'années, quand vous aurez achevé la réoccidentalisation de vos seize millions de rescapés du communisme. Vous vous trouverez Gros-Jean comme nous, après trente années dites glorieuses, pendant lesquelles le tas (en 1945) de ruines matérielles baptisé France se hissa au quatrième rang mondial. Nos majorités nanties et tranquilles érigent la misère domestique en alibi commode pour ne pas se soucier des drames qui font rage à l'extérieur. Sous prétexte de faire le ménage à domicile, elles se recroquevillent, donnent leur myopie pour du réalisme. Qu'un locataire du rocher monégasque se rêve sain et sauf, heureux et pimpant dans un XXIe siècle en flammes, *va bene !* Que les troisième et quatrième puissances économiques de la planète s'imaginent nimbées de l'immunité du bébé-bulle mérite examen.

Notre goût de la commémoration satisfait à bon compte une passion nécrophile, où la subtilité des Anciens détecte le désir de nous éterniser. Le fameux chant des Sirènes attirait Ulysse par la beauté « immortelle » de ses harmonies, mais davantage encore par l'offre ensorcelante de lui conter la guerre de Troie, c'est-à-dire sa propre histoire. À Ulysse les Sirènes donnent à voir Ulysse, « tel qu'en lui-même l'éternité le change » (Mallarmé). Le prix ordinaire d'une aussi fascinante extratemporalité ne se laisse guère ignorer, le séjour des enchanteresses jouxte « un rivage tout blanchi d'ossements et de débris humains ». Puisqu'une identité définitive ne se fixe que post mortem, le moderne fleurit ses lieux de mémoire avec une âme de sirène. Immergé dans le passé, il fait le mort. Il se tire le portrait d'outre-tombe.

Congeler l'éphémère dans l'éternel ! Fixer l'évanescent souffle intérieur en un instantané cosmique ! L'offre des Sirènes exhibe la promesse élémentaire que serine chaque idéologie, qu'elle soit locale, nationale ou à prétention universelle, qu'elle débite un grand récit sur-scientifique, une légende auréolée de religion ou des contes folkloriques à rêver debout. L'essentiel est le Photomaton qui court-circuite le temps et permet en 1995 à un général massacreur de venger sa défaite du champ des Merles en 1389, tandis qu'un téléspectateur parisien s'identifie, plus innocemment, à un conquérant franc. La demande idéologique ne varie pas. Elle épie la boule de cristal. Elle exige du devin Calchas qu'il connaisse « le présent, le passé et l'avenir ». Elle nimbe poètes et penseurs de l'aura des « Maîtres de Vérité », qui, comme les Sirènes, racontent « ce qui a été, ce qui est et ce qui sera ». Au crépuscule de l'hellénisme, Porphyre affirme encore que son maître Plotin est plus savant qu'Apollon, le dieu qui dit : « Je sais, moi, le nombre de grains de sable et les mesures de la mer ; le muet, je le comprends, et celui qui ne parle pas, je l'entends[3]. »

La culture grecque, dès le départ, avait pris le contrepied d'une demande aussi absolue, elle opposait savoir à savoir. Calchas déçoit l'attente, Agamemnon injurie et menace. Socrate vante son inscience, la ciguë le rémunère. Antigone transgresse les lois du jour, celles qu'énonce Créon, chef de la cité, elle lui oppose d'autres lois, non écrites, inébranlables, le *nomos* de l'Hadès, la justice de la nuit.

Les deux régimes du savoir grec ne coexistent ni ne se recouvrent. Ils entrent en collision. Avant même que Socrate n'entreprenne de torpiller les opinions établies, Calchas démolit, sans ménagement, l'autorité et la bonne conscience d'Agamemnon, et Tirésias interdit à Œdipe de se caraméliser dans le sucre d'un savoir inauthentique. « Connais-tu ton origine ? Sais-tu avec qui tu habites* ? » On aurait tort de conclure hâtivement que le devin sait « mieux » ou voit « plus loin » que le vulgaire, le monarque tyran et le peuple roi. Il faudrait supposer l'œil ordinaire et l'œil du voyant avides de

* Sophocle, *Œdipe roi*, v. 428-446.

déchiffrer le même paysage. En vérité, la seconde vue se paie d'une perte de la première. Calchas, Tirésias, Œdipe accédant à la connaissance et Homère, dit-on, sont aveugles. Antigone est enfermée vivante dans la nuit du tombeau. Cassandre anticipe, comme Socrate, sa propre disparition. Ce n'est qu'au prix d'un douloureux renoncement à dominer le visible, qui fut, est et sera, qu'on accède à l'« œil de trop » que Hölderlin envie à Œdipe.

Cette radicale conversion du regard, Ulysse la met en scène lorsqu'il se fait lier au mât de son navire, afin d'ouïr les Sirènes, d'explorer leur séduction, sans en devenir la proie. Ici le système optique s'inverse, le « fond » et la « forme » échangent leurs places. Le charme instantané du chant est goûté comme tel, mais Ulysse, qui s'y expose, demeure « sentinelle du néant », il garde en mémoire l'alarme de Circé. Derrière les bergères de l'Être, qui dévoilent hier, aujourd'hui et demain, « tout » en apparence, l'autre regard des Grecs décèle l'ossuaire, qu'elles alimentent et dissimulent. Les enfants allemands connaissent ce refrain par cœur, Heine leur chuchote encore le secret de Lorelei, la sirène rhénane :

Son chant a un pouvoir
Étrange et prestigieux.
Il saisit le batelier dans sa barque
Qu'empoigne une folle douleur.
Lui ne regarde plus rochers et récifs
Il regarde là-haut, toujours plus haut.

En apparence les Sirènes ont promis de conter l'épopée de Troie, celle même dont Homère s'est fait le chantre. À un détail près : le poète contredit leur jeu anthropophage. Il ne s'élit pas témoin omniscient d'une fatalité omnipotente, qui annulerait les douloureuses décisions et l'endurance combattante des mortels. Si tout ce qui a été, est et sera peut être déterminé, les vivants se retrouvent marionnettes inertes, dont les Célestes tirent les ficelles. Homère insinue un sentiment contraire : privés du risque suprême, les Olympiens passent le temps à se faire des niches, condamnés au comique, ils rient de et dans une vie qu'ils ne sauraient perdre ; pour la prendre au sérieux, ils ont besoin des hommes, dont les passions, même goûtées de loin, comme au spectacle, peuvent introduire l'authenticité douce-amère d'une existence périssable.

Ce que les Sirènes ne sauront jamais, ce qu'Homère révèle aux dieux, ce qu'Ulysse enseigne aux immortelles dont la couche ne le retient pas, c'est la vérité, tristement vraie, qu'Achille rappelle depuis les Enfers. « Oh ! ne me farde pas la mort, mon noble Ulysse... J'aimerais mieux, humble bouvier, vivre en service chez un pauvre fermier, qui n'aurait pas grande chair, que régner sur ces morts, sur tout ce peuple éteint. » Achille, d'outre-tombe, dialogue avec lui-même, n'avait-il pas le choix ? Ou bien une existence prolongée dans l'anonymat, ou bien la gloire dans une vie brève. Achille maintient sa décision, il ne se contredit aucunement : quelle gloire le courageux gagnerait-il à sacrifier une vie vide ? « Le plus redoutable des objets de crainte, c'est la mort... » Voilà précisément, enchaîne Aristote, le motif pour lequel « on appellera donc courageux, au sens propre, celui qui reste sans peur en face d'une belle mort ». La grande découverte des Grecs culmine dans la beauté des mortels et la mortalité du beau.

Ulysse surmonte les promesses d'éternité, en les dévoilant dégradantes — Circé transforme ses compagnons en porcs — et dévastatrices — les Sirènes tuent. L'offre d'une existence immortelle, les petits cochons la goûtent déjà, puisqu'ils ne savent pas qu'ils vont mourir. L'offre d'une omniscience, touchant ce qui a été, est et sera, nous projette défunts, en nous assignant une impuissance cadavérique.

L'homme grec vit dans l'horizon permanent d'une menace exterminatrice, elle hante la cité (la peste), elle habite l'esprit des tout-puissants (Prométhée, selon Eschyle, combat le projet de Zeus d'annihiler la race humaine dans son intégralité).

Les mortels ne sont pas forcés de fuir ou de s'aplatir. Ils peuvent relever le défi, faire de leur mortalité la mesure de toute chose et contraindre tous les êtres à l'admettre. Même les dieux ? Même les dieux ! Sur un mode comique, les oiseaux d'Aristophane bloquent l'entrée du ciel et interdisent aux fumées des sacrifices d'emplir les augustes narines ; la fin des parfums conduit les Olympiens à résipiscence. Sur le mode tragique : Zeus devra traiter avec Prométhée, qui, bien qu'enchaîné, détient un secret qui décide sinon de la vie, du moins de la souveraineté des Immortels. Comme s'il convenait que les Suprêmes passent par la médiation des mortels pour régler leurs disputes. Celan ressuscite Eschyle lorsqu'il inverse la direction de la prière, non plus de l'homme à Dieu, mais de Dieu à l'homme. Après deux mille cinq cents ans, cet apparent blasphème retrouve une vérité très ancienne de l'Occident : le sérieux a lieu ici-bas, quand Antigone se redresse, « cœur brûlant pour la mort glaciale ».

Le poète naît de l'affrontement implacable avec un savoir supposé omniscient, omnipotent et secrètement annihilateur, dont nos idéologies prennent le relais. La poésie n'est pas la maladie professionnelle des poètes, beaucoup n'y accèdent pas, et jamais ils n'en détiennent le monopole.

La poésie est une création à la mesure du mortel qui s'accepte tel. Du moins ainsi l'entend, pour commencer, la pensée grecque. Cela figure et fulgure encore en toutes lettres dans Platon, souvent moins platonicien que ne l'imaginent ses disciples zélés. « Dès qu'il y a, pour quoi que ce soit, acheminement du non-être à l'être, toujours la cause de cet acheminement est la poésie. Il s'ensuit que toutes les œuvres dont l'accomplissement dépend des arts sont de la poésie et que ceux qui les exécutent (artistes, artisans) sont des poètes*. » Art = *tekhnê*, œuvre = *ergon*, *poiêsis* = poésie, création. Presque chaque vocable ici évoqué est un terme clef de la littérature et de la philosophie grecques. Ils mériteraient encore plus de commentaires qu'ils n'en ont essuyé. Toutefois, la leçon première ne se laisse guère manquer : chaque création humaine — artisanale, artistique, politique, éthique — est poésie. Même les distinctions introduites, tardivement, par Aristote n'y changent rien. La production (qui

* Platon, *Le Banquet*, 205 b-c.

s'achève dans une chose extérieure à cette production) autant que la pratique (où la production se parachève intérieurement comme autoproduction) font deux versions d'une même « poésie ».

Quand les mortels s'éduquent, se politisent et transforment leur environnement, ils ne cessent de s'affronter au néant pour susciter ou préserver ce qui est. Ils ne cessent d'acheminer du non-être à l'être. Pareille poésie ne se laisse pas réduire à une création ex nihilo au sens habituel, car l'« ex » minimise l'acheminement. Le « créateur » — Dieu des théologiens ou Génie des esthètes — sort sa création du néant avec, précisément, la présomption d'en sortir. Il achemine à partir d'un néant qu'il croit laisser derrière lui. Il chemine vers une éternité qu'il touche ou espère approcher. Il progresse de l'en deçà à l'au-delà. Le mouvement ascensionnel du *Geist* allemand illustre cette prétention très générale. Au contraire, le surgissement de la poésie tire l'être du néant, mais ne se retire pas de ce néant en l'abandonnant derrière soi. Les fleurs fanent, leur éclat n'en est que plus émouvant. Les individus meurent, le plaisir de vivre s'ajoute à leur vie « comme à la jeunesse sa fleur » (Aristote).

Le genre humain est menacé de destruction par plusieurs fléaux, donc il invente la médecine (contre la peste) ; le travail et la cellule familiale *(oikos)* contre la faim ; la cité, la politique et le citoyen-soldat contre la guerre ; la raison, la catharsis tragique et le lyrisme contre la folie, etc. Nonobstant, il existe mille manières d'habiter, autant de modèles d'habitation. L'unité de cette hétéroclite multiplicité de logements se trouve dans la poésie de la maison qui élève un abri à partir de rien, mais aussi contre le rien. L'habitat, grotte ou palais, est ce sans quoi nous sommes dépourvus de protection contre les vents, la pluie, la foudre et les voleurs, contre les voisins jaloux ou malveillants et contre l'outrecuidante surveillance des autorités.

Le poète fonde-t-il « ce qui demeure », entendons : une épiphanie qui, sans se démentir, a été, est et sera ? Non ! N'en déplaise à la vision, par trop irénique, par trop idyllique et par trop bourgeoise que Heidegger proposait de la demeure. Le poète ne boucle pas le temps sur lui-même. Il se garde de souffler dans la bulle éternité. Il fait apparaître le disparaître. La destruction est sa Béatrice, profère Mallarmé. Il l'élève si haut non pour capituler, mais pour définir et affermir sa résistance. La poésie fonde ce qui sans elle s'effondre.

L'irresponsable panique devant la panique. Il fuit solidairement et son angoisse et sa responsabilité. Lesquelles impliquent une seule et indivisible posture de résistance spirituelle. L'être qui désespère, remarquait Kierkegaard, s'installe dans un rapport double : il désespère de (en danois, *over*) quelque chose, par rapport à (quant à, en danois : *om*, au sujet de) autre chose[4].

> « Désespérer du temporel ou d'une chose temporelle, si c'est vraiment du désespoir, revient au fond au même que désespérer quant à l'éternel... »

L'homme de l'angoisse et de la responsabilité soutient ce double rapport. Il s'angoisse d'une existence, quant à son annihilation. Il s'affirme responsable de... face au néant. Ainsi, un être aimé nous est d'autant plus cher qu'il risque de disparaître, souligne Proust. À peine lui annonce-t-on « Mademoiselle Albertine est partie » que cette perte précipite l'auteur dans les souffrances ravageuses d'un amour qu'il avait cru usé et comme exténué. Balayé le réseau de lassitudes et d'indifférences, Albertine disparue réétincelle comme au premier jour et séduit plus fort encore, « de sorte que cette richesse nouvelle de la vie de la femme en allée rétroagit sur la femme qui était auprès de nous[5] ». Le disparaître ravive les perceptions de ce qui apparaît. L'habitude les éteint, parce qu'elle donne la présence comme allant de soi, dans l'oubli du risque d'une totale éclipse. C'est dans la mesure où le temps se perd, au moment où il se révèle totalement évanoui, que Proust le retrouve, bien que et parce que perdu. Il accède ainsi à la possibilité d'écrire *Le Temps retrouvé*. L'angoisse que le monde disparaisse constitue la condition de sa visibilité et sa chaleur. Toute chose se présente et plaît dans l'horizon de son annulation possible. La vérité du soleil platonicien qui fait communiquer et croître, l'authentique « idée du bien », c'est l'idée du néant, dont le poète se poste sentinelle.

En Occident, l'artiste lutte contre la mort, la cité naît et renaît de combattre les fléaux naturels, politiques ou mentaux, chaque amour tente de s'immortaliser, mais seulement « autant qu'il est possible ». Une vie individuelle s'affirme « poétique » en forçant le destin, elle défie alors les puissances suprêmes et permet aux êtres de surgir sur le fond du néant auquel elle résiste.

La poésie n'est jamais immunisée contre la tentation de se soumettre, se démettre et dépérir. L'Europe souvent hissa le drapeau blanc de sa défaite consentie, moins sous la pression d'une force extérieure que par le délitement intérieur de qui s'accepte mort pour se goûter éternel. De 1945 à 1989, la communauté ouest-européenne fut sauvée de la léthargie par le rideau de fer. Pour persévérer et s'élargir au Vieux Continent dans son ensemble, elle ne saurait troquer l'adversaire extérieur heureusement défunt contre des substituts imaginaires. Elle ne se prolongera pas davantage en accumulant les règlements et les coordinations financiers et techniques. Il faut aux Européens une idée partagée des obstacles. Apprendre à penser ensemble les adversités suppose une Europe culturelle plutôt qu'idéologique, unie non pour le meilleur, mais contre le pire.

Cultivons donc notre jardin, celui d'une communauté des refus, tenue de s'accorder sur l'inacceptable — les mêmes maux pour tous, un mal commun — puisque le souverain Bien, toujours désiré, sans cesse disputé, n'aura jamais éveillé que nos plus sanglantes querelles. Me flatté-je ? Aurions-nous pénétré les premiers rudiments du délicat jardinage ? L'Allemagne, la France, l'Europe sont encore loin du compte. Qu'importe, « chacun de nous quitte la vie avec le sentiment qu'il vient juste de naître », constate Épicure.

NOTES

Hitler, c'est moi

1. Heinrich Heine, *De l'Allemagne*, Akademie-Verlag, Berlin — éd. du CNRS, 1978, t. 16, p. 108.

Lettre I

1. Platon, *Les Lois*, 713 *d.*
2. Hegel, *Leçons sur la philosophie de l'histoire*, td. Gibelin, éd. Vrin, 1946, p. 401.
3. André Glucksmann, *Les Maîtres penseurs*, éd. Grasset, 1977.
4. Jean-François Lyotard, *Le Figaro*, 30 septembre 1991.

Lettre II

1. *Entre Locarno et Vichy*, éd. du CNRS, 1993, vol. 1, p. 440, Peter Schöttler, « Désapprendre de l'Allemagne ; les Annales et l'histoire allemande pendant l'entre-deux-guerres ».
2. Vercors, *Le Silence de la mer*, éd. de Minuit, 1942.
3. Heidegger, « Wege zur Aussprache », in *Denkerfahrungen*, éd. V. Klostermann, 1983. En français, « Chemins d'explication », in *Cahiers de l'Herne*, Heidegger, le Livre de Poche, p. 71 et suiv.
4. Hegel, *Phénoménologie de l'esprit*, td. Jean Hyppolite, éd. Aubier, 1941, t. 1, p. 284.
5. Vercors, *Le Silence de la mer*, *op. cit.*, p. 29.
6. Heidegger, *Chemins d'explication*, Livre de Poche. *op. cit.*, p. 76.
7. *Id., ibid.*, p. 77.
8. « Ce n'est plus le tableau d'histoire pour spectateur. Plus rien ne nous sépare des femmes hurlant de détresse et de terreur contre la mort qui tombe absurdement du ciel. [...] Rien n'est raconté. Aucun dieu extérieur n'ouvre d'issue. Ce drame est le nôtre, sous un soleil fait de main d'homme. Il n'y a plus entre le bien et le mal cette ligne de barricades où Delacroix se peint l'espingole à la main aux côtés de la liberté. » Pierre Daix, *Picasso*, éd. Samogy, 1964.
9. Michel Leiris, cité dans H.B. Chipp, *Guernica*, éd. du Cercle d'art, 1992, p. 152.

10. Jean-Paul Sartre, « Qu'est-ce que la littérature ? », *Situations II*, éd. Gallimard, p. 246.
11. Charles Péguy, « Les suppliants parallèles », 1905, dans *Œuvres en prose*, éd. Gallimard, « La Pléiade », t. I, p. 869 et suiv.

Lettre III

1. Parallèle très suggestif entre le Japon et l'Allemagne touchant la maîtrise du passé *(Vergangenheitsbewältigung)*, in Ian Buruma, *Erbschaft der Schuld*, Munich, éd. Hanser, 1994.
2 Karl Jaspers, *La Culpabilité allemande*, éd. de Minuit, 1990, p. 66 et suiv.
3. Manès Sperber, *La Psychologie du pouvoir*, éd. Odile Jacob, 1995, p. 121.
4. A. et M. Mitscherlich, *Die Unfähigkeit zu trauern*. En français, *Le Deuil impossible*, éd. Payot, 1972.
5. Günter Grass, *Le Tambour*, éd. du Seuil, 1961.

Lettre IV

1. Norbert Frei, *Vergangenheitspolitik*, éd. C.H. Beck, Munich, 1996.
2. Theodor W. Adorno, *Minima Moralia*, éd. Payot, 1991, p. 53.
3. Theodor W. Adorno, *Prismes*, éd. Payot, 1986, p. 22.
4. Daniel Jonah Goldhagen, *Hitlers willige Vollstrecker*, éd. Siedler, 1996. En français, *Les Bourreaux volontaires de Hitler, les Allemands ordinaires et l'Holocauste*, éd. du Seuil, 1997. Pour avoir un aperçu de la discussion : E. Husson, *Une culpabilité ordinaire ?* éd. F. X. de Guibert, Paris, 1997.
5. Karl Jaspers, *La Culpabilité allemande*, *op. cit.*
6. Hans Jonas, *Das Prinzip Verantwortung*, éd. Insel Verlag, Frankfurt-am-Main, 1979. En français, *Le Principe responsabilité.* Voir aussi *Aux fondements d'une éthique contemporaine*, éd. Vrin, 1993, et, du même : *Nature et responsabilité*, éd. Vrin, 1993.
7. Hans Jonas, *op. cit.*, p. 49.
8. *Id.*, p. 13.
9. Botho Strauss, « Le soulèvement contre le monde secondaire », *L'Arche*, 1996, p. 70.
10. Hans Jonas, *Le Concept de Dieu après Auschwitz*, éd. Rivages, 1994, p. 34.

Lettre V

1. Paul Valéry, « Variétés », *Œuvres en prose*, éd. Gallimard, « La Pléiade », p. 580.

2. Blaise Pascal, *De l'esprit géométrique*, éd. Gallimard, « La Pléiade », p. 585.
3. Charles Perrault, *Parallèle des Anciens et des Modernes*, réédition par H. R. Jauss, Eidos Verlag, Munich, 1964.
   En plein XVIIIe siècle, Terasson réitère : 1. Homère est immoral, 2. Homère est fou ! *Cf.* Noemi Hepp, *Homère en France*, éd. Klincksieck, 1968, p. 734-743.
4. Jules Brody, *Lectures classiques*, Rookwood Press, États-Unis, 1996. Voir aussi Philippe Sellier, *Pascal et saint Augustin*, éd. Albin Michel, 1995. Voir aussi Roland Barthes, *Sur Racine*, Poche Seuil, 1963.
5. Jules Brody, *Lectures classiques*, *op. cit.*, p. 236-238.
6. Roger Vailland, *Les Pages immortelles de Suétone*, Buchet-Chastel, 1962, p. 54.
7. Jules Michelet, *Histoire de la Révolution*, éd. Gallimard, « La Pléiade », t. I, p. 403.

7bis. Et encore : « Ce jour-là tout était possible. Toute division avait cessé ; il n'y eut ni noblesse, ni bourgeoisie, ni peuple. L'avenir fut présent... c'est-à-dire, plus de temps... Un éclair et l'éternité », p. 430.

8. Baruch Spinoza, « Traité politique », *Œuvres complètes*, éd. Gallimard, « La Pléiade », p. 1040.
9. Blaise Pascal, *Pensées*, éd. Brunschwig, 398.
10. Français d'Aubignac, *La Pratique du théâtre*, 1657. Slatkine reprints, 1996, p. 142.

11 Nicolas Boileau, « Traité du sublime », traduction du Pseudo-Longin, dans *Œuvres complètes*, éd. Gallimard, « La Pléiade », p. 342.

12. Charles Péguy, « Victor Marie, comte Hugo », *Œuvres en prose*, éd. Gallimard, « La Pléiade », p. 774 et suiv.
13. Spitzer, *Études de style*, « L'effet de sourdine », éd. Gallimard, coll. « Tel », 1970, p. 208 et suiv.

Lettre VI

1. John Langshaw Austin, *Quand dire, c'est faire (How to do Things with Words)*, éd. du Seuil, 1970.
2. Platon, *Phèdre*, 229-230, éd. Guillaume Budé, 1978, p. 30.
3. François d'Aubignac, *La Pratique du théâtre*, *op. cit.*, p. 43, 210 et suiv.
4. Mme de Sévigné, lettre du 24 juillet 1675 : « Une de nos folies a été de souhaiter de découvrir tous les dessous des cartes de toutes les choses que nous croyons voir et que nous ne voyons point, tout ce qui se passe dans les familles, où nous trouverions de la haine, de la jalousie, de la rage, du mépris au lieu de toutes les belles choses qu'on met au-dessus du panier et qui

passent pour des vérités. [...] Vous pensez que l'on s'adore en cet endroit-là, tenez, voyez : on s'y hait jusqu'à la fureur. Et ainsi de tout le reste ; vous pensez que la cause d'un tel événement est une telle chose : c'est le contraire. En un mot le petit démon qui nous tirerait le rideau nous divertirait extrêmement. »

Lettre VII

1. Friedrich W. J. Schelling, *Conférence de Stuttgart*, traduit par Serge Jankélévitch, éd. Aubier, coll. « Essais », 1946, p. 439.
2. Charles Baudelaire, « Notes nouvelles sur Edgar Poe », *Œuvres complètes*, Club français du livre, p. 1358 et suiv.
3. Karl Jaspers-Hannah Arendt, *Correspondance*, éd. Payot, 1995. Lettre du 28 août 1954, p. 346.
4. Friedrich Hegel, *Introduction à l'esthétique*, éd. Aubier, 1964, t. I, p. 268.
5. Bruno Bettelheim, *Psychanalyse des contes de fées*, éd. Robert Laffont, 1976, p. 216-217.
6. Eugen Drewermann, *La Jeune Fille sans mains*, éd. du Cerf, 1994, p. 8. De même Bruno Bettelheim, *op. cit.*, p. 169 : « Dans de nombreux contes de fées, également, résoudre l'"énigme", c'est pouvoir se marier et accéder au trône. [...] Mais alors que dans le mythe d'Œdipe le personnage dont l'énigme a été découverte se tue et que le mariage du héros tourne à la tragédie, la découverte du secret dans les contes de fées conduit au bonheur du héros et de la personne qui a posé l'énigme. »
7. Eugen Drewermann, *Dame Holle*, éd. du Seuil, 1995, p. 18.
8. Friedrich W.J. Schelling, « Sur Dante », *Werke,* éd. Schröter, Beck, Munchen, 1977, t. III, p. 573.
9. C'est ainsi que Goethe commente, dans la marge d'un exemplaire donné à l'acteur Kruger : « *Alle menschlichen Gebrechen/söhnet reine Menschilchkeit.* » Le mot *Gebrechen* est moins fort que crime *(Verbrechen)*, tandis que le verbe *sühnen* est plus mystique que *heilen* (guérir) : la force mystérieuse de l'humanité suscite dans l'inhumain son contrepoison qui le ramène à mesure humaine.
10. Friedrich Hegel, *Principes de la philosophie du droit*, éd. Vrin, 1975, paragraphe 137.
11. Friedrich W.J. Schelling, « Recherches philosophiques sur l'essence de la liberté humaine », in *Œuvres métaphysiques*, Gallimard, 1980 ; et Hegel, *Phénoménologie de l'esprit. op. cit.*
12. Platon, *La République*, VII, éd. des Belles-Lettres, p. 182.
13. Friedrich Hegel, *Enzyclopädie*, 237 Zusatz, éd. Glockner, VIII, p. 477.
14. Jean-François Marquet, *Le Destin de la philosophie chez Hegel*

et Schelling, actes du IIIe Congrès international sur Hegel, Lille, avril 1968, éd. de la Faculté des lettres, 1970.

Lettre VIII

1. Gottfried Wilhelm Leibniz, *Nouveaux Essais sur l'entendement humain*, éd. Gerhardt, reprint Olms, 1960, t. V, p. 444.
2 Gottfried Wilhelm Leibniz, *Théodicée*, éd. Aubier, 1962, L. 1, § 29, p. 125 et suiv. Voir Hegel, *Science de la logique*, éd. Aubier, 1947, traduit par Serge Jankélévitch. « Le mot positif implique ou signifie : ce qui est posé *(Poniertsein, Gezetzein)*. », éd. Suhrkamp, Frankfurt-am-Main, 1986, t. 2, p. 71.
3. Gottfried Wilhelm Leibniz, *Animadversiones... Remarque sur Descartes*, ad artic (31, 35), éd. Schrecker, éd. Hatier Boivin, 1954. Texte latin, en latin, p. 21, en français, p. 28.
4. « De la même manière que la conscience de soi singulière a en lui (le langage) son existence, elle y est aussi bien présente comme une contagion universelle », Hegel, *Phénoménologie de l'esprit*, t. II, *op. cit.*, p. 230, voir note 4, p. 1.
5. Leibniz, *Philosophischen Schriften*, éd. Gehardt, Olms, Hildesheim, 1961, t. IV, p. 549 (réponse à Bayle).
6. Hans-Georg Gadamer, *L'Art de comprendre*, *Écrits* II, éd. Aubier, 1991, p. 237 et 58.
7. Karl-Otto Apel, *L'Éthique de l'âge de la science*, éd. Presses universitaires de Lille, 1987, p. 100 et 112.
8. Jean Lacroix, *Le Sens du dialogue*, éd. La Baconnière, Neuchâtel, 1969. « L'idéal humain est la cité des philosophes, c'est-à-dire des hommes de dialogue, d'où toute violence serait exclue. Cet idéal n'est qu'une "idée" au sens kantien : nous ne pouvons guère espérer qu'il soit un jour totalement constitutif de la société bien qu'il doive sans cesse régler notre action dans cette direction » (p. 127).
9. Jürgen Habermas, *La Paix perpétuelle*, td. Rochlitz, éd. du Cerf, 1996, p. 41.
10. « Le mot reste assez ambigu. On peut l'entendre en un sens prudent (doctrine de la justice de Dieu), comme en un sens audacieux (justification, ou procès en justification de Dieu). » J. Brunschwig, *Introduction à la Théodicée de Leibniz*, G.F. Flammarion, 1969.
11. Leibniz, *Théodicée*, *op. cit.*, § 416.
12. Leibniz, *Nouveaux essais...*, *op. cit.*, p. 150 et 152.
13. « L'inquiétude est essentielle à la pluralité des créatures, laquelle ne consiste jamais dans une parfaite possession qui les rendrait insensibles et comme stupides. » Leibniz, *Théodicée*, *op. cit.*, p. 174-175.

14. Leibniz, *Philosophischen Schriften*, t. VI, *op. cit.*, p. 629, et Couturat, p. 350.
15. Friedrich Hegel, *Science de la logique*, *op. cit.*, vol. I, p. 303. « En prétendant que l'honneur de la mathématique consiste en ce que toutes les propositions qu'elle contient sont rigoureusement démontrées, on a souvent fait oublier ses limites [...] »
16. *Id., ibid.*, p. 403 et suiv. « Avec le qualitatif comme tel, commence un nouvel ordre », p. 412. Commentant Cavalieri et Newton, Hegel note : « Par relation de grandeurs évanescentes, il ne faut entendre ni la relation qui précède leur disparition ni celle qui la suit, mais celle avec laquelle elles disparaissent *(quacum evanescent)* » ; toutes les références renvoient à *Science de la logique*, vol. I, p. 282.

    Sous-entendez : « Tant que nous sommes la mort n'est pas, quand elle est nous ne sommes plus » (Épicure) : la relation mathématique doit apprendre à mourir et apprendre cette mort comme une nouvelle naissance. « Toute naissance et toute mort, loin d'être le résultat d'une progressivité continue, sont plutôt l'effet d'une interruption de celle-ci et constituent un saut du changement quantitatif vers le changement qualitatif *(aufgehobene Quantum)* », p. 42 *ibid,* Auflösung, à propos de Lagrange, p. 308 *ibid.*
17. *La Raison dans l'histoire*, éd. 10/18, 1996, p. 103 et 129. Sur la ruse de la raison, voir *Science de la logique*, *op. cit.*, p. 451.
18. Les individus historiques « n'ont pas été heureux. Leur être a été leur action, leur passion a déterminé toute leur nature, tout leur caractère. Leur but atteint, ils sont tombés comme des douilles vides. Ils ont eu peut-être du mal à aller jusqu'au bout de leur chemin ; et à l'instant où ils y sont arrivés, ils sont morts — jeunes comme Alexandre, assassinés comme César, déportés comme Napoléon. Qu'ont-ils gagné ? peut-on se demander. Ce qu'ils ont gagné, c'est leur concept, leur but, ce qu'ils ont accompli. Ils n'ont rien gagné d'autre [...] », Hegel, *La Raison dans l'histoire*, *op. cit.*, p. 124. Voir aussi p. 68.
19. Friedrich Hegel, *Science de la logique*, *op. cit.*, vol. I, p. 131. « L'Idée implique également l'opposition la plus prononcée : son calme vient de l'assurance et de la certitude avec lesquelles elle fait surgir et surmonte, éternelle, cette opposition, pour s'y retrouver sans cesse », Hegel, *op. cit.*, vol. II, p. 457.

Lettre IX

1. Paul Valéry, *Œuvres*, *op. cit.*, t. II, p. 684 ; puis *Victor Hugo, La fin de Satan.* Au ton près, Schelling, dans la foulée de Goethe, n'annonçait rien d'autre : « Satan reste un principe de l'économie divine elle-même, auquel il est donné d'entretenir la

contradiction, la malédiction, la discorde et la désunion afin que soient d'autant plus glorieux la victoire et le triomphe final dans lesquels est accomplie la cause de Dieu *(Sache Gottes)* continuellement mise en doute par l'esprit de contradiction. Alors, quand tout doute est levé, quand la cause de Dieu est claire, manifeste et résolue, Satan a accompli son œuvre, sa mission prend fin et avec elle son pouvoir », Friedrich W.J. Schelling, *Philosophie de la révélation*, PUF, 1991, t. III, p. 269.

2. Jean Jaurès, *Les Origines du socialisme allemand*, éd. des Écrivains réunis, 1927, p. 23.
3. Varlam Chalamov, *Essai sur le monde du crime*, Gallimard, Coll. « Arcades », 1997.
4. Emmanuel Kant, *La Religion dans les limites de la simple raison*, éd. Vrin, Paris, 1983.

   Je cite ici la première phrase du premier chapitre, *Dass die Welt im argen liege...* Le traducteur propose : « Que le monde est mauvais », ce qui fait manquer l'ironie. On la manquerait aussi à traduire : « Que le monde aille mal », comme on dit que les affaires vont mal. *Der Arge*, bibliquement, c'est le Malin.
5. Emmanuel Kant, *id., ibid.*, p. 76 et suiv. Désigner avec Kant le mal comme « radical » revient à signifier qu'il est enraciné dans, et indéracinable de, la condition humaine. Cela ne se démontre pas formellement, mais cela s'illustre par une multitude d'exemples, car il s'agit d'un constat factuel et non d'une déduction théorique : « Qu'un penchant aussi pourri doit être enraciné dans l'homme, nous pouvons nous épargner d'en donner une démonstration en forme eu égard à la foule d'exemples criants qui sautent aux yeux dès qu'on se réfère à l'expérience des actes des hommes. »
6. Friedrich W.J. Schelling, *Les Âges du monde*, traduit par Serge Jankélévitch, éd. Aubier, Paris, 1948, p. 25, 26 et 181-183.
7. Friedrich W.J. Schelling, *Philosophie de la révélation*, t. II, PUF, 1991, p. 309 et 317. « La vraie félicité de l'époptie consistait en la restauration de cette conscience pure, archétypale, pour ainsi dire encore céleste et paradisiaque. À travers les termes qu'il emploie, Platon établit une comparaison entre l'intuition des mystères et cette intuition dont l'homme a bénéficié au cours d'une existence prématérielle. »
8. *Id., ibid.*, p. 138.
9. Michel Foucault, *Les Mots et les choses*, éd. Gallimard, 1996. « Le travail, la vie, le langage apparaissent comme autant de "transcendentaux" qui rendent possible la connaissance objective des êtres vivants, des lois de la production, des formes du langage. En leur être, ils sont hors connaissance, mais ils sont, par cela même, conditions de connaissances ; ils correspondent

à la découverte par Kant d'un champ transcendantal et pourtant ils en diffèrent sur deux points essentiels : ils se logent du côté de l'objet, et en quelque sorte au-delà ; comme l'Idée dans la dialectique transcendantale, ils totalisent les phénomènes et disent la cohérence a priori des multiplicités empiriques ; mais ils les fondent dans un être dont la réalité énigmatique constitue avant toute connaissance l'ordre et le lien de ce qu'elle a à connaître. »

10. Friedrich W.J. Schelling, *Les Âges...*, *op. cit.*, p. 115, et *Philosophie de la révélation*, t. II, *op. cit.* : « La vie présente de l'homme est seulement une partie de la vie totale de l'homme », p. 393.
11. Johann G. Herder, *Idées sur la philosophie de l'histoire de l'humanité*, éd. Aubier, 1962, p. 181.
12. Karl Marx, « Thèses sur Feuerbach », *Œuvres philosophiques*, t. III, éd. Gallimard, « La Pléiade », p. 1050-1051.
13. Friedrich Nietzsche, *La Volonté de puissance*, t. II, éd. Gallimard, 1947, p. 345 et 241.
14. Friedriech W.J. Schelling, « Recherches philosophiques sur l'essence de la liberté humaine... », *Œuvres métaphysiques*, *op. cit.*, p. 158, 182, 183, 195.
15. Friedrich W.J. Schelling, *Les Âges du monde*, version 1811-1813, éd. Ousia, 1988, p. 72.

Lettre X

1. Friedrich W.J. Schelling, *Les Âges du monde*, éd. Ousia, p. 111.
2. André Malraux, lors d'une conférence tenue le 4 novembre 1946 : « Au-dessus de tout ce que nous voyons, au-dessus de ces villes spectres et de ces villes en ruine, s'étend sur l'Europe une présence plus terrible encore : car l'Europe ravagée et sanglante n'est pas plus ravagée, n'est pas plus sanglante que la figure de l'homme qu'elle avait espéré faire », dans *La Politique, la culture*, éd. Gallimard, coll. « Folio essais », 1996, p. 151-152.
3. Friedrich W.J. Schelling, *Philosophie de la révélation*, t. II, *op. cit.*, p. 146.
4. Jean-Jacques Rousseau, *Œuvres complètes*, éd. Gallimard, « La Pléiade », t. IV, « Lettre à M. de Voltaire », p. 1061-1062. « De tant d'hommes écrasés sous les ruines de Lisbonne, plusieurs sans doute ont évité de plus grands malheurs ; et, malgré ce qu'une pareille description a de touchant, et fournit à la poésie, il n'est pas sûr qu'un seul de ces infortunés ait plus souffert que si, selon le cours ordinaire des choses, il eût attendu dans de longues angoisses la mort qui l'ait venu surprendre. Est-il une fin plus triste que celle d'un mourant qu'on accable de soins inutiles, qu'un notaire et des héritiers ne laissent pas respirer,

que les médecins assassinent dans son lit à leur aise, et à qui des prêtres barbares font avec art savourer la mort ? » et, d'ailleurs, « Sans quitter votre sujet de Lisbonne, convenez par exemple que la nature n'avait point rassemblé là vingt mille maisons de six à sept étages, et que si les habitants de cette grande ville eussent été dispersés plus également, et plus légèrement logés, le dégât eût été beaucoup moindre, et peut-être nul. »

5. Jacques Derrida, *D'un ton apocalyptique adopté naguère en philosophie*, éd. Galilée, 1983. Les textes de Gilles Deleuze *et al.* dans *Faut-il brûler les nouveaux philosophes*, dossier aux nouvelles éditions Oswald, 1978.
6. Pierre Bayle, *Dictionnaire historique et critique*, Amsterdam, Compagnie des Libraires, cinquième édition, 1734, article « Synergistes », t. V, p. 152.
7. Proclus, *Commentaire sur La République*, 72, 15-20, éd. Vrin-CNRS, t. I, p. 90. « À dieu ne plaise en effet qu'il soit permis d'attribuer aux essences divines qui transcendent toutes choses de tels crimes, adultères, viols, éjections du ciel, outrages aux parents, mises en chaînes, castrations et toutes autres abominations incessamment répétées chez Homère et les autres poètes. »

Lettre XI

1. Sur la tension entre francophobie et francophilie dans l'Aufklärung et la société allemandes du XVIIIe siècle, sur Voltaire « bête noire » de Lessing, consulter Werner Krauss, *Studien zur deutschen und französischen Aufklärung*, Rutten und Loenïng, Berlin, 1963, pp. 401-468.
2. Henri Heine, *De l'Allemagne, op. cit.*, p. 86. Pour le raisonnement d'Anselme de Canterbury qui suit, *cf. De casu diaboli*, texte et traduction, éd. du Cerf, dans *Œuvres*, t. II, 1986, p. 275 et suiv.
3. Ces deux qualificatifs, souvent sous-entendus, émergent dûment soulignés : « au-devant de Heidegger, le penseur — et le penseur allemand —, Celan le poète — et le poète juif — venait avec une seule prière [...]. » Philippe Lacoue-Labarthe, *Aléa*, n° 5, 1984.
4. Jean Bollack, dans *Lignes*, n° du 29 octobre 1996, dresse le tableau des interprétations.
5. Paul Celan, « Tard et profond », dans *Pavot et Mémoire*, éd. Christian Bourgois, 1987, p. 75. Je cite la traduction proposée par Bollack, dans *Pierre de Cœur*, éd. Pierre Fanlac, 1991, p. 15.
6. La phrase est prononcée en 1949. La conférence est demeurée inédite. L'authenticité de la citation n'est pas contestée, voir

Philippe Lacoue-Labarthe, *La Fiction du politique*, éd. Christian Bourgois, 1987, p. 58.

Lettre XII

1. Paul Celan, « Psaume », dans *La Rose de personne*, par Martine Broda, éd. Le Nouveau Commerce, 1979.
2. Paul Celan, « Part de neige » dans la revue, *Poésie* n° 21, éd. Blin, 1981, p. 13. Commenté par Hans-Michel Speier dans *Contre-jour*, éd. du Cerf, 1986, p. 135 et suiv.
3. Paul Celan, « Le Méridien », in revue *Poésie*, n° 9, Belin, 1979, p. 79.
4. Martin Heidegger, *Approche de Hölderlin*, éd. Gallimard, coll. « Tel », 1996, p. 60.
5. Paul Celan, dans *La Rose de personne*, *op. cit.*, p. 47.
6. Paul Celan, « Le Méridien », *op. cit.*, p. 70, et *Œuvres complètes*, Suhrkamp taschenbuch, Frankfurt-am-Main, 1986, t. III, p. 190.
7. Paul Celan, « Eau et Feu », dans *Pavot et Mémoire*, *op. cit.*, p. 155.
8. Friedrich von Schiller, *Poèmes philosophiques*, traduit par Robert d'Harcourt, éd. Aubier-Montaigne, 1944, p. 63.
9. Paul Celan, *Ausgerollt... in Fadensonnen* (1968), dans *Œuvres complètes*, t. II, p. 193, commenté par Christoph Perels, Kein Später, dans *Textkritik* n° 53-54, Munchen, 1984, p. 55 et suiv.
10. Martin Heidegger, *Die Grundbegriffe der Metaphysik*, éd. Klostermann, semestre d'hiver 1929-1930, p. 255.
11. Martin Heidegger, « Qu'est-ce que la métaphysique ? », 1929 ; traduction Henry Corbin, dans *Questions I*, éd. Gallimard, 1968, p. 72.
12. Paul Celan, « N'œuvre pas d'avance », dans *Contrainte de Lumière*, *op. cit.*, p. 180-181, commenté par Hans Georg Gadamer, « Celans Schlussgedicht », dans *Argumentum et Silentio*, *op. cit.*, p. 58-72.
13. W. Fietkau, dans « L'Acte critique sur l'œuvre de Peter Szondi », *Cahiers de philologie*, Lille, 1985, vol. 5, p. 260.
14. Paul Celan, *Contrainte de lumière*, *op. cit.*, p. 15.
15. Paul Celan, *Entretien dans la montagne*, éd. Michel Chandeigne, Paris, 1990, p. 13.
16. Hans-Georg Gadamer, *Vérité et méthode*, éd. du Seuil, 1976, p. 312.
17. Paul Celan, « Contre personne lové », dans *La Rose de personne*, *op. cit.*, p. 75.
18. Paul Celan, « Et avec le livre de Tarussa », dans *La Rose de personne*, *op. cit.*, p. 147.
19. Paul Celan, *Œuvres complètes*, *op. cit.*, p. 282.

20. Jean Bollack, « La Blessure... », article cité, p. 163.
21. Thucydide, *La Guerre du Péloponnèse*, livre III, traduit par Raymond Weil, éd. Les Belles-Lettres, 1968. « La mort revêt toutes les formes comme cela se produit en pareil cas, on ne recule devant rien, et pis encore. Le père tuait son fils, les suppliants étaient arrachés des sanctuaires ou tués sur place. »
(Paul Celan, « Lait noir de l'aube », in *Pavot et mémoire, op. cit.*, p. 85.)
H. von Hofmannsthal, « Die ironie der Dinge » (1921), in *Rede und Aufsätze* II, Fischer, p. 138.
22. Hérodote, *Histoires*, Les Belles Lettres, 1970, t. I, p. 87.
23. Gotthold E. Lessing, *L'Éducation du genre humain*, éd. Aubier, 1946, p. 91.
24. Aristote, *Physique* (iv) 222 b., Les Belles Lettres, 1973.
25. Paul Celan, « Aschenglorie », dans *Atemwende*, *Œuvres complètes*, t. II, *op. cit.*, p. 72.
26. Nicole Loraux, « Sur le non-sens grec », dans *L'Écrit du temps*, n° 19, éd. de Minuit, 1988, p. 27. Nicole Loraux souligne combien « l'insoutenable représentation d'une négation première » continue d'embarrasser philologues et linguistes contemporains : « *Anainomai* signifie "nier, refuser", et le positif *ainomai* dont il serait dérivé et qui signifierait "affirmer, accepter" n'existe pas. »
27. Sur la *philotès* : Georges Glotz, *La Solidarité de la famille dans le droit criminel en Grèce*, éd. Maspero, 1975, p. 142.
Dans le même sens, Émile Benveniste, « Philos », dans *Le Vocabulaire des institutions indo-européennes*, éd. de Minuit, 1969, t. I, p. 335 et suiv. Nicole Loraux, *op. cit.*, commente de la sorte sa traduction du v. 523 de l'*Antigone* de Sophocle.

Lettre XIII

1. Pierre Nora, « L'ère de la commémoration », dans *Les lieux de mémoire*, III, 3, éd. Gallimard, 1992, p. 978, 995, 1001, 1009.
2. Heinrich von Kleist, « Sur le théâtre des marionnettes », in *Les Romantiques allemands*, éd. Desclée de Brouwer, 1956, p. 486 et suiv.
3. Porphyre, *Vie de Plotin*, 22, 1-7. La citation d'Apollon de Delphes est une reprise d'Hérodote (1, 46-47), qui l'attribue à Crésus.
4. Søren Kierkegaard, *Traité du désespoir*, éd. Gallimard, coll. « Essais », 1949, p. 137.
5. Marcel Proust, *À la recherche du temps perdu*, éd. Gallimard, « La Pléiade », t. III, p. 425-426.

TABLE

La composition de cet ouvrage
*a été réalisée par l'***Imprimerie Bussière**
l'impression et le brochage ont été effectués
sur presse Cameron dans les ateliers
de **Bussière Camedan Imprimeries**
à Saint-Amand-Montrond (Cher)
pour le compte des éditions Robert Laffont
24, avenue Marceau, 75008 Paris
en août 1997

Edition exclusivement réservée
aux adhérents du Club
Le Grand Livre du Mois
15 rue des Sablons
75116 Paris

N° d'édition : 038322/61. N° d'impression : 4/798
Dépôt légal : avril 1997.

Imprimé en France

